Das Nizza-Netz

Robert de Paca lebt seit 1997 in Südfrankreich. Er kennt den Midi nicht nur aus der Sicht eines Angestellten der Luxushotellerie und Gastronomie, sondern auch durch seine Tätigkeit als Berater und freiberuflicher Übersetzer bestens. Nach fünfzehn Jahren an der Côte d'Azur lebt er heute mit seinen zwei Kindern in der Provence und betreibt eine Internet-Kochschule für mediterrane Küche. Bei Emons erschien bereits sein Debüt-Krimi »In den Straßen von Nizza«.

Die in diesem Buch geschilderte politische Geschichte Nizzas hat sich tatsächlich so ereignet, genauso wie einige der beschriebenen politischen und juristischen Machenschaften. Die Protagonisten des Romans sind aber fiktiv, die ihnen hier zugeschriebenen Handlungen haben nichts mit realen Personen zu tun.
Das Buch enthält einen Anhang mit Rezepten.

ROBERT DE PACA

Das Nizza-Netz

CÔTE D'AZUR KRIMI

emons:

Bibliografische Information der Deutschen Nationalbibliothek
Die Deutsche Nationalbibliothek verzeichnet diese Publikation in der Deutschen Nationalbibliografie; detaillierte bibliografische Daten sind im Internet über http://dnb.d-nb.de abrufbar.

Umschlagmotiv: mauritius images/Steffen Hauser/botanikfoto/Alamy
Umschlaggestaltung: Tobias Doetsch
Gestaltung Innenteil: César Satz & Grafik GmbH, Köln
Lektorat: Christine Derrer
Druck und Bindung: CPI – Clausen & Bosse, Leck
Printed in Germany 2017
ISBN 978-3-7408-0046-8
Côte d'Azur Krimi
Originalausgabe

1

Die Diskussion mit ihrer Tochter um die mangelnde Rentabilität der Kanzlei hatte vor wenigen Minuten – wie schon so oft – damit geendet, dass sich jeder stur auf seinen eigenen Standpunkt versteifte. Somit würde sich an der Situation wohl auch in nächster Zukunft nichts ändern: Ihre Tochter würde weiterhin stolz ihre prätentiösen Visitenkarten verteilen, und sie würde weiterhin am Ende eines jeden Monats diskret die finanziellen Löcher stopfen.

Genervt überflog sie die zwischenzeitlich eingetrudelten Nachrichten auf ihrem Telefon, während sie zielstrebig die kleine Straße hinunterging, die zwei Ecken weiter auf den prestigeträchtigen Boulevard Carabacel stieß, dort, wo die erfolgreicheren Nizzaer Anwälte ihre Kanzleien betrieben.

Als wollte sie jede Spur des gerade geführten Streitgesprächs eliminieren, strich sie im Gehen sorgfältig über ihr Kostüm, zog ein paar kleine Fältchen glatt und überprüfte den korrekten Sitz ihrer Garderobe. Perfekt! Und ganz und gar gemäß der Regel Nummer eins für die Frau von Welt: auf keinen Fall das komplette Outfit von ein und demselben Designer.

Mattschwarze Gucci-Pumps mit flachem Absatz, das klassisch-nüchterne Sommerkostüm von Chanel, um den Hals eine Barockperlenkette sowie ein seidenes Tuch mit dem unverwechselbaren »H« darauf, Logo der Edelmarke Hermès, kurz: ein wohlüberlegt abgestimmtes Ensemble für eine Frau in fortgeschrittenem Alter, für die Geld, wenn überhaupt, eine untergeordnete Rolle spielt.

Sie versuchte sich nach wie vor dynamisch zu geben, aber in Wahrheit sah man ihr das Alter und den schwindenden Elan bereits an ihrem Gang an.

So war es für die beiden jungen Männer ein Klacks, aus dem langsam rollenden Lieferwagen herauszuspringen, sie in den Laderaum zu schubsen, mit einer einzigen geschmeidigen Bewegung selbst wieder einzusteigen und die Schiebetür hinter sich zuzuziehen. Das alles taten sie, ohne durch Lärm oder Hektik Aufmerksamkeit auf sich zu ziehen.

Kurz darauf war der Kastenwagen bereits um die Ecke gebogen, und die kleine Seitenstraße war wieder genauso ruhig und verlassen wie vor nicht mal einer Minute.

2

Das Sonnenlicht blinzelte durch die Ritzen der hölzernen Läden. Obwohl die Fenster sehr klein waren und wegen der dicken Mauern des ehemaligen Wasserturms eher schmalen Schießscharten ähnelten, kam genug Licht herein, um das Zimmer in einen diffusen Schleier zu hüllen. Dem Schattenwurf nach zu urteilen, stand die Sonne bereits hoch am Himmel. Nicolas drehte den Kopf, um einen Blick auf den Radiowecker zu werfen: schon weit nach zehn Uhr.

Die Meteorologen hatten für die ganze Woche eine ungewöhnliche Hitzewelle vorhergesagt, die sich nun, aus Algerien kommend, quälend langsam Richtung Nord-Nord-Ost fortbewegte. Sie trieb die auf ihrem Weg befindlichen Menschen in den Schutz der Häuser, wo Klimaanlagen mehr oder weniger erfolgreich das Schlimmste zu verhindern suchten.

Nicolas kam es vor, als würden selbst die Zikaden unter der Hitze leiden. Ihr Gezirpe pulsierte deutlich langsamer, beinahe schon träge unter der drückenden Last der wabernden Hitze dieses Augusttages, dessen Maximaltemperatur sich unerbittlich ihrem Zenit näherte.

Neben Nicolas lag ein wildes Knäuel blonder Locken, aus dem lediglich eine Nasenspitze hervorlugte. Ab und an bewegte sich eine der Lockenspitzen, angepustet durch das gleichmäßige Ausatmen. Nathalies Haut war dezent gebräunt, wodurch der zarte blonde Flaum entlang der Wirbelsäule goldglänzend hervorgehoben wurde.

Nicolas' Blick wanderte weiter, aber dort, wo die niedliche Rundung ihres verlängerten Rückens in die Pobacken überging, verhüllte das schneeweiße Betttuch jegliches weitere Vergnügen und überließ den Rest der Phantasie des Betrachters.

Nathalie lag rechts von ihm auf dem Bauch. Jetzt zog sie gerade ihr Knie an, wodurch sich ihr Becken hob, das Laken nach hinten wegrutschte und eine Wölbung freigab, die Nicolas jeden Tag aufs Neue faszinierte: Nathalie war jetzt im fünften

Monat schwanger, und ihr Bauch begann sich nun merklich auszuformen.

Ursprünglich wollten sie sich bei der Geburt überraschen lassen, aber die 3D-Ultraschallbilder waren für den Gynäkologen so präzise und offensichtlich, dass er sich eines Tages zu Beginn einer Untersuchung verplapperte und sagte: »Na, dann schauen wir doch mal, wie es der kleinen Miss da drinnen geht.«

Nicolas und Nathalie wollten zwei Kinder: ein Mädchen und einen Jungen, *le choix du roi* – die Wahl des Königs, wie man im Süden Frankreichs dazu sagte. Der Ausspruch ging darauf zurück, dass der König wählen konnte, als Nachfolger entweder das erstgeborene Kind oder den ältesten Sohn einzusetzen. Ist das erstgeborene Kind ein Junge, wäre es sowohl erstgeborenes Kind als auch der älteste Sohn und somit automatisch Thronfolger. Ist das Erstgeborene jedoch ein Mädchen, so könnte der König wählen, ob er das Erstgeborene, also die Tochter, oder aber den Sohn als Nachfolger bestimmt.

Ihre »kleine Miss« würde mit dem rechnerischen Geburtstermin Ende Januar das Licht der Welt erblicken. Dadurch blieb es Nathalie glücklicherweise erspart, die ohnehin schon beschwerlichen letzten zwei bis drei Schwangerschaftsmonate bei Sommerhitze zu verbringen. Um den Jahreswechsel herum stiegen die Temperaturen selbst hier in Nizza, der wärmsten Ecke des französischen Festlands, auch bei Sonnenschein selten über die Zwanzig-Grad-Marke. In der Nacht würden sie auf knapp unter zehn Grad fallen, es würde also angenehm kühl, aber nicht wirklich kalt werden. Alles deutete auf eine beschwerde- und stressfreie Schwangerschaft hin.

Es war nun schon fast fünf Jahre her, dass sie sich anlässlich einer unfreiwilligen Zusammenarbeit kennen- und schätzen gelernt hatten. Nicolas wurde damals aufgrund einer geschickten Manipulation fälschlicherweise als Drahtzieher eines Kunstraubs verdächtigt. Er sah sich gezwungen, den Fall selbst aufzuklären, um sich den Bestohlenen, einen skrupellosen Geschäftsmann namens Fabre mit Wohnsitz auf dem Cap Ferrat, wieder vom Hals zu schaffen.

Nathalie war damals in ihrer Funktion als Versicherungsdetektivin entsandt worden, und sie lösten den Fall schließlich gemeinsam.

Aus Respekt wurde Vertrauen, aus kleinen neckischen Flirts wurde schnell Zuneigung. Als der Fall aufgeklärt und der Druck des nervenaufreibenden Katz-und-Maus-Spiels vorbei war, entwickelte sich rasch Liebe, und heute war für sie ein Leben ohne den anderen nur schwer vorstellbar. Die Schwangerschaft war eine freudige neue, aber wohlüberlegte Etappe ihrer gemeinsamen Lebensplanung.

Von seinem damaligen Erfolgshonorar hatte Nicolas das Vorkaufsrecht für sein Haus eingelöst und den Rest sowie Nathalies Anteil bei einem seiner Stammkunden, einem Banker aus dem Tessin, angelegt.

Nathalie gab schon bald ihren risikoreichen Job, der zudem lange Dienstreisen erforderte, nur allzu gern auf.

Nachdem Nathalie von Nicolas in alle Details seines Einmannbetriebs eingearbeitet und allen wichtigen Kontaktpersonen vorgestellt worden war, kümmerte sie sich fortan um die Organisation von Nicolas' Aufträgen: Sie erstellte die Planung der Tagesaktivitäten, ganz nach den Bedürfnissen der Kunden, und erledigte Buchhaltung und Schriftverkehr.

Nicolas hatte sich früher auf eine einzige Klientel beschränkt: Geschäftsmänner, die meist in weiblicher Begleitung ein Wochenende mit allem Komfort an der Côte d'Azur genießen wollten. Nicolas' Aufgabe war es, das bestmögliche Angebot für ihre Wünsche zu kennen und zu organisieren: Luxushotels, Privatlimousine mit Chauffeur, Sternerestaurants, Edelboutiquen und mehr.

Seit einiger Zeit kamen zunehmend vermögende Familien an die Côte d'Azur, um ihren Urlaub hier zu verbringen. Da galt es, die Kinder mit passendem Programm bei Laune zu halten und gleichzeitig nicht die Interessen der Eltern aus den Augen zu verlieren.

Nathalies Organisationstalent und ihr Einfühlungsvermögen für die Wünsche der Kunden machten sich bald bemerkbar und ließen das Auftragsbuch schnell überquellen. Nicolas begann, Chauffeure einzustellen und auszubilden, damit sie an seiner Stelle die Familien bei ihrem Tagesprogramm begleiteten.

Sie hatten sich mittlerweile zwei Großraumlimousinen mit allem Komfort angeschafft, mit der sich selbst größere Familien bequem chauffieren ließen. Mit ihrem Freund Hervé, einem Mechaniker und Bootsverleiher in Antibes, hatten sie einen attraktiven Rahmenvertrag geschlossen, sodass sie jederzeit Boote aus seinem Bestand mieten konnten: Daycruiser für eine nachmittägliche Bootsfahrt in eine Bucht zum Baden oder Schnorcheln, Sportboote zum Wasserskifahren oder Kajütenyachten für ausgedehnte Touren oder Candle-Light-Dinner bei Sonnenuntergang auf See.

Nicolas schöpfte aus seinem Fundus mediterraner Rezepte, um die Gäste bei ihren Ausflügen mit saisonalen Spezialitäten der lokalen Märkte sowie ortsansässiger Fischer zu verwöhnen, und rundete so das Paket eines individuellen Urlaubs mit Wohlfühlgarantie ab.

Nathalie hatte alle Aufträge bereits sorgfältig vorgeplant, die nun zuverlässig von ihren Fahrern abgewickelt wurden. Nicolas' Arbeit beschränkte sich momentan darauf, regelmäßig Kontakt mit den Kunden zu halten und sich zu vergewissern, dass alles zu deren vollster Zufriedenheit verlief.

Nur noch zwei kleinere Buchungen standen an, von Kunden des letzten Jahres, die sich kurzfristig zu einem erneuten Südfrankreichtrip entschlossen hatten und ihren Aufenthalt wieder von Nathalie und Nicolas organisiert wissen wollten.

Für den Herbst gab es keine weiteren Buchungen, und so würden sie sich dann entspannt zurücklehnen und auf die Geburt vorbereiten können.

3

Nicolas war leise aufgestanden, um Nathalie nicht zu wecken. Sie hatten gestern Abend noch sehr lange im Garten zusammengesessen und über ihr zukünftiges Leben als Familie gesprochen. Als sie dann schließlich nach oben gegangen waren, dauerte es noch eine Weile, bis sie eng umschlungen einschliefen.

Nicolas genoss nur mit Bermudashorts und T-Shirt bekleidet seinen spätmorgendlichen Milchkaffee im Schatten seines Lieblingsbaums, als ein Auto vor dem Eingangstor anhielt. Diese Szene erinnerte ihn unangenehm an die Zeit vor fünf Jahren, als ständig Fabres Leibwächter unangemeldet bei ihm auftauchten, um ihn zu dessen Villa auf dem Cap Ferrat zu begleiten, in der seinerzeit der Kunstraub passiert war.

Aber diesmal waren es keine muskelbepackten Bodyguards mit versteinerten Gesichtern in schwarzer Limousine, sondern ein blauer Peugeot 206 mit zwei uniformierten Gendarmen. Da sie offensichtlich zu ihm wollten, schlüpfte Nicolas in seine ledernen Flipflops und ging hinauf zum Tor.

»Meine Herren«, begrüßte er sie knapp.

»Kennen Sie einen gewissen Antônio Ortiz?«, fragte ihn einer der Beamten.

Nicolas lag der Spruch auf der Zunge: Klar, tragen Sie ihn rein und legen Sie ihn hier in den Schatten. Aber erstens war die französische Gendarmerie nicht gerade für ihren Humor bekannt, und zweitens wollte er ohnehin nicht mit den beiden sympathisieren. Also antwortete er stattdessen eher besorgt: »Tom? Ja. Was ist denn los?«

»Er wurde heute von seiner Hauswirtin als vermisst gemeldet«, sagte der Ältere der beiden.

Nicolas entspannte sich. Wenn Tom mal für ein paar Tage verschwand, dann hatte dies bestimmt einen Grund, war aber kein Anlass zur Sorge. Er bekam in letzter Zeit immer mehr Engagements, auch in weiter entfernten Städten, manchmal sogar drüben in Italien, und bedingt durch sein sorgloses Musikerdasein verreiste er schon mal überraschend, ohne irgendjemandem Bescheid zu geben.

»Die Wohnungstür stand offen, und allem Anschein nach wurde das Apartment durchwühlt. Wir haben seine Gitarre und einen demolierten Verstärker gefunden«, fuhr der Gendarm fort, »und in dem Gitarrenkoffer fanden wir unter anderem Ihre Visitenkarte.«

Das war allerdings Alarmstufe Rot! Tom würde nie ohne sein Instrument verreisen, selbst wenn es sich bei der Reise nicht um ein Engagement handelte. Seine Gitarre musste ständig in Reichweite sein: Egal, ob er über irgendetwas nachdachte, sich mit jemandem unterhielt oder einfach nur entspannen wollte, seine Finger zupften ständig an den Saiten.

Tom war ein brasilianischer Gitarrist, den Nathalie und Nicolas des Öfteren im De Klomp, einer ihrer Lieblingsmusikkneipen in der Altstadt von Nizza, spielen sahen. Da die Kneipe, und demzufolge auch die Bühne, sehr klein war, saßen oder standen mobile Musiker wie Gitarristen oder Bassisten auch schon mal vorn bei den Zuschauern, wenn das Podest bereits mit dem Schlagzeug und einem Klavier besetzt war.

So kamen sie in den Spielpausen ins Gespräch, und Tom wurde neugierig, als Nicolas von seiner Leidenschaft für die Musik der Blueslegenden Robert Johnson und Son House erzählte. Sie waren ausschlaggebend, dass er sich mit Bluesgitarre und insbesondere dem Slidespiel beschäftigte, bei dem man mit einem über den Finger gestülpten Glas- oder Metallröhrchen den für den Blues so typischen Sound erzeugte. Dieses Röhrchen hieß »Bottleneck«, da es sich seinerzeit im Mississippi-Delta meistens tatsächlich um den oberen Teil eines Flaschenhalses handelte. Tom wollte mehr darüber wissen und bot an, Nicolas im Gegenzug dafür die Besonderheiten der Nylonsaiten anhand der klassischen Akkorde und Spieltechniken der brasilianischen Bossa Nova beizubringen. So trafen sie sich anfangs in unregelmäßigen Abständen, um ihrem gemeinsamen Hobby zu frönen, und im Laufe der Zeit entwickelten die beiden sogar einen neuen Stil, indem sie sentimentale Balladen über brasilianische Arbeiter zu Zeiten der portugiesischen Besatzung mit dem melancholischen

Slidespiel der Sklaven auf den Baumwollplantagen verknüpften. Tom gefielen die Songs so gut, dass er vor Kurzem Nicolas fragte, ob er nicht Lust habe, mit ihm zusammen aufzutreten. Auch wenn Nicolas momentan noch nicht genug Zeit zum Üben für einen professionellen Auftritt aufbringen konnte, hatten die beiden einen Gig für kommendes Jahr ins Auge gefasst.

Nathalie hatte es ungewöhnlich gefunden, dass Antônios Spitzname nicht Toni lautete, sondern Tom, was ja eigentlich die Abkürzung für Thomas war. Tom erklärte ihr, dass dies an seiner Bewunderung für Antônio Jobim lag, den Begründer der Bossa Nova und Mitkomponisten brasilianischer Hits wie »Garota de Ipanema« – »The Girl from Ipanema« – oder »Desafinado«. Und Jobims Spitzname wurde in Brasilien zwar »Ton« ausgesprochen, aber eben Tom geschrieben. Deshalb nannten ihn jetzt alle Franzosen Tom.

»Feste Tage haben wir eigentlich nie vereinbart«, erklärte Nicolas den Gendarmen. »Das wäre wegen seiner kurzfristig getroffenen Engagements auch zwecklos. Tom rief meist spontan an, ob ich Zeit und Lust hätte, und kam dann vorbei.«

»Wann haben Sie sich zum letzten Mal gesehen?«

»Mitte letzter Woche.«

Daraufhin verabschiedeten sich die Gendarmen wieder, nicht ohne ihm ihre Nummer dazulassen, für den Fall, dass sich Tom bei Nicolas meldete.

Nicolas ging sofort zum Haus zurück, um Nathalie aufzuwecken und ihr von Toms beunruhigendem Verschwinden zu berichten. Aber Nathalie war bereits aufgestanden und machte sich gerade in der Küche ihren Kaffee. Sie hatte ein T-Shirt von Nicolas übergezogen, das ihr natürlich viel zu groß war, und Nicolas konnte erkennen, dass sie keinen BH darunter trug. Er fragte sich für einen kurzen Moment, ob sie wohl auch auf den Slip verzichtet hatte. Doch dafür war jetzt keine Zeit.

»Tom ohne seine Gitarre? Das kann ich mir ja gar nicht vorstellen. Und sein Verstärker ist auch demoliert worden?«, hakte Nathalie nach.

»Der Polizist war da sehr präzise. Die obere Rückwand wurde herausgebrochen. Ich nehme an, er meint das Holzbrett, das die Elektronik und die Röhren schützt«, erklärte Nicolas. »Das Brett ist normalerweise mit vier simplen Schrauben am Verstärkergehäuse befestigt, damit man es im Fall einer Panne während eines Konzerts einfach entfernen kann, um eine defekte Röhre auszutauschen oder so. Wenn die Platte herausgebrochen wurde, dann hat es da jemand ganz schön eilig gehabt. Denn die Schrauben kann man, selbst wenn man kein Werkzeug zur Hand hätte, ganz leicht mit einer Ein-Cent-Münze oder notfalls mit einem stabilen Gitarrenplektrum lösen. Oder jemand hat ihn einfach umgeworfen. Tom hätte das seinem Verstärker jedenfalls nie angetan. Da ist was faul«, sorgte sich Nicolas.

»Hat er dir bei eurer letzten Gitarrensession etwas von einem Auftritt erzählt?«, wollte Nathalie wissen.

»Nein.« Nicolas schüttelte den Kopf. »Kann schon sein, dass er einen Gig hatte, aber er wusste ja, dass wir noch in der Saison stecken und nur wenig Zeit zum Ausgehen haben.«

»Was unternimmt die Polizei eigentlich bei erwachsenen Vermissten?«, fragte Nathalie neugierig.

»Ich befürchte, dass die erst mal gar nicht viel machen werden. Die geben vielleicht eine Beschreibung raus oder warten, bis ihnen Tom zufällig über den Weg läuft. Wenn wir nur wüssten, wo sein letztes Konzert war. Das wäre immerhin ein Ansatzpunkt«, meinte Nicolas.

»Lass uns doch heute Abend in die Altstadt gehen und die Kneipen abklappern, in denen er normalweise auftritt. Vielleicht hat er ja kürzlich irgendjemandem etwas erzählt, das uns weiterbringt«, schlug Nathalie vor. »Mit Glück läuft uns auch die kleine Brasilianerin über den Weg, mit der wir ihn schon ein paarmal gesehen haben. Kannst du dich an ihren Namen erinnern? Dann können wir nach ihr fragen.«

»Gabriela, glaube ich. Aber das wird uns nicht viel weiterhelfen, das ist einer der häufigsten Mädchennamen in Brasilien.«

4

Um Nizzas Altstadt zu besuchen, wäre es zwar praktischer, das Motorrad zu nehmen, und Nathalies Arzt hatte ihr das Motorradfahren bis zum siebten Schwangerschaftsmonat mit Einschränkungen auch gestattet, aber selbst jetzt um zehn Uhr abends war es immer noch sehr schwül, und sie hatten keine Lust, sich in Helme und Schutzjacken zu zwängen, also entschieden sie sich für Nicolas' liebevoll restauriertes BMW-Coupé.

Nicolas versuchte erst gar nicht, einen Parkplatz in den Straßen zu finden, sondern fuhr direkt in das Parkhaus unter dem Justizpalast. Von dort aus konnten sie die meisten Musikkneipen mühelos zu Fuß erreichen. Da es allein in der Altstadt bereits eine Unzahl an Livemusiklokalen gab, beschlossen sie, mit denen zu beginnen, in denen sie das Personal kannten. Dort würden sie am ehesten an Informationen kommen.

Tom trat in verschiedenen Musikkneipen solo auf, mal in kleinen Studentenkneipen, die kein ausreichendes Budget für eine ganze Band hatten, oder in Restaurants, die lediglich einen Gitarristen mit dezenten Balladen für eine ruhige Hintergrundmusik wollten. Andererseits spielte er aber auch mit seiner Sambaband in großen Clubs.

Nach dem zehnten erfolglosen Versuch musste Nathalie sich erst mal ausruhen. Gerade als sie den Platz vor dem Justizpalast überquert hatten und in die kleine Straße Richtung Präfektur einbogen, wurde auf der Terrasse des Master Home ein Tisch frei.

Dankbar ließ sich Nathalie nieder und drückte ihren schmerzenden Rücken durch. Das lange Marschieren auf dem harten Kopfsteinpflaster forderte seinen Tribut.

Schräg gegenüber der Terrasse befanden sich die rückwärtigen Fenster des Justizpalastes mit den Richterzimmern, wo sich vor über dreißig Jahren die spektakuläre Flucht eines Bankräubers abgespielt hatte, die der Polizei noch heute die Zornesröte ins Gesicht trieb. Aber Nicolas wollte sich die Geschichte für ein andermal aufheben. Er warf einen Blick durch die geöffneten Terrassentüren in das Innere der Brasserie und freute sich, dass heute kein DJ an den Plattentellern zugange war, sondern ein junger Gitarrist namens Romain spielte, den er hier schon mehrmals gesehen hatte.

Der Musiker saß in der Ecke neben der Bar, ganz allein mit seiner Akustikgitarre und einem kleinen Verstärker. Er schuf einen interessanten Mix aus tragenden Klängen und rhythmischen Elementen, indem er mit der Spielhand nicht nur einfach die Saiten zupfte, sondern abwechselnd auf dem Korpus trommelte und dann wieder in verschiedensten Bundlagen auf die Saiten hämmerte.

Tom würde das sicherlich auch gefallen. Nicolas nahm sich vor, bald gemeinsam mit ihm herzukommen. Aber dazu musste er ihn erst mal finden.

François, der Geschäftsführer des Master Home, kam heraus, um zu überprüfen, ob auch alle Gäste im Außenbereich mit Getränken versorgt waren. Als er Nathalie und Nicolas sah, lief er zu ihnen und begrüßte sie herzlich.

Aber auch François bestätigte schließlich nur, was sie auch bereits in anderen Lokalen zu hören bekommen hatten.

»Soviel ich mitbekommen habe, ist Tom schon seit ein paar Wochen nicht mehr in Nizza aufgetreten. Als ich ihn das letzte Mal gesehen habe, erzählte er mir noch, dass er einige interessante Engagements drüben in Italien bekommen hätte.«

»Aber wenn Tom bei euch aufgetreten ist, spielte er da allein, so wie Romain heute, oder eher mit seiner Band?«, wollte Nicolas wissen.

»Meistens mit der Band, bei unseren brasilianischen Abenden. Die Jungs verstehen es, die Leute in Sambalaune zu bringen. Der Barkeeper kommt dann kaum mehr mit dem Cocktailmixen nach.«

»Hast du vielleicht noch die Nummern seiner Musiker?«, hakte Nicolas hoffnungsvoll nach.

François schüttelte bedauernd den Kopf. »Das war ja das Angenehme mit Tom: Du rufst ihn an, und wenn er verfügbar ist, kümmert er sich selbst um seine Musiker und sein Equipment.

Am vereinbarten Abend steht er dann zuverlässig auf der Matte. Ich kann dir aus leidvoller Erfahrung sagen: Das ist beileibe nicht selbstverständlich, vor allem nicht bei südamerikanischen Musikern. Alles, was ich von seinen Kollegen weiß, sind ihre Vornamen, wenn er sie während des Programms vorgestellt hat, und dann höchstens noch, was sie trinken, denn das geht bei uns aufs Haus.«

»Aber eure Buchhaltung müsste doch deren Adressen haben, wegen der Gagen«, meinte Nathalie.

»Die Gage habe ich als Pauschalbetrag immer direkt mit Tom ausgehandelt. Wie viele Musiker er dann schließlich mitbringt und wie viel er ihnen zahlt, ist seine Sache. Mein Buchhalter freut sich über weniger Papierkram, und ich bin mit diesem Arrangement gut gefahren, weil Tom prima Bands zusammengestellt hat und das Publikum begeistert war.«

Nicolas hatte es sich entschieden leichter vorgestellt, Toms Spur aufzunehmen. Einziger Hoffnungsschimmer war, dass eine der Bedienungen Toms Freundin Gabriela vor gar nicht langer Zeit in der FNAC, einer Handelskette für Bücher und Unterhaltungsprodukte auf Nizzas großem Einkaufsboulevard Jean Médecin, als Verkäuferin hatte arbeiten sehen.

Nathalie wollte dort ohnehin nach Ratgebern stöbern, also konnte sie das genauso gut morgen früh machen.

5

Tom schlug die Augen auf, konnte aber in der Dunkelheit nichts erkennen. Er rappelte sich umständlich von einer Art Matte hoch und rieb sich den steifen Nacken. Auf der rechten Seite spürte er eine Stelle, die heftig brannte. Das lenkte ihn immerhin kurz von dem dumpfen Kopfschmerz ab, der sich aber gleich wieder in den Vordergrund drängte, begleitet von einem üblen Geschmack im Mund und einem leichten Brechreiz.

Am besten erst mal nicht bewegen, dachte er und versuchte sich zu erinnern, wie er hierhergekommen war.

Auf dem Weg zum Bäcker fiel ihm auf, dass er zwar seine kleine Brieftasche mit der Kreditkarte und den zahlreichen Kundenkarten verschiedener Supermärkte eingesteckt hatte, aber die Münzen in der Keramikschale auf der Kommode neben der Eingangstür seines Apartments vergessen hatte.

Er konnte wohl schlecht die neunzig Cents für ein Baguette mit der Kreditkarte bezahlen, der nächste Geldautomat lag auch mehrere Straßen entfernt, also musste er wohl oder übel umkehren und sein Kleingeld holen.

Nur zwei Minuten später stieg er schon wieder die Treppen zur ersten Etage hinauf. Da die Bäckerei nicht weit von dem alten Mietshaus in der Altstadt Nizzas weg war, hatte er die Wohnungstür gar nicht erst abgeschlossen. Wollte wirklich jemand bei ihm einbrechen, so würde die marode Holztür, die vermutlich ohnehin nur noch von ihren unzähligen Lackschichten zusammengehalten wurde, sowieso kein ernst zu nehmendes Hindernis darstellen. Er öffnete die Tür, und das Letzte, an das er sich erinnerte, war ein zuckender Schmerz im Nacken.

Jetzt befühlte er noch einmal vorsichtig die empfindliche Stelle. Mit den Fingern konnte er keine nennenswerte Verletzung ertasten, zu bluten schien es auch nicht.

Wo war er? Der muffige Geruch und der feuchtkalte Boden ließen auf einen Keller oder ein altes Gewölbe schließen. Links war ein diffuser Lichtschein zu erkennen. Der Fleck war aber zu klein für ein Fenster, sodass Tom einen Belüftungsschacht vermutete. Die Öffnung war sowieso viel zu weit oben, als dass er hindurch- und somit nach draußen sehen konnte. Mühsam rappelte er sich auf und stand schließlich auf wackeligen Beinen. Obwohl sich seine Augen langsam an das Halbdunkel gewöhnten, streckte er sicherheitshalber seine Arme aus, um nicht gegen eine Mauer oder ein anderes Hindernis zu laufen. Vorsichtig bewegte er sich vorwärts und begann den Raum zu erkunden. Er war gerade an der gegenüberliegenden Wand angekommen, als er hörte, wie sich Schritte näherten und ein offenbar sehr massiver Riegel zurückgeschoben wurde.

6

Nicolas kämpfte missmutig mit einem staubtrockenen Behördentext, der in seinem Juristenkauderwelsch erklärte, dass zwar die Abwässer seines Hauses in eine Versitzgrube entsorgt werden, Nicolas aber trotzdem Kanalgebühren zahlen müsse, weil ein Anschluss an das Kanalnetz theoretisch möglich wäre, da dieses in seiner Straße vorhanden sei.

Mag ja sein, ihr Komiker, dachte Nicolas, aber die Straße liegt nun mal oberhalb meines Grundstücks, und Scheiße schwimmt höchstens in der Politik nach oben. Im realen Leben unterliegt sie aber der Schwerkraft. Physikalische Gesetze schienen jedoch den Staat nicht zu stören, wenn es um mögliche Gebühreneinnahmen ging. Genervt legte er den Schrieb zur Seite und sah aus dem Fenster. Seine Laune besserte sich schlagartig, als er Nathalie erspähte, die gerade mit ihrem Auto durch die Einfahrt rollte.

Sie war am Morgen nach Nizza hinuntergefahren, um in der FNAC nach Schwangerschaftsratgebern und Büchern über das tägliche Leben mit einem Baby zu stöbern, und wollte gleichzeitig dem Tipp der Kellnerin nachgehen.

Nicolas hoffte, dass Gabriela immer noch dort arbeitete. Wie dem auch sei, Nathalie hatte bestimmt die halbe Abteilung geplündert. Immer wenn sie wieder allzu hemmungslos eingekauft hatte, zog er sie regelmäßig mit dem Spruch auf, dass er ganz genau wisse, wo sich der geheimnisvolle G-Punkt der Frauen befände: nämlich ganz am Ende des Wortes »Shopping«.

Er ging hinaus, um ihr beim Tragen zu helfen. Als er den Kofferraum öffnete und die prall gefüllten Tragetaschen inspizierte, meinte er nur: »Bis du das alles gelesen hast, ist das Kind wahrscheinlich schon auf dem Gymnasium«, was ihm natürlich einen kräftigen Klaps auf den Oberarm einbrachte. »Hast du wenigstens Neuigkeiten von Gabriela?«, fragte er, während sie zum Haus gingen.

»Ja, sie hatte sogar zufällig gerade Dienst, und wir haben uns kurz unterhalten können. Erzähl ich dir gleich alles in Ruhe, aber erst mal muss ich ganz dringend wohin«, sagte sie und verschwand im Laufschritt in Richtung Bad.

»Schwangere und ihre Blase«, meinte Nicolas grinsend, aber vorsichtshalber so leise, dass sie es nicht hörte.

Als Nathalie zurückkam, stand Nicolas gerade in der Küche und schnitt Zitronenrädchen für die beiden Gläser Mineralwasser, da er zu Recht annahm, dass Nathalie nach der Fahrt in praller Sonne durch Nizza am Verdursten war.

Dankbar nahm sie einen großen Schluck. »Also«, begann sie, »der aktuelle Stand der Dinge ist, dass sie wohl nicht mehr mit Tom liiert ist. Die Arme, das hat ihr wohl sehr zugesetzt. Sie bekam ziemlich feuchte Augen, als sie mir das erzählte. Sie hatten sich zwar oft tagelang nicht gesehen wegen ihrer unterschiedlichen Arbeitszeiten, sie tagsüber und Tom nachts, aber das letzte Mal ist nun schon eine gute Woche her.«

»Hat Tom Schluss gemacht?«, wollte Nicolas wissen.

»Nein, er sei eigentlich ganz normal gewesen, wie immer halt. Aber sie hatte bei ihm manchmal das Gefühl, dass es von seiner Seite aus ein eher loses Verhältnis gewesen sei, und da sie nichts mehr gehört hatte, befürchtete sie, dass Tom nicht mehr an ihr interessiert war. Irgendwie traut sie sich aber nicht, Tom anzurufen, um eine Antwort einzufordern. Wahrscheinlich hat sie Angst vor dieser Antwort.«

»Hm, irgendwie ist das ganz und gar nicht Toms Art, jemanden einfach so links liegen zu lassen. Weiß sie wenigstens, wo er sich die letzte Zeit rumgetrieben hat und wo er jetzt stecken könnte?«

»Nein, sie hat sich vor ein paar Tagen sogar umgehört, ob er irgendwo spielen würde. Ich nehme an, sie wollte dann dort ›zufällig‹ vorbeischauen, um zu sehen, ob er vielleicht mit einer anderen dort ist. Als ich ihr sagte, dass seine Vermieterin ihn als vermisst gemeldet hat und in seinem Zimmer der demolierte Verstärker gefunden wurde, da hat sie es natürlich auch mit der Angst zu tun bekommen.«

»Hat sie eine Idee, wen wir noch fragen könnten?«

»Nicht wirklich. Von seinen Musikern kennt sie keinen einzigen. Sie hat sich von der brasilianischen Szene in Nizza immer ferngehalten, da die meisten dieser Jungs nur kurzfristiges Vergnügen suchten, um es einmal höflich zu umschreiben.«

»Und wie hat sie dann Tom kennengelernt?«

»Ganz zufällig. Eines Nachmittags hat er bei ihr auf der Arbeit in der Kartenvorverkaufsabteilung Kostproben seiner Musik gegeben, um die Kunden zum Ticketkauf für eines seiner Konzerte zu animieren.«

»Wenn selbst seine Freundin keine weiteren Anhaltspunkte findet, sehe ich für uns erst recht schwarz.«

»Eine Möglichkeit wäre da vielleicht noch. Kommt drauf an, ob du damit etwas anfangen kannst: Gabriela hat ihn vor einiger Zeit in ein Möbeldepot begleitet. So ein Service, wo die Leute Container oder Räume mieten können, um ihre Sachen einzulagern. Sie sind damals eine Ausfallstraße rausgefahren. Sie kannte diese Gegend überhaupt nicht, dabei ist es ein direkter Vorort von Nizza. Drap oder so ähnlich. Sagt dir das was?«

»Nur vage. Und dass du das nicht kennst, wundert mich gar nicht. Das ist nämlich eine Gegend, in die wir mit unseren Kunden mit Sicherheit nie hinfahren werden. Wie Gabriela sich ganz richtig erinnert, fährt man auf dem Weg dahin durch den Nordosten von Nizza, durch das Viertel von Ariane. Die Polizei rät denen, die dort durchmüssen oder von der Autobahn abfahren, an der Ampel vorsichtshalber die Autotüren zu verriegeln. Anschließend kommst du durch ein paar Ortschaften mit kleinen Gewerbegebieten. Dass dort auch solche Lagerhallen stehen, kann ich mir gut vorstellen. Aber was sollte Tom denn dort einlagern wollen?«

»Gabriela war auch überrascht. Sie dachte anfangs, Tom wäre so der typische ›Junge mit dem Gitarrenkoffer‹, der sich mit seinen kleinen Gigs durchschlägt, ohne sich über das Morgen Gedanken zu machen. Tatsächlich ist aber das ganze Equipment sein eigenes: die Lautsprecheranlage, Mischpult, Effektgeräte und diverse brasilianische Percussion-Instrumente, die er bei Bedarf seinen Musikern zur Verfügung stellt. Sie war schwer beeindruckt, denn offensichtlich hat er einen ganzen Raum voll davon bis unter die Decke gestapelt.«

»Ehrlich gesagt hätte ich ihm das auch nicht zugetraut. Ich

habe ihn ganz automatisch für einen relativ planlos vor sich hin lebenden Musiker gehalten«, gab Nicolas zu. »Da habe ich ihn wohl mächtig unterschätzt.«

»Wenn ich es mir richtig überlege«, räumte Nathalie ein, »kennen wir Tom zwar nun schon eine ganze Weile, aber wissen tun wir eigentlich gar nichts über ihn. Hast du jemals mit ihm über seine Zeit in Brasilien geredet? Weißt du, wie oder weshalb er nach Europa gekommen ist?«

»Na, du weißt doch selbst, wie es war«, verteidigte sich Nicolas. »Wenn er hier bei uns vorbeikam, dann habe ich die ganze Zeit mit ihm Gitarre gespielt, oder wir haben nach Liedern gestöbert, die wir für unser Programm neu interpretieren könnten. Und die paar Mal, die du und ich ihn in der Stadt getroffen haben, war es immer während eines seiner Konzerte. In den kurzen Pausen ging es dann meist um den Gig, oder wir machten Small Talk.«

»Na, wir sind schon tolle Freunde«, meinte Nathalie frustriert.

»Das kannst du laut sagen«, pflichtete ihr Nicolas bei. »Erinnerst du dich noch dran, als ich die alte, hässliche Hecke am unteren Gartenzaun rausgerissen habe? Da kam Tom zufällig vorbei und hat mir ganz selbstverständlich zwei Stunden lang dabei geholfen. Abends hat er dann in einem Restaurant gespielt und von der Gartenarbeit lauter kleine Risse und Schnitte an den Fingern gehabt. Das muss echt wehgetan haben. Und ich? Ich weiß nicht mal, wo er genau wohnt!«

»Ach komm, ihr seid immer so mit eurem Gitarrenprojekt beschäftigt, da ist eben nicht mehr viel Platz für anderes übrig. Ich fand das aber auch ganz sympathisch, und mir ist das auf alle Fälle lieber, als wenn mein Mann mit seinem Kumpel ständig in irgendwelchen Bars abhängen würde oder seine Wochenenden vor der Sportschau vertrödelt«, sagte Nathalie.

»Apropos Partner. Wie bist du eigentlich mit Gabriela verblieben? Meinst du, sie würde das Lagerhaus wiederfinden?«

»Nachdem ich ihr das von der Vermisstenanzeige erzählt habe, hat sie mir ihre Handynummer gegeben, damit wir uns gegenseitig auf dem Laufenden halten können. Ich rufe sie gleich mal an.«

7

Nathalie leckte sich genüsslich das Olivenöl von den Fingern. Socca war ihr erklärter Lieblingssnack geworden, seit sie hier in Nizza lebte. Ein relativ flüssiger Teig aus Kichererbsenmehl, Wasser und Olivenöl, der, in reichlich Olivenöl auf verzinnten Kupferpfannen, kurz in einem knallheißen, holzbefeuerten Ofen zu pfannkuchenartigen Fladen gebacken und dann, nur mit etwas frisch gemahlenem Pfeffer gewürzt, in Stücke gerupft und mit den Fingern gegessen wurde. Den dazu ansonsten üblichen Roséwein hatte sie allerdings durch ein Mineralwasser ersetzt.

Gabriela war heute nur für eine Sechs-Stunden-Schicht eingeteilt gewesen und hatte somit schon im Laufe des Nachmittags frei. Als Nathalie anrief, war sie nur allzu gern bereit, die beiden zu treffen und sich gemeinsam auf Spurensuche zu begeben. Sie verabredeten sich im Chez René Socca, das in einer der kleinen Gassen der Altstadt lag, nur ein paar Tramhaltestellen von Gabrielas Arbeit entfernt.

Nicolas wollte Gabriela ursprünglich direkt von der Arbeit abholen, um nach Toms Lagerraum zu suchen, aber Nathalie bestand darauf, dass Gabriela erst einmal etwas zu essen bekommen sollte, da sie ja schließlich nicht wussten, wie lange ihr Ausflug dauern würde. Das Chez René Socca schien der ideale Kompromiss, denn dort konnte man an einer Straßenverkaufstheke die leckersten Nizzaer Spezialitäten kaufen und dann direkt an einem der vielen Holztische essen, ohne viel Zeit zu verlieren.

Nicolas kam gerade vom Ausschanktresen zurück und balancierte geschickt drei Kaffees durch die vorbeiflanierenden Touristen hindurch.

»Ich hoffe, ich finde das Gebäude wieder«, meinte Gabriela nervös zu Nathalie. »Mein Orientierungssinn ist nicht gerade der beste, und das sah alles irgendwie gleich aus.«

»Gabriela, du bist ein Mädchen! Niemand erwartet von dir, dass du eine Adresse auf Anhieb findest«, meinte Nicolas gespielt verständnisvoll. »Wenn du sagst ›links‹, fahre ich nach dem ›anderen Links‹ – Männer sagen dazu ›rechts‹ –, und so finden wir das Lager dann schneller, als du denkst.«

Das brachte ihm natürlich postwendend eine Retourkutsche von Nathalie ein: »Oh Mann, hör sich einer ›Monsieur GPS‹ an! Muss beim Rückwärtsfahren die Musik leiser drehen, damit er besser sehen kann, wo er hinfährt, macht sich dann aber über weibliche Navigationsdefizite lustig.«

Nach dem Kaffee machten sie sich schließlich auf den Weg zu Nicolas' Wagen, den er in der öffentlichen Tiefgarage unter dem Nationaltheater geparkt hatte.

Die Garagenausfahrt mündete direkt auf den Boulevard Risso, der sie in wenigen Minuten aus der Stadt hinausbringen würde. Das war mit ein Grund gewesen, warum Nicolas Gabriela gebeten hatte, ihnen mit der Trambahn ein Stück entgegenzukommen. Gabrielas Arbeitsplatz lag nämlich inmitten des Stadtkerns mit all seinen kleinen Einbahnstraßen, wo Lieferwagen ständig Staus produzierten, wenn sie anhielten, um ihre Ware zu entladen, und somit zwangsläufig die einzig verfügbare Fahrbahn blockierten.

Der Boulevard tauchte nur wenige hundert Meter später, an der Ausstellungshalle Acropolis, in einen Tunnel ab, und von da an fuhren sie unterirdisch aus der Stadt hinaus. Als sie endlich wieder ans Tageslicht kamen, befanden sie sich bereits außerhalb des dicht bebauten Zentrums auf der mehrspurigen Straße, gesäumt von lieblosen Wohnblocks mit unzähligen Satellitenschüsseln an den Balkonen. Einzige Farbtupfer in dieser Tristesse waren die Wäscheleinen mit den grellbunten Gewändern der Franzosen mit kreolischen oder arabischen Wurzeln, die hier den Großteil der Bewohner stellten.

Jetzt ging der Boulevard in eine kreuzungsfreie Ausfallstraße namens Paillon über, die ihren Namen von dem gleichnamigen Fluss hatte, der aus den Bergen kommend ganz Nizza unterirdisch durchquerte und vorn an der Promenade des Anglais ins Meer mündete.

Sie fuhren jetzt jedoch stromaufwärts, und da noch kein Feierabendverkehr herrschte, kam bereits nach weniger als einer Viertelstunde das Ortsschild von Drap in Sicht.

Nicolas hatte sich bereits vorher erkundigt und blieb zunächst auf der Umgehungsstraße. Im alten Ortskern von Drap standen die Wohnhäuser dicht an dicht – da war kein Platz für Lagerhäuser. Erst hinter der eigentlichen Ortschaft befanden sich diverse kleine Gewerbezonen.

Sie waren nun schon durch mehrere menschenleere Straßen gefahren, wo sich Lagerschuppen an kleine Gewächshäuser reihten, Handwerksbetriebe ihre Werkstätten hatten, teilweise mit dem Wohnhaus des Inhabers direkt nebenan.

Während sie die Gegend absuchten, fragte sich Nicolas, was Tom wohl hier hinaus verschlagen hatte.

Links von ihnen erregte ein Gabelstapler kurz seine Aufmerksamkeit. Er manövrierte vorsichtig eine prall bepackte Palette in einen Transporter.

Da rief Gabriela aufgeregt: »Nicolas, das Gebäude dahinter, das mit den vielen Toren, das könnte es sein.«

Sofort bog er in die Zufahrtstraße ein und fuhr in den Ladehof vor dem Gebäude. Die Tore entpuppten sich beim Näherkommen als deckenhohe Rolltore auf einer Laderampe. Lastwagen konnten hier rückwärts an die Rampe rangieren, damit man Waren direkt in deren Laderaum hineinrollen konnte, ohne ständig die hydraulische Hebebühne zu bemühen. Zum Aufladen von sperrigem und teilweise recht schwerem Bühnenequipment war das recht praktisch.

»Bist du sicher, dass es das richtige Lager ist?«, fragte Nicolas zweifelnd, da er nirgendwo eine Werbetafel oder ein Firmenschild entdecken konnte.

»Ja, das ist es«, meinte sie aufgeregt. »Wir sind damals von der anderen Seite gekommen.« Sie deutete auf eine zweite Zufahrt, die gegenüber vom Hof führte. »Deswegen habe ich es wahrscheinlich nicht gleich wiedererkannt. Kommt mit, das Verwalterbüro ist auf der *Huckseite.*« Vor allem wenn sie so aufgeregt war, sprach Gabriela – wie alle Brasilianer – das R wie ein H aus. Nicolas und Nathalie kannten das auch schon von Tom. Sie folgten ihr auf die Rückseite des Gebäudes.

Eine schwere Eisentür stand weit offen. Damit sie nicht zufallen konnte, war sie mit einer Schnur am Haken eines Fensterladens festgezurrt. In der Mitte der Tür prangte ein handgemaltes Schild, auf dem »Offen« stand. Nicolas war sich sicher, würde man die Tür schließen, klebte auf deren Außenseite ein entsprechendes Schild mit der Aufschrift »Geschlossen«. Ein Aushang mit detaillierten Angaben zu den Öffnungszeiten war in Frankreich keine Pflicht.

Als sie aus der hellen Sonne in das düstere Gebäude traten, konnten sie nicht viel erkennen, aber Gabriela wandte sich zielsicher nach rechts, und dort befand sich eine weitere offene Tür, aus der sie der übergewichtige Verwalter über seinen Schreibtisch hinweg wortlos ansah, was er offensichtlich als Begrüßung für ausreichend befand. Gabriela ließ Nicolas den Vortritt.

Ein Blick auf den Verwalter genügte, und Nicolas wusste, dass dieser mit Sicherheit schon alle rührseligen Geschichten kannte, sei es von säumigen Mietern, Leuten, die vorzeitig aus ihrem Vertrag rauswollten, oder was es sonst noch an Problemen rund um seinen Lagerservice gab. Dem Mann konnte man vermutlich keinen Bären mehr aufbinden. Nicolas beschloss, bei der Wahrheit zu bleiben.

»Ein Freund von uns hat hier bei Ihnen einen Lagerraum gemietet, Antônio Ortiz. Die Gendarmerie hat uns informiert, dass in seinem Apartment eingebrochen wurde, und er selbst ist seitdem verschwunden. Seine Freundin hier, vielleicht erinnern Sie sich an sie, war vor einiger Zeit mit ihm hier. Sie hat auch nichts mehr von ihm gehört. Wäre es möglich, einen Blick in Monsieur Ortiz' Lagerraum zu werfen, um zu sehen, ob dort alles in Ordnung ist?«

Der Mann überlegte kurz und befand ihr Anliegen offenbar als gerechtfertigt. Er schien seine Mieter gut zu kennen, denn ohne eine Kundenliste zu konsultieren, schloss er ein Schränkchen hinter sich auf und nahm zielstrebig einen Schlüssel von einem der darin befindlichen Haken.

Nachdem der Verwalter die Tür zu Toms Lager aufgeschlossen hatte, machte er Licht und stellte sich in die Mitte des Raums. Es war offensichtlich, dass er nicht vorhatte, Nicolas und seine Begleiterinnen aus den Augen zu lassen.

Neben einer beeindruckenden Armada elektronischer Konsolen und Geräte befand sich hier auch eine Ansammlung diverser Trommeln. Hauptsächlich typisch brasilianische Percussion-Instrumente, wie Berimbaus, die an einen Spielzeugbogen erinnerten, an dessen unterem Ende ein ausgehöhlter Kürbis befestigt war, Batuque-Trommeln, die verschiedensten Caxixi, mit Muscheln oder Kieseln gefüllte Körbchen und noch viele andere Instrumente, von denen selbst Nicolas einige noch nicht kannte. Er entdeckte auch ein in seine Bestandteile demontiertes Schlagzeug. Es wies zwar deutliche Gebrauchsspuren auf, aber es verfügte offensichtlich über weit mehr Einzelteile als ein typisches Basis-Drumset. In einer Ecke standen einige Kisten mit Maracas, Triangeln und weiteren Rasseln. Gegenüber der Tür lagen auf dem Boden die zwei großen Lautsprecherboxen, die Nicolas schon des Öfteren bei Toms Konzerten gesehen hatte. Bisher hatte er jedoch angenommen, dass es sich um die hauseigene PA-Anlage des jeweiligen Lokals handelte. Offensichtlich waren aber auch sie Toms Eigentum.

Die Rückwände waren geöffnet worden, und graue Wolle quoll aus dem Inneren hervor. Nicolas musste sofort an Toms Verstärker im Apartment denken, der gewaltsam geöffnet worden war. Aber hier lagen ein Schraubenzieher und direkt daneben ein Schälchen, in dem die Schrauben sorgsam aufbewahrt wurden. Das sah nicht nach einem Einbrecher aus, der sie – zu welchem Zweck auch immer – hastig geöffnet hatte.

Nicolas fluchte innerlich, dass sie hier wohl schon wieder in einer Sackgasse gelandet waren. Er bedankte sich bei dem Verwalter für dessen Hilfe, und sie verließen den Lagerraum.

Als der Verwalter gerade mit dem Absperren beschäftigt war, bog ein junger Mann um die Ecke. Er blieb wie angewurzelt stehen, entspannte sich aber wieder, als er den Verwalter erkannte.

»Salut Julien, vielleicht kannst du den Leuten hier weiterhelfen – Freunde von Tom.«

Nachdem ihm Nicolas die Situation erklärt hatte, meinte Julien: »Tut mir leid, da kann ich euch auch nicht viel dazu erzählen. Ich sehe Tom manchmal tage- oder sogar wochenlang nicht. Für seine Gigs hier in der Gegend kümmert er sich selbst um alles, und bei größeren Auswärtsauftritten bekomme ich vom Veranstalter per E-Mail das Roadbook.«

»Das was?«, fragte Nathalie.

»Die Infos rund ums Konzert, wann es stattfindet, in welcher Besetzung und welches Equipment benötigt wird. Ich fahre dann hier raus und bereite die Elektronik vor. Das war's. Die Instrumente auszuwählen und das Einladen ist dann Toms Sache. Meist macht er das direkt vor der Abfahrt, zusammen mit den Musikern. Ich bin ja bei den Konzerten nie dabei. Ich bin nur für die Instandhaltung und eventuelle Reparaturen zuständig, Software-Updates und all so 'n Kram. Deswegen bin ich auch heute hier: Ich wollte ein paar Boxen wieder zusammenbauen, damit sie im Fall der Fälle einsatzbereit sind.«

»Also bist du keiner von seinen Musikern«, stellte Nathalie fest.

»Nein, ich studiere in Nizza Ton- und Aufnahmetechnik. Das hier ist nur ein Nebenjob und wird von der Schule sogar als Praktikum anerkannt. Soviel ich weiß, schickt der Konzertveranstalter für das jeweilige Konzert einen örtlichen Kollegen zum Aufbau und Soundcheck hin. Das ist billiger, als mich wegen einer Stunde Arbeit auf die ganze Reise mitzunehmen und mir zusätzlich Essen und Unterkunft zu bezahlen. Außerdem kann ich nicht dauernd meine Vorlesungen und Workshops schwänzen, nur weil ich irgendwo am anderen Ende Frankreichs an ein paar Knöpfchen und Reglern rumdrehen soll.«

»Kannst du mir die Nummer des Veranstalters geben?«, wollte Nicolas wissen.

»Da müsste ich zu Hause nachsehen. Es läuft wie gesagt alles über E-Mail. Seine Nummer habe ich nicht im Kopf. Wenn du mir deine Nummer gibst, sag ich dir Bescheid.«

Nicolas gab Julien eine seiner Visitenkarten. »Hier hast du alles drauf. Kannst mir eine SMS oder eine Mail schicken.«

8

Als die Tür zu Toms Kerker aufschwang, traf ihn der Strahl einer starken Lampe mit voller Wucht, sodass er reflexartig die Augen schloss. Sein Kopf quittierte die Lichtattacke mit einem stechenden Schmerz.

Während Tom seine Augen weiter geschlossen hielt, hörte er ein kurzes, schlurfendes Geräusch, und noch bevor er verstand, was geschah, fiel die Tür wieder donnernd ins Schloss, und der Riegel wurde energisch vorgeschoben.

Die sich entfernenden Schritte wurden rasch leiser, und nach wenigen Sekunden herrschte wieder dieselbe unheilvolle Stille wie zuvor.

Zögernd öffnete er die Augen. Vorsichtig bewegte er sich vorwärts, dorthin, wo die Tür sein musste. Schnell gewöhnten sich seine Pupillen wieder an das mittlerweile vertraute Halbdunkel, und er konnte ein Tablett erkennen, das nicht unweit der Tür auf dem Boden stand. Soweit er sehen konnte, befanden sich ein Baguette und eine Karaffe Wasser darauf und direkt daneben einige Scheiben gekochter Schinken sowie ein Stück Käse. Offensichtlich hatte die Person das Tablett achtlos über den Boden geschubst, denn Tom bemerkte, dass Wasser aus der Karaffe geschwappt war und sich nun langsam verteilte und in das Baguette eindrang.

Tom kämpfte immer noch mit der Übelkeit und hatte sowieso keinen Appetit. Er nahm lediglich das Wasser und trank in der Hoffnung, den schalen Geschmack in seinem Mund vertreiben zu können.

Die Tatsache, dass die Person kein Wort gesagt hatte und niemand versuchte, mit ihm Kontakt aufzunehmen, ihn zu verhören oder was auch immer der Sinn dieser Aktion war, verwirrte ihn sehr. Er zermarterte sich den Kopf, wer hinter dieser ganzen Sache stecken könnte, wer ein Interesse haben könnte, ihn zu entführen.

9

Nicolas fuhr schweigend zurück nach Nizza. Sie hatten die trostlosen Sozialbausiedlungen im Nizzaer Hinterland bereits hinter sich gelassen, und Nicolas atmete innerlich auf, als sie nun an der nagelneuen Parkanlage, der Promenade du Paillon, entlangrollten. Wo bis vor einigen Monaten noch hässliche Betonflachbauten wie der Busbahnhof oder Parkhäuser gestanden hatten, zog sich nun eine breite grüne Lunge mitten durch Nizzas Zentrum bis zum Meer hin. Gerade fuhren sie an einem riesigen, begehbaren Wasserspiegel vorbei, aus dem, wie auf einem Schachbrett aufgereiht, dünne Wasserfontänen emporstiegen, zwischen denen man spazieren gehen konnte, um der Augusthitze für ein paar Minuten zu entkommen.

Die Frauen nahmen davon jedoch keine Notiz. Nathalie versuchte vielmehr, Gabrielas Sorgen um Tom zu zerstreuen, was ihr allerdings nicht leichtfiel, denn auch sie konnte sich keinen Reim auf dessen mysteriöses Verschwinden machen.

Gabriela bewohnte ein kleines Ein-Zimmer-Apartment in Riquier, einem ehemaligen Arbeiterviertel im Osten Nizzas, aber Nicolas wollte sie jetzt nicht sich selbst überlassen und schlug vor, gemeinsam in seinem Lieblingsbistro, dem Ponchettes auf dem Cours Saleya, einen Aperitif zu trinken und das weitere Vorgehen zu besprechen.

Der Kellner hatte ihre Getränke und diverse Schälchen mit Oliven und Knabberzeug auf den kleinen Bistrotisch gestellt. Während Nathalie und Gabriela noch über deren Beziehung zu Tom redeten, sah Nicolas in Gedanken versunken zu, wie die Eiswürfel in seinem Pastis zu schmelzen begannen und sich der klare Anisschnaps dadurch nach und nach einzutrüben begann. Wenn Nathalie ihn zu Hause dabei ertappte, brummte sie im Vorbeigehen nur leise »Ommm«, um Nicolas mit seiner »mediterranen Meditation«, wie er das scherzhaft nannte, aufzuziehen. Er musste unwillkürlich lächeln und wandte sich wieder der Gegenwart zu.

Er schenkte Wasser zum Pastis und klinkte sich in das Gespräch der Frauen ein. »Gabriela, hat Tom dir gegenüber eigentlich irgendwelche Freunde oder Bekannte erwähnt? Oder weißt du irgendwas über seine Familie? Zum Beispiel, wo die wohnen? Angenommen, es handelt sich hier um eine Entführung: Kann es sein, dass jemand Tom als Druckmittel gegen seine Familie benutzt?«

Gabriela schüttelte den Kopf. »Nein, ich kann mir nicht vorstellen, dass da finanziell etwas zu holen ist. Zumindest habe ich das so verstanden, wenn Tom von seiner Kindheit in Brasilien sprach. Wenn hier in Nizza ein Lokal einen brasilianischen Abend machen wollte, hat er sich oft um die Zutaten für Feijoada gekümmert. Er kennt ja all die kleinen Läden für portugiesische und brasilianische Spezialitäten, weil er dort auch immer seine Plakate aushängen durfte.«

Als Nicolas Nathalies fragenden Blick sah, erklärte er ihr kurz: »Feijoada ist das brasilianische Nationalgericht. Mit schwarzen Bohnen und allerlei Fleischsorten drin.«

»Richtig, und genau das Fleisch war für Tom immer ganz wichtig«, fuhr Gabriela fort. »Bei Tom zu Hause hat es früher zwar oft Feijoada gegeben, aber meist mit sehr vielen billigen Zutaten wie Schweineohr, -schwanz und -fuß. Dann noch ein bisschen Linguiça, die Räucherwurst, aber das war's dann auch schon. Normalerweise sind da noch getrocknetes Fleisch, Spareribs, Speck und so drin, aber das kostet halt doppelt bis dreimal so viel. Anscheinend lebte seine Familie in sehr bescheidenen Verhältnissen. Ob sie überhaupt noch lebt, weiß ich jetzt auch nicht, aber selbst wenn: Wegen Geld? Glaube ich ehrlich gesagt nicht.«

Da sie nun also notgedrungen auf den Anruf des Tontechnikers warten mussten, sprachen sie noch kurz über Gabrielas Arbeitszeiten für die nächsten Tage und vereinbarten, jeden Tag zu telefonieren und sich gegenseitig auf dem Laufenden zu halten.

Nachdem sie Gabriela bei ihrer Wohnung abgesetzt hatten, fuhren Nicolas und Nathalie über eine Zubringerstraße direkt hinauf auf die Grande Corniche, wo sich ihr Häuschen befand. Nicolas wollte anschließend noch seine Fahrer anrufen, wissen, ob der Tag mit den Kunden reibungslos verlaufen war, und sie gleichzeitig darauf vorbereiten, dass er sich die nächsten Tage um eine private Geschichte kümmern müsse und vielleicht nicht immer gleich erreichbar sein würde. Da alle Fahrer nun schon einige Zeit für ihn arbeiteten, vertraute er ihnen und konnte sich deshalb darauf beschränken, abends die Kunden anzurufen und ihnen so das Gefühl der persönlichen Betreuung zu vermitteln.

Als Nicolas das letzte Gespräch beendet hatte, schaltete er seinen Computer ein, in der Hoffnung, eine E-Mail von Julien vorzufinden. Noch bevor die Programme hochgefahren waren, klingelte sein Handy. Das Display zeigte nur an, dass es sich um einen Anruf mit unterdrückter Nummer handelte. Das war eine Unsitte, die in letzter Zeit immer mehr um sich griff.

Bald sind wir wieder so weit wie zu Zeiten der Telefone mit Wählscheibe: Da wusste man auch erst, wer dran war, nachdem man abgehoben hatte, dachte Nicolas frustriert.

»Guten Abend, Monsieur. Ich heiße Michel«, begrüßte ihn der Anrufer. »Julien sagte mir, dass Sie wohl ein guter Freund von Tom sind und Fragen zu seinen Engagements haben. Ist es wahr, dass er verschwunden ist?«

In Frankreich stellten sich Verkäufer oder ähnliche Dienstleister grundsätzlich nur mit dem Vornamen vor, was keine Anbiederung oder plumpe Vertraulichkeit darstellte, sondern im Gegenteil die Verhältnisse festlegte, indem der Kunde mit »Monsieur« beziehungsweise »Madame« tituliert wurde.

Deshalb beeilte sich Nicolas zu sagen: »Ich bitte Sie, nennen Sie mich doch Nicolas. Danke, dass Sie so schnell zurückrufen. Ja, es stimmt leider: Die Polizei hat mich gestern darüber informiert, dass sie von Toms Hauswirtin alarmiert wurde. Seine Tür stand offen, und jemand hat offensichtlich die Wohnung durchsucht. Seitdem fehlt von ihm jede Spur. Jetzt wollte ich Sie fragen, wann Sie das letzte Mal Kontakt zu ihm hatten.«

»Die letzte Aktion liegt bestimmt schon mehr als einen Monat zurück«, meinte Michel vage. »Wissen Sie: Jetzt ist Hauptsaison, und da haben unsere Kunden ohnehin alle Hände voll zu tun. Unsere Arbeit beginnt erst wieder nach der Saison, wenn unsere Kunden zusätzliche Gäste brauchen.«

»Ach, ich dachte, dass Sie als Konzertveranstalter gerade jetzt viel zu tun hätten«, erwiderte Nicolas erstaunt.

»Wir sind eigentlich kein Konzertveranstalter im klassischen Sinne. Wir sind eher so etwas wie eine Werbeagentur. Wenn ein Kunde – sagen wir eine Brauerei – einen Bierliefervertrag mit einem Lokal schließen möchte, reicht es heutzutage nicht mehr, lediglich eine beleuchtete Außenreklame und die Gläserausstattung zu stellen. Da kommen wir dann ins Spiel: Unsere Aufgabe ist es, dem Gastronomen durch Aktionen außerhalb der Saison den Laden mit Gästen vollzumachen. Wenn wir zum Beispiel Tom mit seiner Band für einen Themenabend vorschlagen, kümmern wir uns um die Plakatierung und sonstige Werbeaktionen, schicken die Interview-CD an lokale Radiostationen und geben ein paar Freikarten dazu.«

»Und Sie haben dann Tom die Gage bezahlt?«

»Nein. Tom bekommt den Erlös der Abendkasse.«

»Alles?«, vergewisserte sich Nicolas erstaunt.

»Aber sicher. Der Wirt profitiert ja schließlich von der Publicity für seinen Laden und natürlich von dem entsprechenden Speise- und Getränkeumsatz des Abends, und wir werden für unsere Arbeit von unserem Kunden bezahlt, der dadurch seinen Biervertrag in der Tasche hat. Deshalb organisieren wir auch keine Tourneen, sondern immer nur einzelne Events.«

»Und das hat sich für ihn gerechnet?«, zweifelte Nicolas.

»Natürlich. Ansonsten hätte er wohl kaum die ganze Zeit mit uns gearbeitet. Er muss zwar alle seine Ausgaben und die Gagen seiner Musiker davon bestreiten, aber wir reden hier schließlich nicht von der kleinen Kneipe an der Ecke, sondern von Lokalen mit Platz für ein paar hundert Gäste. Da brauche ich keine Geschäftsgeheimnisse auszuplaudern: Gästeanzahl mal Eintrittspreis – das kann sich jeder ganz einfach selbst ausrechnen. Das, was Sie mir jetzt über sein Verschwinden erzählen, beunruhigt mich natürlich. Ich höre mich mal bei unseren Angestellten um, ob die vielleicht irgendwas wissen, aber die meisten sind derzeit leider im Urlaub. Ich melde mich, sobald ich etwas Neues habe, wollen wir so verbleiben?«

»In Ordnung. Wie gesagt, herzlichen Dank noch mal für den raschen Rückruf«, entgegnete Nicolas, der noch versuchte, das gerade Gehörte für sich zu sortieren.

Nicolas kam es vor, als ob Michel es eilig hatte, das Gespräch zu beenden. Aber vielleicht wollte der ja einfach nur endlich Feierabend machen oder hatte noch einen Anruf auf einer anderen Leitung. Mal sehen, was Nathalie davon hält, dachte er und machte sich auf die Suche nach ihr.

10

Nathalie vertrieb sich die Zeit, indem sie auf der kleinen Holzbank im Garten in ihren neu erstandenen Ratgebern blätterte.

Nicolas setzte sich zu ihr und begann das Gespräch so wortgetreu wie möglich wiederzugeben.

»Was ist denn eine Interview-CD?«, fragte Nathalie neugierig.

»Das hat mir mal ein Bekannter erklärt, der das oft selbst als Werbung für seine Kochevents verwendet: Das sind ein paar Standardbegrüßungssätze sowie vorgefertigte Antworten auf ein fiktives Interview, die man in einem Tonstudio auf eine CD aufgenommen hat. Die CD und die dazugehörigen Fragen schickt man einige Tage vor dem geplanten Konzert an die kleinen, lokalen Radiosender, wo sich dann ein Moderator für seine Sendung einige dieser Fragen aussucht und an den angeblichen Studiogast richtet. Die Antworten kommen dann von der CD. Das macht die Leute viel neugieriger als ein simpler Werbejingle.«

»Und das merkt keiner?«, wollte Nathalie wissen.

»Wenn der Moderator sein Handwerk versteht, hört man keinen Unterschied zu einem real existierenden Gast. Der Sender kann dieses Interview damit scheinbar live senden, wann er will, ohne von dem Gast abhängig zu sein, und anschließend die beiliegenden Freikarten an seine Hörer verlosen.«

»Wenn ich das recht verstehe, muss Tom also nur zu dem tatsächlichen Konzert anreisen. Die ganze Werbetrommel wurde bereits von der Agentur vorab erledigt, und wenn er dort ankommt, wartet bereits ein Techniker auf ihn, um die Anlage aufzubauen und sich um die Saalbeschallung zu kümmern. Dann setzt Tom jemanden an den Eingang, um den Eintritt zu kassieren. Sie spielen den ganzen Abend, und am nächsten Tag fährt die Band wieder heim?«

»So läuft das wohl ab. Genial organisiert, finde ich.«

Nathalie nickte zustimmend. »Das heißt aber auch, dass Tom kein klassisches Angestelltenverhältnis mit der Agentur hat, sondern als freier Mitarbeiter im Prinzip unabhängig ist. Ist denn schon ein neues Event geplant?«, wollte Nathalie wissen.

»Das habe ich gar nicht gefra… Das kann ja wohl nicht wahr sein«, stöhnte Nicolas plötzlich. »Ich Trottel habe überhaupt nicht nach Michels Nummer gefragt! Ich weiß nicht mal, wie die Agentur heißt. Dieser Michel hat das Gespräch so schnell abgewürgt, dass ich überhaupt nicht mehr dazu gekommen bin.«

»Dann frag halt Julien noch mal nach der Nummer.«

»Michel hat mich direkt angerufen. Wie ich Julien erreichen soll, weiß ich also auch nicht. Oh Mann, ich bin echt ein Vollprofi.«

Nathalie grinste und meinte neckisch: »Wie hast du dein Leben bloß gemeistert, bevor ich mich um alles gekümmert habe?« Nicolas warf ihr einen gespielt beleidigten Blick zu. »Da wirst du wohl noch mal zu dem Verwalter des Lagerhauses rausfahren müssen«, tröstete sie ihn.

»Ich glaube nicht, dass der Juliens Nummer hat, schließlich ist sein Kunde ja Tom und nicht Julien. Aber selbst wenn, wird er sie mir gar nicht geben. Ich würde es jedenfalls an seiner Stelle nicht tun. Für ihn heißt das doch, dass mich Julien entweder nicht wie versprochen zurückgerufen hat oder sich weigerte, mir seine Nummer zu geben. Da wird sich der Verwalter bestimmt nicht die Finger verbrennen wollen, indem er Adressen oder Nummern rausrückt.«

Frustriert beschloss Nicolas, die Sache vorerst auf sich beruhen zu lassen. Erfahrungsgemäß kamen ihm die besten Ideen, wenn er nicht direkt über das betreffende Problem nachgrübelte, und so machte er das, was ihm in solchen Momenten am ehesten half abzuschalten: kochen.

Also ging er ins Haus zurück, um sich um das Abendessen zu kümmern. Nicolas war so in seine Gedanken vertieft, dass er nicht einmal bemerkte, wie ein und derselbe Wagen bereits zum dritten Mal langsam an ihrem Gartentor vorbeirollte.

11

Nach einer unruhigen Nacht hatte es Nicolas schon früh aus dem Bett getrieben. Nachdem er sich um unaufschiebbaren Papierkram für seinen Conciergeservice gekümmert hatte, schien es ihm nun spät genug, um sein Glück bei der Gendarmerie zu versuchen.

Die beiden Gendarmen von vorgestern hatten glücklicherweise schon wieder Dienst, und als er einen von ihnen nach mehrmaligem Weiterverbinden endlich am Telefon hatte, erzählte Nicolas von dem Besuch im Lager und gab dem Gendarm die Adresse durch. Er erzählte auch von dem Gespräch mit Michel und dass er leider weder Nachnamen noch Telefonnummer notiert hatte. Für die Gendarmerie sollte es eine leichte Übung sein, sich diese Daten zu beschaffen.

Wie Nathalie und Nicolas bereits ganz richtig vermutet hatten, war seitens der Polizei keinerlei weitere Aktivität zu verzeichnen gewesen. Nicolas' Visitenkarte in Toms Gitarrenkoffer war die einzige offensichtliche Spur, und die hatten sie pflichtgemäß verfolgt.

Schließlich hätte es ja sein können, dass er der Entführer war. Vielleicht hatten sie gehofft, dass er bei ihrem Auftauchen sofort zusammenbrechen und reumütig gestehen würde, dachte Nicolas sarkastisch.

Ansonsten würden sie erst mal die üblichen achtundvierzig Stunden abwarten, ob der Gesuchte nicht vielleicht doch wieder ganz von selbst auftauchen würde. Die vermutete Entführung könnte sich immer noch als Fehlinterpretation einer hysterischen Vermieterin herausstellen. Und ein nachlässig gepflegter Gitarrenverstärker war noch kein Verbrechen. Ein unaufgeräumtes Zimmer erst recht nicht. Und überhaupt: Bei Musikern war ja sowieso alles möglich.

Da von dieser Seite also keine wirkliche Hilfe zu erwarten war, grübelte Nicolas über die weitere Vorgehensweise, als plötzlich José an die offen stehende Küchentür klopfte.

Aus der anfänglichen Nachbarschaft mit gelegentlichem Small Talk hatte sich im Laufe der Jahre eine echte Freundschaft entwickelt. Zunächst das häufige Fachsimpeln über die Umbauarbeiten an ihren Häusern und damals dann, als Nicolas Nathalie anlässlich der Kunstraubgeschichte kennenlernte, durch Josés tatkräftige Hilfe. Kurz darauf kam dann Josés Jüngster zur Welt, der jetzt auch schon bald seinen fünften Geburtstag feiern würde. Der kleine Manuel schlüpfte oft durch das Gartentor zu ihnen herüber, das sie in den Zaun zwischen ihren Grundstücken eingesetzt hatten.

Die Erwachsenen respektierten jedoch das Privatleben der jeweils anderen, und wenn José jetzt unangemeldet durch dieses Gartentürchen zu ihnen kam, dann musste das etwas wirklich Dringendes sein.

»*Oi*, Nicolas«, begrüßte ihn der gebürtige Portugiese, »tut mir leid, wenn ich hier so hereinplatze, aber ich habe die offene Tür gesehen und wollte dich noch sprechen, bevor ich zur Arbeit fahre.«

»Kein Problem, komm doch rein. Ich wollte mir gerade Kaffee machen, möchtest du auch einen?«

»Nein danke, ich habe schon gefrühstückt. Wollte dir nur kurz erzählen, dass ich gestern Abend einen Wagen gesehen habe, der oben auf der Straße bei uns ständig auf und ab gefahren ist. Erst dachte ich mir, ist vielleicht wieder einmal einer von diesen leidigen Immobilienmaklern, die uns die Briefkästen mit ihrer Werbung zumüllen. Aber als ich vorhin loswollte, sehe ich, dass derselbe Wagen schon wieder da ist. Er steht hundert Meter von hier am Straßenrand, und es sitzt jemand drin. Ich habe Zigarettenrauch aus dem Seitenfenster kommen sehen. Wenn du mich fragst, beobachtet der jemanden.«

»Na, den möchte ich mir aber mal aus der Nähe anschauen. Ich glaube, dann ist jetzt ein kleiner Morgenspaziergang angesagt. Kommst du mit?«, fragte Nicolas unternehmungslustig. »Ich habe gerade Ärger mit der Gemeinde wegen ungerechtfertigter Kanalgebühren. Wenn das einer von diesen Heinis ist, die hier nach neuen Einnahmequellen Ausschau halten, dann kriegt der aber einen Text von mir zu hören, der sich gewaschen hat.«

José zog die Augenbrauen zusammen. »So einen Wisch habe ich auch bekommen. Gehen wir!«

Als die beiden aus dem Haus traten und Nicolas gerade die Tür hinter sich zuzog, kam ein Mann hinter der Garage hervor und blieb im Garten stehen.

12

Nathalie schrak hoch. Hatte sie geträumt? Sie schüttelte ihre Lockenmähne. Nein, es waren offenbar reale Stimmen, die sie geweckt hatten. Sie hörte Männerstimmen. Sie konnte nichts verstehen, aber offensichtlich ging es hitzig zu.

Schnell schlüpfte sie in die Kleidung, die sie gestern Abend – zu müde, um noch etwas aufzuräumen – einfach auf den Stuhl neben dem Fenster gelegt hatte. Sie ging leise die beiden Stockwerke hinunter in die Küche. Als sie dort aus dem Fenster in den Garten sah, erkannte sie José, der einen Wortwechsel zwischen Nicolas und einem ihr unbekannten Mann verfolgte. Der Mann redete beschwichtigend auf Nicolas ein, und sie öffnete lautlos das Fenster, um besser verstehen zu können, was gesprochen wurde.

»Nein, ich habe Sie nicht observiert. Wenn Sie den Mann meinen, der da oben so ›unauffällig‹ in seinem Wagen sitzt, das bin nicht ich gewesen. Sehen Sie nach, der ist da wahrscheinlich immer noch. Damit der mich nicht sieht, bin ich über die Anliegerstraße unterhalb ihres Grundstücks gekommen, den Hügel heraufgeklettert und über Ihren Zaun gestiegen. Wenn Sie mir nur fünf Minuten zuhören, erkläre ich Ihnen alles.«

Noch bevor Nicolas irgendetwas erwidern konnte, meldete sich plötzlich Nathalie, die mittlerweile auch aus dem Haus getreten war. *»Nice to meet you, 'cause Nick never mentioned your name«*, sagte sie zu dem Mann.

Nicolas drehte sich zu ihr um und wunderte sich, warum sie mit dem Fremden plötzlich Englisch sprach.

»Du hast es wirklich nicht bemerkt?«, fragte sie Nicolas mit sanfter Stimme. »Ein Blick in seine Augen genügt, da brauchst du keinen Gentest. Entweder hast du einen älteren, sehr verlebten Bruder, oder aber: Das ist dein Vater!«

Nicolas drehte den Kopf zu dem Mann hinüber und schaute ihn nur wortlos an, während seine Kinnlade herabsank und die Erkenntnis in seinen Augen aufglomm.

Nicolas' Mutter hatte den Mann kurz nach der Geburt ihres Sohnes verlassen, da er sich offenbar mehr für den NCO-Club auf dem Kasernengelände und die Drinks mit seinen Kameraden interessierte als für seine kleine Familie. Da sie in München, wo ihr Mann damals als Soldat stationiert war, keinerlei Verwandte hatte und er ihr immer und überall auflauerte, entschloss sie sich schließlich, zu ihrer Cousine zu ziehen. Dort war sie vor dem offensichtlich cholerischen Mann sicher, denn ihre Cousine wohnte in Dresden, und das war für den GI wegen des Eisernen Vorhangs damals unerreichbar.

Während Nicolas' gesamter Kindheit war sein Vater niemals ein Thema gewesen. Selbst wenn sich Nicolas oft einen Vater gewünscht hatte, einen, der ihm Fahrrad fahren beibringen würde oder mit ihm ein Baumhaus zimmerte, einen Vater, wie ihn die anderen Kinder hatten. Doch das blieb für Nicolas ein abstrakter Wunschtraum, und er hatte nie versucht, seinen biologischen Vater zu kontaktieren.

Und jetzt stand ein Mann vor ihm, der ebendieser Vater zu sein schien.

Durch diese überraschende Wendung geriet der unbekannte Beobachter oben an der Straße erst mal in Vergessenheit.

13

Nicolas war schnell davon überzeugt, dass der Mann die Wahrheit sagte, und so gingen sie schließlich ins Haus. Tausend Fragen geisterten durch seinen Kopf.

Als Nicolas im Eingangsbereich des Hauses an dem großen Spiegel vorbeiging, sah er sich kurz seine eigene Augenpartie an. Nathalie hatte recht: Seine Augen und die des Mannes glichen einander tatsächlich. Es war nicht nur deren Farbe, auch der Ausdruck war gleich. Mit dem einzigen Unterschied, dass Nicolas' Gesicht noch faltenfrei war.

Er sah sich den Mann genauer an und fragte sich, ob er später mal genauso aussehen würde, in ... ja, wie alt war er überhaupt? Schwer zu sagen, immerhin wirkten seine Bewegungen noch sehr flüssig. Er machte nicht den Eindruck eines alten Mannes. Nicolas würde dieses Jahr seinen Vierzigsten feiern. Wenn der Mann tatsächlich sein Vater war, dann musste er mindestens Anfang sechzig sein, überschlug Nicolas kurz im Kopf. Mit einem Anflug von Erleichterung stellte er fest, dass der Mann keine Glatze hatte, sondern lediglich die gleichen Geheimratsecken wie Nicolas, nur einen Tick ausgeprägter. Ansonsten waren die Haare grau, mit einem hohen Weißanteil. Das sah eigentlich gar nicht schlecht aus.

Nicolas schwankte immer noch zwischen unbändiger Neugier und Wut, dass sein Vater erst jetzt, ein halbes Leben später, so einfach bei ihm hereinschneite.

Seine Mutter hatte, wenn sie überhaupt von ihm sprach, immer »dein Vater« gesagt, und so blieb er auch Nicolas als irgendwie neutrales, fast anonymes Wesen im Gedächtnis. Jetzt fiel ihm auch ein, dass ihm seine Mutter nie ein Foto seines Vaters gezeigt hatte.

»Ich heiße Victor«, sagte der Mann zu Nathalie. Dann wandte er sich wieder Nicolas zu. »Du kannst mir glauben«, versuchte er sich zu rechtfertigen, »ich habe wirklich lange probiert, irgendwie wieder Kontakt zu deiner Mutter aufzunehmen. Ich wusste, dass ich mich wie ein Arschloch aufgeführt hatte, und wollte zumindest versuchen, es ihr zu erklären. Aber mit ihrem Entschluss, in die Ostzone zu gehen, hatte sie wirklich ganze Arbeit geleistet.«

»Inwiefern?«, brachte Nicolas nur heraus.

»Diese Mauer war für mich unüberwindlich, und Briefe zu schreiben hatte ich gar nicht erst versucht – die wären vermutlich ohnehin ungelesen in die Tonne gewandert. Irgendwann habe ich resigniert und gehofft, das sei nur vorübergehend und dass sie wieder zu mir zurückkommen würde. Das war ja dann wohl ein Schuss in den Ofen. Soviel ich weiß, ist sie immer noch in Dresden, oder?«

Nicolas nickte nur, weil er gar nicht wusste, wo er mit seinen Fragen beginnen sollte.

»Und dann beschließt du heute Morgen beim Aufstehen: Eigentlich habe ich heute noch nichts vor, da könnte ich doch mal kurz meinen Sohn besuchen?«, platzte es dann aber doch aus ihm heraus.

»Ich habe einen gewissen ›Nicolas‹ gesucht. Dass du den gleichen Nachnamen hast wie ich, habe ich erst gestern Mittag erfahren, als ich deine Post inspiziert habe –«

»Du hast was?«, sagte Nicolas aufbrausend. »Und wie kommst du überhaupt an meine Post?«

»Ihr habt diesen praktischen Standardbriefkasten. Jeder Postbote hat dafür den Generalschlüssel, damit er darin auch kleinere Pakete deponieren kann.«

»Und du bist Postbote?«

»Bullshit, aber ich habe so einen Generalschlüssel«, entgegnete Victor, als wäre das die selbstverständlichste Sache der Welt. »Als ich den Namen sah, kam mir ein Verdacht. Also habe ich dich sicherheitshalber überprüft.«

Victor sagte das so beiläufig, als sei für Leute wie ihn das Herumschnüffeln im Privatleben anderer so normal, wie mal eben eine Nummer im Telefonbuch nachzuschlagen.

»Als ich dabei dann auf den Namen deiner Mutter gestoßen bin, war klar, dass es sich nicht nur um eine zufällige Namensgleichheit handelt. Ich hätte bis gestern nicht einmal im Traum daran gedacht, hier in Südfrankreich zufällig meinem eigenen Sohn über den Weg zu laufen. Verrückt! Wir leben seit einigen Jahren nur wenige Kilometer voneinander entfernt, sind uns vielleicht sogar schon einmal im Supermarkt über den Weg gelaufen. Und dann erfahre ich bei einer Routineangelegenheit, dass mein eigener Sohn darin verwickelt ist.«

»Stopp!«, bremste ihn Nicolas. »Jetzt mal langsam: Ich soll in etwas verwickelt sein? Was meinst du damit? Und überhaupt: Was machst du eigentlich hier, dass du einen ›Nicolas‹ suchst und überprüfen lässt? Von was für einer Routineangelegenheit sprichst du eigentlich, zum Teufel noch mal?«

»Da wird es jetzt ein bisschen kompliziert«, meinte Victor und warf einen bedeutungsvollen Seitenblick auf Nathalie.

14

Die Sekretärin öffnete leise die Tür, um den Bürgermeister nicht bei seinem Telefonat zu stören. Dass ihr Chef im Gespräch war, hatte sie lediglich an der rot leuchtenden Diode ihrer Telefonanlage erkannt, denn er hatte sich nicht wie üblich von ihr verbinden lassen, sondern die Nummer selbst gewählt.

Sie legte ihm den angeforderten Ordner auf den Tisch und zog sich wieder diskret in das Vorzimmer zurück.

Sie war eine glühende Verehrerin ihres Chefs, nicht zuletzt wegen seines ungewöhnlichen Werdegangs. Das Bürgermeisteramt der Stadt Nizza war schon immer ein heiß umkämpfter, Macht verheißender Posten gewesen. Illustre Vorgänger hatten sich jeweils ihr kleines Imperium durch Seilschaften aufgebaut und Nizza als ihr ganz persönliches Reich betrachtet. Einige waren Anwälte gewesen und bewegten sich ganz professionell immer knapp am Rande der Legalität, wussten den Filz des Standesklüngels und die Mauscheleien der die Justiz beherrschenden Freimaurerloge für sich auszunutzen.

Manch einer schoss aber auch über das Ziel hinaus: Einer der Vorgänger versuchte, sich mehreren Gefängnisstrafen wegen Amtsmissbrauchs, Steuerhinterziehung und Veruntreuung von Parteigeldern durch eine Flucht nach Uruguay zu entziehen. Ein anderer erreichte bereits vor seiner Wahl Berühmtheit als Strafverteidiger von Albert Spaggiari, dem angeblichen Drahtzieher eines spektakulären Bankraubs. Dabei wurden die Schließfächer der Société Générale auf Nizzas Prachtboulevard Avenue Jean Médecin – übrigens benannt nach dem Vater des geflohenen Bürgermeisters, seines Zeichens selbst viele Jahre lang Bürgermeister – Mitte der siebziger Jahre gründlich ausgeräumt.

Die Täter gelangten über das Abwasserkanalnetz unterirdisch bis kurz vor die Bank, gruben sich in drei Monaten in aller Seelenruhe bis zu deren Kellergeschoss vor und knackten dann die Stahlbetonwände des Tresorraums. Weil die Bank voll und ganz den dicken Wänden vertraute, verfügte der Tresorraum im

Inneren über keinerlei Alarmanlage. So konnten die Männer ein ganzes Wochenende lang unbehelligt arbeiten und leerten dabei rund vierhundert Fächer. Bevor sie gingen, wischten sie sorgfältig alle Fingerabdrücke ab. Als einzige Spur hinterließ Spaggiari an der Wand des Tresorraums den Spruch: »Keine Waffen, keine Gewalt und ohne Hass«, wobei jedes Bandenmitglied die einzelnen Buchstaben noch mal selbst mit der Kreide nachzog, um so ein grafologisches Gutachten unmöglich zu machen.

Als Spaggiari einige Monate später – trotz einiger haarsträubender Pannen seitens der Polizei – gefasst wurde, nahm er sich als Anwalt einen Duzfreund aus dem Indochinakrieg, ebenjenen zukünftigen Bürgermeister. Beide waren ebenfalls per Du mit dem damaligen Bürgermeister Jacques Médecin, was diesen später noch in arge Erklärungsnot bringen sollte, da Spaggiari ihn kurz vorher noch bei einer offiziellen Repräsentationsreise nach Japan begleitet hatte.

Während eines der darauffolgenden Verhöre im Richterzimmer, natürlich in Anwesenheit des besagten Anwalts, stand dann ganz zufällig ein Fenster offen und darunter ein Kumpel mit einem Motorrad. Spaggiari sprang kurzerhand aus dem zweiten Stock auf ein Vordach, von da auf ein Autodach und schließlich auf die Straße. Dort hüpfte er auf den Sozius der Kawasaki, machte zum Abschied sogar noch das Victory-Zeichen und ward nie wieder gesehen. Genauso wenig wie die Beute von – nach heutigem Wert – rund dreißig Millionen Euro.

Als dieser Anwalt sich später selbst um das Bürgermeisteramt bewarb, beschuldigte er in der Hitze des Wahlkampfes seinen schärfsten Konkurrenten, den Motorradrennfahrer und heutigen Bürgermeister, der mysteriöse Komplize auf der Kawasaki gewesen zu sein. Glücklicherweise konnte der nachweisen, dass er am besagten Tag an einem Rennen in Daytona in den USA teilgenommen hatte.

Wieder andere Bürgermeister pflegten enge Kontakte zu extremistischen Kreisen, wie der korsischstämmige Kandidat, dessen Sohn sich auf der Insel als militanter Freiheitskämpfer betätigte und für die Ermordung des korsischen Präfekten zu einer lebenslangen Haftstrafe verurteilt wurde.

Ihr Chef hatte sich hingegen von ganz unten emporgearbeitet. Als Sohn einer italienischen Einwandererfamilie wies bei ihm zunächst nichts auf eine Politikerkarriere hin. Erste Erfolge als Motorradrennfahrer kosteten ihn sogar das Abitur: Nach einem Rennen in Magny-Cours musste er die ganze Nacht durchfahren, um in Nizza zur ersten Prüfung anzutreten – und kam zu spät.

Erst nachdem er viermal französischer Meister geworden war, begann er sich für Politik zu interessieren. Da er sich dazu alles Nötige selbst aneignete und andererseits seine Liebe zum Motorradsport nur allzu bekannt war, brachte ihm dies bei seinen Konkurrenten die Bezeichnung »Motodidakt« ein.

Allen Widrigkeiten zum Trotz gewann er im Laufe der Jahre Wahlen für die verschiedensten Posten und wurde schließlich sogar des Öfteren von Präsident Sarkozy für diverse Ministerposten nach Paris beordert.

Seine Wahlversprechen bezüglich seines Nizzaer Bürgermeistermandats ließen ihn aber immer wieder zu seinen Wurzeln zurückkehren. So auch jetzt. Und obwohl die nächste Wahl erst wieder in rund zwei Jahren anstand, liefen die Vorbereitungen dafür schon auf Hochtouren, zumal die Konkurrenz bereits die Messer zu wetzen begann. Einige der Konkurrenten hatten eigene Splitterparteien ins Leben gerufen, der Bürgermeister konzentrierte sich aber vor allem auf seinen Amtsvorgänger als schärfsten Konkurrenten, da dieser nach wie vor sehr aktiv war und bereits jetzt keinen Zweifel an seiner erneuten Kandidatur ließ.

15

Nicolas hatte natürlich Victors verschwörerischen Seitenblick auf Nathalie bemerkt.

»Was soll denn das jetzt?«, brauste er auf. »Das ist meine Frau, die Mutter meiner zukünftigen Kinder, und wenn du ein Problem damit hast, dann kann ich dir auch nicht helfen. Ich bin bisher wunderbar ohne dich klargekommen und werde das garantiert auch in Zukunft tun. Wenn dir also irgendwas nicht passt, dann schleichst du am besten wieder unter den Stein zurück, unter dem du gerade hervorgekrochen bist.«

Victor hob abwehrend die Hände. »Beruhige dich. Ich habe absolut nichts gegen deine Nathalie. Es ist nur so«, er machte eine kurze Pause, »nun, sie ist keine Amerikanerin. Nationale Sicherheit und so, du verstehst?«

»Ja, und stell dir vor: Ich bin auch kein Amerikaner!«, fuhr Nicolas ihn an. »Und das soll außerhalb der USA sogar sehr häufig vorkommen! Mann, ihr Amis haltet euch wohl immer für den Nabel der Welt!«

»Na gut, da ist was dran. Okay, was soll's. Du hast ein Recht darauf, es zu erfahren, und da ihr beide bereits zu weit mit drinsteckt …« Er hob abwehrend die Hand, da Nicolas bereits wieder intervenieren wollte. »Was weißt du über meine Arbeit damals bei der Army?«

»Da muss ich dich enttäuschen: Du warst bei uns zu Hause nie Gesprächsstoff. Mutter redete nicht über dich, und ich wollte nie etwas wissen. Du warst ein in München stationierter GI, der sich abends gern mit seinen Kameraden volllaufen ließ. Das war bereits mehr an Information, als ich mir über meinen Vater gewünscht hatte.«

»Das hat für die heutige Situation keine Bedeutung. Ich hoffe allerdings, wir haben noch Gelegenheit, ein anderes Mal darüber zu sprechen. Der Punkt ist, dass unsere Einheit eine spezielle Aufgabe in Deutschland hatte.«

»Willst du mir jetzt vielleicht erzählen, du hättest für die NSA oder so einen Verein gearbeitet?«, meinte Nicolas mit einem abwertenden Lacher.

»›Tun wir das nicht alle?‹, war damals unser Running Gag«, meinte Victor lakonisch. »Die McCraw-Kaserne gehörte zum Heer und unterstand als Military Intelligence Division dem Central Security Service, der wiederum das Verbindungsglied zur NSA war. Denn der oberste Chef des CSS ist immer auch gleichzeitig Direktor der NSA. Die war damals aber noch nicht so berühmt wie heute, im Gegenteil: Ihre Existenz wurde so konsequent geleugnet, dass sie den Spitznamen ›No Such Agency‹ bekam oder NSA auch mit ›Never Say Anything‹ definiert wurde.«

»Du willst mir also jetzt tatsächlich erzählen, dass du Spion warst?«

»Sehe ich aus wie James Bond?«, wehrte Victor amüsiert ab. »Nachrichtendienst, wenn du so willst. Wir haben einfach nur Informationen gesammelt. Und außerdem war ich nur ein kleines Licht in der Schreibstube, was aber auch mit einem Zwischenfall zusammenhängt, auf den ich nicht gerade sehr stolz bin – und der mich auch meine Familie gekostet hat«, fügte er geheimnisvoll hinzu.

Nicolas und Nathalie wechselten einen fragenden Blick.

Doch bevor die beiden nachhaken konnten, fuhr er schnell fort: »Einige Jahre später wurden wir dann abgekoppelt und bekamen eine eigene Abkürzung: INSCOM – das Gleiche in Grün, aber halt nur noch auf die Army beschränkt. Unsere vorrangige Aufgabe war der Schutz vor Spionage und Terrorismus, sowohl der elektronischen Systeme der Army als auch der eigenen Truppe.«

»Aha. Und was war dabei dann dein Job?«, bohrte Nicolas nach.

»Ich habe lediglich Berichte geschrieben. Nichts Aufregendes. Eigentlich habe ich einfach nur so vor mich hin gelebt. Ich hatte keine Verwandten mehr in den Staaten, ich hatte auch keine Karriereambitionen und hoffte insgeheim, dass deine Mutter irgendwann zurückkommen würde oder zumindest versuchen würde, Kontakt mit mir aufzunehmen. Da hielt ich es für das Beste, dort zu bleiben, wo sie mich am leichtesten finden konnte. In der Kaserne, wo sie mich einst verlassen hatte.«

»Schön und gut, aber was machst du heute hier in Südfrankreich?«, wollte Nicolas wissen.

Es war ihm unangenehm, dass ihm dieser Mann sein Leben schilderte, denn das erschuf eine gewisse Vertrautheit. Nicolas bevorzugte in diesem Fall aber eher Distanz. Okay, sie waren blutsverwandt, aber Nicolas wollte keine emotionale Bindung zu dem Mann, der, als er gebraucht wurde, Frau und Baby leichtfertig links liegen gelassen hatte.

»Ja, schon gut. Ich dachte, es interessiert dich vielleicht!«, meinte Victor enttäuscht. »Um es kurz zu machen: Als die US-Standorte in Deutschland Anfang der Neunziger nach und nach geschlossen wurden, gingen alle in die USA zurück. Man teilte mich für ein paar Fortbildungslehrgänge ein, und eines Tages fragte mich der CSS, ob ich nicht doch wieder nach Europa zurückwolle. Ich willigte ein, wie gesagt, ich hatte sowieso niemanden in den USA, und ein paar Wochen später schickte man mich dann – zu meiner eigenen Überraschung – nach Nizza.«

»Ich weiß natürlich nicht, wie die Army ihre Entscheidungen trifft«, meinte Nicolas belustigt, »aber welcher Bürohengst kam denn auf diese Schnapsidee? Ich will dir ja nicht zu nahe treten, aber vorhin, als José noch bei uns war, hatte ich Gelegenheit, dein Französisch zu bewundern: Es ist grottenschlecht! Man sollte meinen, das Beherrschen der Landessprache sei eine Grundvoraussetzung für einen Spion – entschuldige: Nachrichtendienstler! Ich dachte immer, ihr infiltriert unauffällig und versucht euch als Einheimische auszugeben? Aber mit deinem Akzent kannst du ja gleich mit deinem Dienstausweis am Revers rumlaufen.«

»Tja, in meinem Alter bekommt man den Akzent nicht mehr weg. Das ist aber eine meiner Stärken. Ich spreche vielleicht nicht gut Französisch, und das verleitet meine Gesprächspartner gern mal dazu, unbekümmert vor mir mit Dritten zu sprechen, nach dem Motto: Der doofe Ami versteht ja eh keine Silbe. Tja, aber genau da irren sie sich, ich verstehe nämlich doch jedes Wort.«

»Wie denn das?«, fragte Nathalie verblüfft.

»Das ist eine längere Geschichte.«

»Nur zu«, ermunterte Nathalie ihn. »Das ist in eurer Familie anscheinend so üblich«, sagte sie grinsend.

Nicolas wusste, sie dachte dabei an den Abend, als sie sich gerade kennengelernt hatten und sie ihm die Geschichte von der Flucht seiner Mutter entlockt hatte.

»Also gut. Meine Eltern«, er stockte kurz und fügte fast schüchtern an, »also deine Großeltern, waren beide Rechtsanwälte. Sie betrieben im Erdgeschoss unseres Hauses in Louisiana eine kleine Kanzlei. Die Besonderheit Louisianas liegt in seinem Rechtssystem: Das angloamerikanische Recht basiert ursprünglich auf dem englischen ›Common Law‹. Die Rechtsprechung in Louisiana, das lange Zeit unter französischer Herrschaft stand, entstand hingegen aus dem ›Code Napoleon‹.«

»Napoleon! Warum gehst du nicht gleich zurück bis in die Zeit der Saurier«, sagte Nicolas ungeduldig.

»Wart's ab, du wirst es gleich verstehen. Also, diese zwei Rechtssysteme sind grundverschieden. So grundverschieden, dass ein Anwalt aus Louisiana keine Zulassung für die restlichen Bundesstaaten der USA erhält, umgekehrt verhält es sich genauso. Meine Eltern waren sehr frankophil – ich glaube mich zu erinnern, dass mir meine Mutter mal Bücher von Victor Hugo zeigte und dabei erwähnte, dass sie mich seinetwegen auf den Namen Victor getauft hatten. Jedenfalls sprachen sie zu Hause untereinander meist Französisch. Mir hingegen haben sie es strikt verboten!«

»Warum denn das?«, fragte Nathalie irritiert.

»Wer selbst kein Französisch beherrschte, also zum Beispiel meine Mitschüler, würde es wahrscheinlich für Cajun-Französisch halten. Und die Cajuns, die jahrzehntelang ohne Kontakt zur Außenwelt ganz unter sich gelebt hatten, galten – zumindest damals – als zurückgebliebene Hinterwäldler. Aber als kleiner Junge habe ich meine Eltern natürlich oft belauscht, sowohl bei ihren beruflichen Diskussionen als auch bei alltäglichen Gesprächen. Französisch ist quasi meine Muttersprache, auch wenn ich es nie selbst gesprochen habe.«

»Das ist ja verrückt«, meinte Nathalie fasziniert.

16

Aus Toms anfänglicher Verwirrung über seine Entführung und Gefangenschaft wurde bald Angst. Davor, was man wohl mit ihm vorhatte. Da sich in der ganzen Zeit aber niemand die Mühe gemacht hatte, ihm zu erklären, was hier eigentlich los war, wurde er allmählich richtiggehend wütend.

Er hatte seinen einzigen Kontakt, die regelmäßigen Essensversorgungen, analysiert und begann einen Plan zu entwickeln. Der »Sandwichman«, wie er ihn getauft hatte, ging immer nach dem gleichen Muster vor: Die Tür wurde entriegelt, er stieß sie mit einem Schwung auf, blieb im Türrahmen stehen und richtete seine Stablampe in den Raum, um Tom zu orten. Dann stellte er das Tablett auf den Boden und schubste es gerade so weit in den Raum hinein, dass er die Tür wieder ungehindert schließen konnte.

Wenn sich Tom nun direkt neben die Tür mit dem Rücken an die Wand pressen würde, könnte er den Mann vielleicht überrumpeln. In dem Moment, in dem die Tür aufschwang, und noch während der Mann mit der Taschenlampe nach ihm suchte, wollte er sich blitzschnell um die eigene Körperachse drehen, so wie er es in den spielerischen Capoeirakämpfen mit seinen brasilianischen Freunden schon oft praktiziert hatte, und den Gegner außer Gefecht setzen. Tom machte sich keine Sorgen, dass der Mann bewaffnet sein könnte, denn schließlich hatte der, mit dem Tablett in der einen und der Lampe in der anderen, seine beiden Hände blockiert.

Die Tabletts waren allesamt aus Edelstahl gewesen, typische Kantinentabletts, und der Sandwichman hatte sich bei seinen Lieferungen nie die Mühe gemacht, das alte wieder mitzunehmen. Vermutlich hatten sie davon einen großen Vorrat, und der Lieferant wollte sicherlich den gefährlichen Moment des direkten Kontakts mit seinem Gefangenen auf ein Minimum beschränken, weder sprechen noch unnötig Zeit mit dem Einsammeln der Tabletts verbringen.

Die Kante des Tabletts, kombiniert mit dem Schwung aus der Drehung, müsste den Sandwichman mit großer Wahrscheinlichkeit ins Reich der Träume schicken, sodass Tom fliehen könnte. Freilich hatte er keine Ahnung, wie es auf der anderen Seite der Tür aussah, aber da der Sandwichman immer allein kam, hoffte Tom, dass er der einzige Bewacher war.

Tom hatte die Drehung inzwischen unzählige Male trainiert, um die perfekte Ausgangsposition zu ermitteln. Er achtete dabei penibel darauf, dass das Tablett nicht gegen die Tür krachte und der Lärm den Bewacher unvorhergesehen auf den Plan rief. Tom wollte, dass der Mann, von der Routine der Essenslieferung bereits eingelullt, weniger aufmerksam war, anstatt dessen Alarmbereitschaft durch ungewöhnliche Geräusche zu erhöhen.

Er hoffte, den Mann ungefähr in Höhe des Halses oder des Gesichts erwischen zu können, um einen größtmöglichen Effekt zu erzielen. Die übrigen Tabletts hatte Tom in einiger Entfernung von der Tür über den Boden verstreut, in der Absicht, die Aufmerksamkeit des Mannes nach dem Türöffnen für einige Sekunden darauf zu ziehen und so von seiner Anwesenheit direkt neben der Tür abzulenken.

Die Wartezeit fühlte sich unendlich an, bevor Tom schließlich die Schritte vernahm, die den Sandwichman ankündigten. Nervös überprüfte Tom noch mal seine Position. Seine Hände umklammerten krampfhaft das Tablett.

Der Riegel wurde zurückgeschoben, die Tür schwang auf, der Strahl der Stablampe huschte durch den Raum und blieb wie erwartet an den Tabletts auf dem Boden haften.

Tom wirbelte herum und versteifte seine Arme, um die gesamte Kraft des Schwungs in den Schlag zu legen. Sein Tablett blitzte kurz im Schein der Lampe auf, was genügte, damit der Sandwichman reflexartig seine Arme hochriss. Toms Tablett krachte gegen die massive Stablampe, rutschte nach oben ab, und der Schlag verpuffte wirkungslos in der Luft über dem Kopf des Mannes. Offenbar handelte es sich bei dem Sandwichman um einen geübten Nahkämpfer, was auch seine ausgezeichneten Reflexe erklärte. Der Mann konterte sofort mit einem Bodycheck, indem er abtauchte, seine Schulter wie ein Rugbyspieler mit aller Wucht in einer Aufwärtsbewegung gegen Toms Brustkorb rammte und ihn damit aushebelte, zumal Toms hagere ein Meter siebzig dem durchtrainierten Wächter nicht viel entgegenzusetzen hatten. Noch während die Luft aus Toms Lungen entwich, flog er rücklings durch den Raum und landete schmerzhaft auf dem harten Boden.

Die Tür fiel krachend ins Schloss, der Riegel wurde energisch vorgeschoben, und einige Sekunden später war Tom wieder allein, so als ob nichts geschehen wäre. Nur die Schmerzen im Brustkorb und der geprellte Rücken zeugten noch von der misslungenen und – wie ihm nun klar wurde – auch naiven Aktion.

Dieses Mittagessen konnte er wohl als ersatzlos gestrichen betrachten.

17

»Und seit wann bist du jetzt hier in Nizza?«, wollte Nicolas wissen.

»Eigentlich war ich sogar schon wieder weg. Mein Ruhestand war nämlich schon mehr als überfällig. Ich musste nur noch einigen Papierkram drüben in den Staaten erledigen, und das wär's dann gewesen.«

»Da höre ich doch förmlich ein großes ›Aber‹«, meldete sich Nathalie und beugte sich gespannt nach vorn.

»Ja, stimmt. Man bat mich in einem vertraulichen Gespräch, noch einmal hierher zurückzukommen«, bestätigte Victor. »Offenbar gibt es einige Probleme mit meinem Nachfolger.«

»Haben die niemand Jüngeren, der Kindermädchen spielen kann?«, meinte Nicolas leicht spöttisch.

»Das ist nicht so einfach, denn es geht nicht darum, meinem Nachfolger das Laufen beizubringen, ich soll vielmehr einige seiner Aktivitäten diskret überprüfen. Und das kann nur jemand, der unsere Kontakte hier kennt und dem diese wiederum vertrauen.«

»Misstrauen ist in eurem Gewerbe wohl eine prinzipielle Lebenseinstellung. Wahrscheinlich verlangst du morgens beim Rasieren auch erst mal einen Identitätsnachweis von deinem Spiegelbild, bevor du es einseifst?«

Victor lächelte matt und sagte fast entschuldigend: »Ja, das scheint wohl leider eine Berufskrankheit zu sein. Aber hier ist eine Kontrolle wohl berechtigt. Seine Ergebnisse weichen stark von meinen bisherigen ab, und wir vermuten, dass da jemand auf eigene Rechnung arbeitet.«

»Was macht ihr denn eigentlich so? – Wenn Sie mir das erzählen dürfen, ohne mich hinterher erschießen zu müssen«, fragte Nathalie grinsend.

»Wir hängen es natürlich nicht an die große Glocke, aber alle Kollegen, egal, von welchem Verein auf der Welt, machen es schließlich ähnlich: Wir sammeln Informationen und knüpfen

Kontakte, denen wir beispielsweise mit diesen Informationen weiterhelfen können, in der Hoffnung, in der Zukunft dafür eine Gegenleistung zu bekommen.«

»Die dann mal mehr, mal weniger freiwillig erbracht wird, nehme ich an«, mutmaßte Nicolas.

»Gelegentlich muss man seine Bitte wiederholt vortragen, das ist richtig.«

»Was wären das denn für Informationen? Das würde mich insoweit interessieren, als wir doch angeblich schon in irgendwas verwickelt sind, und wenn wir schon dabei sind: Worin denn nun konkret?«, insistierte Nathalie.

»Okay, das ist nur allzu verständlich. Dann also mal ganz von vorn: Ihr als Tourismusprofis kennt doch bestimmt so Ortschaften wie Valbonne oder Mougins, etwas westlich von Nizza?«

»Ja, davon haben wir schon gehört«, meinte Nicolas und zwinkerte Nathalie vergnügt zu. Er dachte an ihre gemeinsame Verkleidungsaktion in Mougins vor einigen Jahren.

Victor bekam aber von ihrer belustigten Reaktion nichts mit und fuhr unbeirrt fort: »Auf den ersten Blick fährt man auf dem Weg dorthin lediglich durch weitläufige Wälder, die zwischendurch von Golf- oder Tennisplatzanlagen unterbrochen werden. Es gibt auch viele Bürogebäude und nette Häuschen und Villen.«

Nicolas nickte zustimmend. »Kenn ich. Das Projekt umfasst eigentlich mehrere Gemeinden, wurde aber verwaltungstechnisch zusammengefasst und auf den Namen Sophia Antipolis getauft.«

»Bei Insidern ist es auch unter dem Spitznamen ›das Silicon Valley Frankreichs‹ bekannt«, fügte Victor an.

»Der Politiker, der das Konzept damals entwickelt hat, war – wenn ich das noch richtig im Kopf habe – ursprünglich selbst ein Wissenschaftler«, sagte Nicolas.

»Genau, und heute sind dort hauptsächlich Unternehmen angesiedelt, die mit Kommunikations- und Internettechnologie zu tun haben, mittlerweile sind es weit über tausend. W3C sitzt dort, die entwickeln Programmiersprachen und internationale Internetstandards. Die waren maßgeblich an der Standardisierung von HTML, CSS und anderen beteiligt. Aber auch große Unternehmen wie SAP und Hewlett-Packard, auch Toyotas europäisches Designzentrum oder CNRS, das französische Zentrum für wissenschaftliche Forschung, sind dort vertreten. Kurzum: Ihr könnt euch vorstellen, da gibt es eine Menge interessanter Daten und Informationen zu sammeln.«

Nathalie war beeindruckt. »Man spricht zwar ab und zu von Sophia, aber dass das so groß und bedeutend ist, hätte ich jetzt auch nicht gedacht.«

Victor nickte und war kaum mehr zu bremsen. »Und dann kommen da noch die Human Resources dazu: eine internationale Schule, die Universität und eine bekannte Business School, da sind wir dann Studienabgängern bei ihrer ersten Anstellung behilflich.«

»An der Stelle kommen dann wohl die ›in der Zukunft zu erwartenden Gefälligkeiten‹ ins Spiel«, meinte Nicolas schnippisch.

Victor zuckte nur entschuldigend mit den Achseln. »Manchmal geht es ganz einfach darum, den Dienstweg abzukürzen. Zum Beispiel beim Durchsetzen amerikanischer Interessen: Amerikanische Staatsbürger, die im Ausland leben, die sogenannten *expatriates*, müssen trotz Steuerpflicht an ihrem Wohnsitz auch eine Steuererklärung in den USA abgeben, und das kann bei guten Einkommen schon mal zu Doppelbelastungen führen.«

»Ja und?«, fragte Nicolas.

»Das Problem ist, dass nur rund ein Drittel der *expats* dieser Erklärungspflicht nachkommt. Anstatt jetzt mühsam für jeden Einzelfall bei der Bank eine Konteneinsicht gerichtlich zu erzwingen, ist es einfacher, wenn ein uns freundlich gesinnter Insider heimlich die Daten aller amerikanischen Kunden seines Hauses beschafft. Im Anschluss verhandeln wir dann mit der Bank sozusagen *en gros*.«

»Ihr lasst euch aber auch keinen einzigen Cent entgehen, was?«, sagte Nicolas abschätzig.

»Das ist nun mal Gesetz, und außerdem geht es da um etwas mehr als nur ein paar Cents: Uncle Sam holt sich nämlich nicht nur die fälligen Steuern, sondern beschuldigt im gleichen Atemzug die Banken prompt der Beihilfe zur Steuerhinterziehung, und die zahlen dann, freiwillig oder von einem unserer Gerichte dazu verurteilt, Strafen im neun-, teilweise sogar zehnstelligen Bereich. Das lohnt sich also richtig!«

»Wie kann denn die US-Justiz bitte schön europäische Banken in deren eigenem Land verurteilen? Das geht doch eher die Justiz des betreffenden Landes etwas an«, wunderte sich Nathalie.

»Das ist unsere Cowboymentalität. Sobald es amerikanische Staatsbürger betrifft oder ein Geschäft in amerikanischen Dollar abgewickelt wird, betrachten wir es automatisch als amerikanische Hoheitsangelegenheit. Punktum! Und wenn wir das so sehen, dann ist Widerstand zwecklos. Denn um die Bank gefügig zu machen, drohen wir ganz nebenbei mit dem Entzug der US-Banklizenz für das betreffende Haus. Das käme die noch viel teurer zu stehen, also zahlen sie, wenn auch zähneknirschend.«

»Na, ein Glück, dass ihr unsere Freunde seid. Möchte gar nicht erst wissen, wie ihr mit euren Feinden umspringt. Aber lass uns auf deinen Nachfolger zurückkommen. Bringt er nicht genug erpressbare Opfer, will heißen ›zukünftige Informanten‹ unter Vertrag, oder wo ist das Problem?«

Victor schien Nicolas' Sarkasmus zu überhören und fuhr fort: »Ich habe damals ein Netz aufgebaut, das den Transport von Nachrichten ermöglicht. Aber welche Informationen schlussendlich heute darüber geliefert werden und an wen, entscheidet der leitende Mitarbeiter vor Ort. Die Bankengeschichte ist so gut wie gelöst, und in Kürze tritt sowieso ein neues Gesetz in Kraft, das die Banken zur Kooperation verpflichtet, ohne dass wir das erst mühsam Fall für Fall einklagen müssen.«

»Also ist dieser Acker sowieso bald abgeerntet«, hakte Nicolas die Geschichte ab.

»Und genau aus diesem Grund hat mein Nachfolger andere Betätigungsfelder gesucht, was ja auch durchaus im Interesse der Agency wäre. Aber leider hatte er diesmal wohl mehr die eigenen Interessen im Blick. Man kann nämlich genauso gut auch Informationen besorgen, die in erster Linie für Kriminelle interessant sind. Anschließend verkauft man sie an den Höchstbietenden. Wie gesagt, in Sophia Antipolis sitzen diverse Telekommunikationsfirmen. Kommt man an die Passwörter der WLAN-Router ihrer Kunden, kann man sich unbemerkt in das WLAN einer Firma einloggen.«

»Verstehe. Und alles, was man anschließend an kriminellen Aktionen durchführt, geht bei polizeilichen Ermittlungen auf die IP dieser Firma zurück, und die ist dafür auch strafrechtlich verfolgbar. Der eigentliche Übeltäter verschwindet unerkannt.«

»Bingo! Aber es bieten sich da auch noch andere äußerst lukrative Beutezüge an, beispielsweise in den Büros von Luxusimmobilienmaklern mit Objekten im zweistelligen Millionenbereich oder Büros hochkarätiger Anlageberater. Das sind sicherlich Vollprofis in ihrem Job. Ein Computernetzwerk ist für die aber nur Mittel zum Zweck und muss so komfortabel wie möglich funktionieren. Passwörter werden so gut wie nie gewechselt, und es gibt immer noch viel zu viele Pseudoadministratoren, die ihre persönlichen Passwörter unverschlüsselt in einer Word-Datei abspeichern.«

»Weil die Kollegen es ja niemals wagen würden, an den Computer des Administrators ranzugehen«, sagte Nicolas.

»Genau, aber ein Datendieb freut sich natürlich über so viel Leichtsinn. Und wenn man dann einem Konkurrenten den Zugriff auf ein firmeninternes Netzwerk ermöglicht, kann er die betreffende Firma meist mehrere Monate lang ausspionieren. So kann er deren Kunden eigene Angebote unterbreiten, weil er ja genau weiß, was die gerade suchen, oder er kann den ursprünglichen Anbieter knapp unterbieten, weil er dessen Angebot schließlich haargenau kennt.

»Das heißt, man braucht gar keine jahrelange Branchen- und Fachkenntnisse mehr, noch muss man mühsam einen eigenen Kundenstamm aufbauen, sondern man klaut einfach das fertige Angebot und unterbietet es gerade mal so weit, dass der – ebenfalls geklaute – Kunde dann bei dir kauft«, schlussfolgerte Nicolas.

»Da geht es im Erfolgsfall oft um mehrere hunderttausend Euro an Provision. Und es gibt noch eine Menge andere lohnende Ziele. Für eine kleine Gruppe Krimineller ist das schnell verdientes Geld.«

»Und all das nur«, meinte Nathalie verblüfft, »weil sich jemand ganz gemütlich von seinem Auto aus mit einem Laptop in ein Firmennetzwerk einhackt. Dazu muss er nicht einmal persönlich einbrechen. Er parkt sein Auto unauffällig in der Reichweite des WLANs, zum Beispiel auf dem Besucherparkplatz, loggt sich ein, kopiert die Daten und fährt wieder nach Hause, ohne Fingerabdrücke vor Ort zu hinterlassen.«

»Wie gesagt«, beeilte sich Victor klarzustellen, »das ist absolut nicht unsere Aufgabe. Ich sage nur, dass so was für einen unseriösen Mitarbeiter möglich wäre. Die Infrastruktur dafür habe ich leider selbst geschaffen.«

»Irgendwie hält sich meine Besorgnis in Grenzen«, schaltete Nicolas sich ein, »denn ich sehe absolut nicht, wie wir da, wie du sagst, in etwas verwickelt sein sollten.«

»Seid ihr auch nicht wirklich, aber euer Freund Tom. Und da ihr so auffällig nach ihm gesucht habt, seid ihr selbst im Fadenkreuz aufgetaucht.«

»Tom arbeitet mit dem US-Geheimdienst zusammen?«, rief Nathalie entsetzt. »Das kann ich mir beim besten Willen nicht vorstellen!«

»Euer Freund kann sich das mit Sicherheit auch nicht vorstellen. Er weiß nämlich nichts davon«, räumte Victor betreten ein.

Noch bevor die beiden auf die Neuigkeit reagieren konnten, klingelte das Telefon. Nathalie, die auf dem Schreibtisch direkt neben dem Apparat saß, hob ab.

»Service de Concierge Côte d'Azur, bonjour«, begrüßte sie den Anrufer. Nachdem sie kurz zugehört hatte, sagte sie: »Victor«, und hielt ihm dann wortlos den Hörer hin.

Victor drehte den Kopf ratlos zu Nicolas, der aber nur resignierend die Hände hob und sagte: »Nur zu, richte dich ruhig häuslich ein. Und lass dir Zeit, ich geh inzwischen hoch ans Gartentor und häng ein neues Klingelschild auf: ›NSA – Regionalbüro Südfrankreich‹. Der Volksmund sagt: ›Bekommst du ein Kind, ändert sich schlagartig dein ganzes Leben.‹ Aber keiner redet davon, was passiert, wenn du plötzlich einen Vater bekommst!«, grummelte Nicolas vor sich hin.

»Nicolas, ich schwöre dir, ich habe niemandem gesagt, dass ich zu dir fahre«, wehrte sich Victor.

Er nahm den Hörer entgegen, und Nicolas hörte ihn nur noch »Salut Franck« sagen, bevor er mit dem Telefon nach nebenan in die Küche ging. Da er mit dem Anrufer Französisch sprach, handelte es sich wohl nicht um einen amerikanischen Frank.

18

»Entschuldigt vielmals«, sagte Victor, der nach einigen Minuten wieder zurückkam. »Das war ein guter Bekannter, Commissaire Franck Legros von der PJ in Nizza. Er weiß auch schon von eurer Suchaktion und möchte euch gern persönlich sprechen. Dass er mich hier auf eurem Apparat anruft, dürfte wohl die Erklärung für den ominösen Beschatter in dem Wagen oben an der Straße sein.«

»Ich glaub, ich bin im falschen Film!«, kommentierte Nicolas die Vorladung. »Da versucht man nur einen Kumpel zu kontaktieren, und am nächsten Tag lässt dich die Kriminalpolizei von befreundeten ausländischen Spionen vorführen!«

»Es tut mir wirklich leid, aber andererseits: Franck vertraut mir, und wenn er mich bittet, dass ich euch zu ihm begleite, sobald es uns passt, genießt ihr insofern eine Sonderbehandlung. Das macht er nicht für jeden. Wenn ihr also Zeit hättet, wäre es gut, auch unsererseits Kooperationswillen zu zeigen und ihn nicht unnötig warten zu lassen. Was haltet ihr davon?«

Nicolas hatte Victor an Nathalies Schwangerschaft erinnert und darauf bestanden, dass sie zumindest vor der Abfahrt noch frühstücken müsse.

Nun saß Victor auf der Rückbank von Nicolas' BMW-Coupé und vertröstete die beiden mit den Antworten auf ihre tausend Fragen zunächst auf später.

»Ich denke, dass es jetzt erst mal entscheidend ist, so viel Information wie möglich zusammenzutragen. Jedes Detail ist wichtig, wenn ihr euren Freund wiederfinden wollt.«

»Je eher, desto besser«, stimmte Nicolas zu.

»Aber dazu sollten wir vielleicht etwas Fingerspitzengefühl an den Tag legen. Wenn Franck sich da einschaltet, dann steckt mehr dahinter als die Vermisstenanzeige bezüglich eines Straßenmusikers – wenn ich das mal etwas despektierlich ausdrücken darf.«

»Ist wohl ein hohes Tier, dein Kripomann?«, wollte Nicolas wissen.

»Würde ich jetzt so nicht sagen, ein Kommissar halt, aber ich finde es eben komisch, dass er sich selbst einmischt und auch noch einen Beobachter vor deinem Haus postiert.«

»Wenn das auch wirklich sein Mann war«, gab Nathalie zu bedenken.

»Davon können wir wohl ausgehen, denn woher hätte er sonst ahnen können, dass ich bei euch bin? Wie dem auch sei, wir wissen ja bald mehr«, schloss Victor das Thema fürs Erste ab, während sie nun an der Ampel warteten, die für das Ende der beschaulichen Fahrt über die Grande Corniche und den Beginn des städtischen Verkehrsgewusels stand.

Nicolas schloss die Fenster des Wagens, um zu verhindern, dass die aufsteigende Gluthitze des Straßenbelags die Fahrgastzelle in einen Brutofen verwandelte. Er war gerade damit beschäftigt, die Klimaanlage zu regeln, als sich Victor wieder zu Wort meldete.

»Hört mal, wenn wir jetzt gleich bei Franck sind, sollten wir vor allem versuchen herauszubekommen, was er schon weiß. Wenn wir sofort mit Toms Beteiligung an meinem ... sagen wir mal ›Stille-Post-Spielchen‹ herausrücken, wird er uns in die Mangel nehmen, und wir erfahren überhaupt nichts über seinen Kenntnisstand.«

»Dein Kommissar wird aber doch als Erstes fragen, wie du in die Sache verwickelt bist?«

»Kann er gern. Ich bin ja im Ruhestand und habe jetzt endlich den Mut gefasst, Kontakt zu meinem Sohn aufzunehmen. Da ganz zufällig ein Freund von euch verschwunden ist, stelle ich gern meine Erfahrung und Kontakte aus alten Army-Zeiten zur Verfügung. Das ist ja wohl das Mindeste, oder?«, sagte Victor gespielt unschuldig.

»Und du glaubst, das kauft er dir ab?«

»Es wird ihm nichts anderes übrig bleiben. Aber er ahnt ja ohnehin, dass ich mehr bin als ein Ex-GI, der seinen Ruhestand unter der hiesigen Sonne genießt. Er zieht es aber vor, gar nicht erst zu fragen, denn was er nicht weiß – ihr kennt ja den Spruch. Ihm ist aber auch klar, dass ich ihm mit meinen Beziehungen sehr nützlich sein kann und dass ich ihm im Ernstfall nichts vorenthalte, was seine Ermittlungen weiterbringen würde.«

»Wahrscheinlich hast du recht. Lass uns erst mal herausfinden, was hinter Toms Verschwinden steckt – das kann sich nämlich bisher keiner von uns zusammenreimen, weder wir noch seine Freundin Gabriela.«

»Das sehe ich genauso. Ohne Motiv haben wir keine weiteren Ansatzpunkte«, meldete sich Nathalie nun zu Wort, in der wieder der Spürsinn aus ihrer Zeit als Versicherungsdetektivin erwachte.

19

Das Kommissariat lag an einem größeren Boulevard, auf dem Halteverbot herrschte, und in den kleinen Einbahnstraßen rundherum waren die wenigen Parkmöglichkeiten für Einsatzfahrzeuge reserviert. Würde Nicolas dort seinen Wagen abstellen, würde die Luft über dessen Motorhaube wahrscheinlich immer noch vor Hitze flimmern, während der Abschleppwagen den BMW bereits durch das Tor der *fourrière*, der Kfz-Aufbewahrungsstelle, zog. Also fuhr Nicolas lieber direkt ins nächste Parkhaus.

Als sie eine Viertelstunde später die Treppe in der riesigen Halle des Kommissariats hochstiegen, fragte Victor, der Legros schon eine Weile nicht mehr hier besucht hatte, sicherheitshalber einen Mann, der ihnen mit einigen Ordnern unterm Arm entgegenkam, nach dem Weg.

»Franck Legros. Dritter Stock, ganz hinten rechts«, sagte der Mann heiser und seltsam monoton singend.

Während sich Nicolas noch über den komisch sprechenden Mann wunderte, grinste Victor und meinte im Weitergehen leise: »Das muss der Kollege sein, von dem mir Franck schon mal erzählt hat. Ein absoluter Fan des ›Paten‹, der Franck gern mit seinem Namen aufzieht.«

»Wie das? Kommt der in dem Film vor?«, fragte Nathalie.

Victor schüttelte den Kopf. »Es ist der Name an sich: Legros ist zwar ein normaler französischer Name, *le gros* heißt ja aber auch ›der Fette‹, und so imitiert der Kollege gern bei jeder Gelegenheit die heisere Stimme von Marlon Brando in der Rolle des Don Corleone und sagt dann so Sprüche wie: ›Der fette Franck soll sich drum kümmern.‹ Apropos: Nathalie hat mir vorhin erzählt«, fuhr Victor fort, »du bist ein begeisterter Hobbykoch. Da könntest du vielleicht wissen, was *saumure* heißt? Ich kenne es nur als Begriff für eine salzige Flüssigkeit, kann mir aber keinen Reim drauf machen.«

»Das ist eine Lake, um Fische darin zu konservieren. Wieso?«

»Nur interessehalber. Bei uns in Amerika ging ja der Sexskandal um euren Präsidentschaftskandidaten, der in dem New Yorker Hotel angeblich ein Zimmermädchen vergewaltigt haben soll, ganz groß durch alle Medien. Und im Anschluss daran wurde gegen ihn auch wegen ausschweifender Sexpartys in Nordfrankreich ermittelt, für die ein gewisser ›Dodo, la Saumure‹ die Mädchen besorgt hat. Jetzt hat der gerade seine Bordelle in Belgien in ›DSK‹ umgetauft – ›Dodos Sex Klub‹, wie er behauptet. Aber abgesehen davon, dass Klub in den meisten Sprachen mit C geschrieben wird, weiß doch jeder, das DSK die geläufige Abkürzung für Dominique Strauss-Kahn, den Präsidentschaftskandidaten, ist.«

Nicolas musste laut lachen, aber als er sah, wie Nathalie ratlos die Konversation der beiden verfolgte, erklärte er: »Na, du kennst das doch aus Filmen: In Gangsterkreisen haben viele einen Spitznamen, in der Regel nach einem besonderen Merkmal oder einer speziellen Fähigkeit, wie eben ›der fette Frank‹ oder ›Chris, das Messer‹. In diesem Fall ›Dodo, die Salzlake‹. Ich schätze mal, weil man in diese Salzlake vor allem Makrelen einlegt. Und das französische *maquereau* heißt nicht nur Makrele, sondern umgangssprachlich auch Zuhälter. Na ja, und Fischhändler scheint dieser Dodo ja offenbar nicht zu sein.«

Noch immer lachend erreichten sie schließlich Legros' Büro. Nicolas musste sich zusammenreißen, als er noch mal an *le gros* dachte, aber als Victor die Tür öffnete und sie in das Büro eintraten, musste er einsehen, dass Legros wegen seines Spitznamens nicht wirklich beleidigt sein konnte. Wenn man bei dem leger gekleideten, grau melierten Mittfünfziger überhaupt von einem Bauchansatz sprechen konnte, dann war es doch allemal noch im Rahmen dessen, was Frauen gern als Wohlfühlbauch oder Schlummerkissen betitelten.

»Salut Victor. Na, hat dir die gute französische Küche gefehlt, oder warum bist du schon wieder zurück aus Burgers-Homeland?«, begrüßte sie Legros. »Und machst du jetzt neuerdings auf Familienbetrieb?«

»Endlich finde ich Gelegenheit, meinen Sohn kennenzulernen, und da braucht er auch schon meine Hilfe, um seinen Kumpel wiederzufinden«, erklärte Victor lächelnd und hielt sich dabei gleich an die vorher besprochene Version für seinen Aufenthalt.

Legros war nicht anzumerken, ob er ihm das glaubte. Er bat sie freundlich, an einem kleinen Besprechungstisch neben dem Fenster Platz zu nehmen, wobei er galant einen Stuhl für Nathalie zurechtrückte.

»Ich nehme an, der *unauffällige* Beobachter vor Nicolas' Haus geht auf dein Konto, oder?« Als Legros nur schief grinste, fuhr Victor fort: »Wundert mich, dass er mich überhaupt gesehen hat. Ich bin nämlich quasi durch den Hintereingang gekommen.«

»Wir haben in der Straße unterhalb auch jemanden postiert. Dem hast du dich bei deiner Kletteraktion am Hang wie auf dem Silbertablett präsentiert. Da hat er dich mit seinem Handy fotografiert und es mir geschickt.«

»Okay, erwischt: Außeneinsätze waren noch nie so mein Ding. Bin halt ein Schreibtischtäter«, gab Victor amüsiert zu.

»Und außerdem«, und dabei wandte sich Legros an Nicolas, »kann ich Ihnen bestätigen, dass Ihr System ›aufmerksame Nachbarschaft‹ hervorragend funktioniert: Gleich drei Ihrer Nachbarn haben unseren herumstreunenden Victor sofort bei der Gendarmerie gemeldet.«

»Na, das ist doch zumindest schon mal beruhigend«, meinte Nicolas.

Legros nickte. »Und weil Sie selbst heute früh auch mit den Kollegen telefoniert haben und die wissen, dass wir ermitteln, haben die erst mal uns informiert, bevor sie jemanden losschicken. Apropos, über Ihren Julien und diesen Michel haben wir in der kurzen Zeit leider noch nichts herausgefunden«, teilte er ihm mit.

Victor blickte Nicolas kurz überrascht an, hatte sich aber gleich wieder unter Kontrolle. »Da wären wir auch gleich bei der Frage, warum sich Monsieur le Commissaire höchstpersönlich um das Verschwinden eines unbedeutenden Kneipenmusikers kümmert – nicht, dass ich das nicht zu schätzen wüsste«, beeilte sich Victor hinzuzufügen, »aber normalerweise machen so was doch eher eure Kollegen vor Ort.«

»Unter normalen Umständen müsste ich dir auch recht geben, aber hier geht es vielleicht um mehr. Nachdem die Hauswirtin vorgestern die Vermisstenmeldung aufgab, haben sich die für das Viertel zuständigen Gendarmen bei ihrer Streife etwas umgehört. Jemand will zur betreffenden Uhrzeit zwei Männer bemerkt haben, die in der besagten Straße ein großes, offensichtlich schweres Bündel in einen Lieferwagen gehievt haben, und die sahen nicht unbedingt wie klassische Lieferanten aus.«

»Ja und?«, fragte Victor.

»So weit noch kein Anlass zu weiteren Ermittlungen, aber am Nachmittag haben wir einen ähnlich gelagerten Fall gemeldet bekommen und dazu passend eine zweite Vermisstenanzeige. Bei der geht es allerdings um eine … nein, VIP wäre jetzt zu hochtrabend, aber sagen wir mal um eine höherrangige Person der politischen Szene. Zugegeben, nur das Prozedere weist gewisse Parallelen auf, und auch die sind mehr als vage. Im zweiten Fall war es nämlich ebenfalls ein weißer Lieferwagen, der gesichtet wurde.«

»Schön und gut, aber solche Transporter gibt es ja wohl zu Tausenden, und das Beladen mit großen Paketen ist ja schließlich auch Sinn und Zweck eines Lieferwagens«, wandte Victor ein.

»Deswegen habe ich ja auch von einer vagen Vermutung gesprochen. Außerdem waren es wohl auch nicht die gleichen Täter, denn bei eurem Freund sprach man von muskulösen Männern – Typ Bodyguards –, und bei dem anderen Fall handelte es sich wohl eher um schlaksige Jungs, so wie Mitglieder einer Streetgang.«

»Wie zuverlässig ist denn dieser Augenzeuge? Und wenn er so nah dran war, warum hat er dann nichts unternommen?«, hakte Nicolas nach. »Er hätte ja nicht gleich eingreifen müssen, aber zumindest um Hilfe rufen, um damit auch andere Passanten aufmerksam zu machen.«

»Er hat es nur vom Fenster aus beobachtet. Ein Anwohner, der wegen der ungewohnten Aktivität vor seinem Haus kurz hinausgesehen hat. Zwei Männer sind in einen fahrenden Lieferwagen reingesprungen, was ihm irgendwie seltsam vorkam.

Leider nicht seltsam genug, als dass er sich die Zulassungsnummer notiert hätte – aber die ist in solchen Fällen sowieso meist falsch.«

»Aber ihr seid euch wenigstens sicher, dass es sich überhaupt um die bewusste Person handelt?«, kommentierte Victor die dünne Beweislage mit einem Schuss Zynismus.

Legros ging nicht auf die Spitze ein und fuhr sachlich fort: »Wir wissen, dass die zweite verschwundene Person kurz vor diesem Zwischenfall in der Gegend eine Besprechung hatte und dass sie danach nirgends mehr gesehen wurde. Also können wir darüber nachdenken, dass wohl ein Zusammenhang besteht.«

»Okay, das klingt nachvollziehbar.«

»Wie dem auch sei: Bei der hier vorliegenden zeitlichen Nähe – zwei Entführungen an ein und demselben Tag – wäre es sträflicher Leichtsinn, eine Verbindung von vornherein auszuschließen oder nicht zumindest weiter im Auge zu behalten. Also haben wir uns ein bisschen nach eurem Tom erkundigt und sind dabei auf Sie beide und Ihre Suchaktion gestoßen. Als dann auch noch mein alter Freund Victor aus heiterem Himmel auftauchte, da wurde es für mich wirklich interessant.«

»Aber Sie wollen uns nicht sagen, um wen es sich bei dem zweiten Opfer handelt. Sehe ich das richtig?«, vergewisserte sich Nicolas.

Legros zögerte kurz. »Im Sinne einer effektiven Vorgehensweise habe ich wohl keine andere Wahl, als Sie einzuweihen. Aber Victor: Ich verlasse mich darauf, dass alles unter uns bleibt. Bei eurem Freund kann sich alles immer noch als Laune eines sorglosen Musikers herausstellen, und bei der anderen Geschichte haben wir bis jetzt auch nicht den geringsten Beweis einer Entführung. Ich will nicht, dass noch bevor eventuelle Forderungen gestellt werden, der Fall bereits in der Presse breitgetreten wird.«

Victor nickte, und das schien Legros zu genügen. »Hat sich Ihr Freund politisch engagiert, ganz gleich, in welcher Richtung?«, wandte er sich an Nicolas.

»Wir haben uns zwar meist nur über Musik unterhalten, aber Tom hat nie auch nur die geringste Andeutung gemacht, die auf politisches Engagement hinweisen würde.« Nicolas drehte sich dabei Nathalie zu, die ebenfalls den Kopf schüttelte. »Wenn er bei Konzerten mal eine der vielen brasilianischen Balladen mit sozialkritischem Hintergrund spielte, dann hat er darüber kein Wort verloren. Er hat den Zuschauern den Text nicht erklärt und ihn auch nicht kommentiert. Nein, er hatte wirklich nur die Musik im Kopf.«

»Hat er jemals den Namen Henriette Fournier erwähnt?«

Nicolas und Nathalie sahen sich an und verneinten.

»Ist sie die andere Entführte?«, wollte Nathalie wissen.

»Ja. Bisher eine eher unbedeutende Kommunalpolitikerin, aber seit Kurzem Senatorin.«

»Tut mir leid. Der Name sagt uns nichts. Sie können gern auch noch Toms Freundin fragen, aber ich bin mir eigentlich sicher, dass er mit Politik nichts am Hut hatte«, sagte Nicolas.

»Können Sie mir Namen und Adresse der Freundin geben?«

»Wir kennen sie nur unter ihrem Vornamen, aber sie arbeitet in der FNAC, und wir haben unseren Wagen dort vorn im Parkhaus vom Nice Étoile geparkt. Ihre Arbeit liegt also direkt auf unserem Weg. Wenn Sie wollen, sagen wir ihr Bescheid, dass sie nach Dienstschluss bei Ihnen vorbeikommen soll«, bot Nathalie an. Sie kramte den Zettel mit Gabrielas Arbeitszeiten aus ihrer Handtasche. »Sie hat in einer guten Stunde Feierabend.«

»Viel schneller wären wir auch nicht, also können wir das wohl abwarten. Das wäre wirklich sehr freundlich von Ihnen.« Legros entließ sie aus dem Gespräch und verabschiedete sich. »Ich melde mich, wenn wir mehr wissen. Bitte halten Sie sich für weitere Fragen zur Verfügung.«

Als sie das Kommissariat verlassen hatten, fragte Victor beiläufig, was es denn mit Julien und Michel auf sich habe.

Nicolas berichtete ihm kurz von ihrem gestrigen Ausflug in das Lagerhaus und dem Anruf Michels.

»Wieso? Kennst du die beiden vielleicht?«, fragte Nicolas argwöhnisch.

»Julien sagt mir jetzt auf Anhieb nichts, Michel vielleicht. Ist nicht so wichtig«, antwortete Victor ausweichend. »Ich werde jetzt mal auf ein paar Büsche klopfen. Haltet ihr die Stellung zu Hause. Ihr könnt vorerst eh nicht viel tun. Ich melde mich heute Abend bei euch und erzähl dann, was ich herausgefunden habe.«

»Wir gehen jetzt erst mal zu Gabriela.«

Fast wie auf Bestellung näherte sich ein Linienbus. Victor lief los, winkte ihnen noch beim Überqueren der Straße zu und war dann auch schon verschwunden.

»Wieso habe ich bloß das Gefühl, dass wir höchstens mal ansatzweise die Spitze des Eisbergs zu sehen bekommen haben? Von dem unter der Oberfläche verborgenen Teil will ich gar nicht erst reden«, meinte Nicolas grübelnd, während der Bus mit Victor an Bord im Verkehr verschwand.

20

Während sie die letzten Kilometer auf der hoch gelegenen Bergstraße zu ihrem Haus zurücklegten, konnten sie sehen, dass der Wind weiter draußen das Meer kräuselte. Die kurzen Wellen trugen fast alle einen kleinen Kamm aus weißer Gischt. Man nannte das *les moutons*, weil es von Weitem aussah wie eine Herde Schafe. Wenn der Wind dann auf Land traf, musste er zwangsläufig die unmittelbar aus dem Meer aufsteigenden Berge hoch. Die von der Sonne aufgeheizten Felsen entwickelten mit der dadurch entstehenden Thermik noch einen zusätzlichen Sogeffekt. So ergab sich das für ihre Ortschaft so charakteristische Mikroklima. Zusammen mit dem Fahrtwind war das eine erfrischende und willkommene Abwechslung von der Hitzewelle der letzten Tage. Nicolas schaltete die Klimaanlage aus und ließ alle Fenster herunter, damit der Wind ungehindert durch den Wagen streichen konnte.

Am Haus angekommen, gewann allerdings die Sonne rasch wieder die Oberhand, als sie anhielten und warteten, während sich das elektrische Tor für sie öffnete.

Nicolas hatte sich für ein leichtes Mittagessen entschieden: etwas Ziegenfrischkäse mit Provencekräutern und Pinienkernen, beträufelt mit etwas Olivenöl, dazu einen Salat.

Nathalie war noch damit beschäftigt, die restliche Balsamico-Vinaigrette mit einem Stück Baguette aufzutunken, als Nicolas' Handy plötzlich zu rumoren begann. Er fischte es aus der großen Seitentasche seiner Bermudashorts, warf einen Blick auf das Display und verdrehte genervt die Augen, als er sah, dass es sich schon wieder um einen Anruf mit unterdrückter Nummer handelte. »Ja«, meldete er sich nur kurz, da dies sein privates Handy war und kein Kunde die Nummer kannte. »Victor? Na, das ist ja schnell gegangen. Hast du schon was herausgefunden?«

Nicolas konnte sich nicht dazu überwinden, ihn mit »Vater« anzureden. Dieses Privileg hatte sich Victor nicht verdient, und schließlich wusste Nicolas noch so gut wie gar nichts über ihn.

»Ja, klar kannst du vorbeikommen. Kannst ja diesmal vorn durch den offiziellen Eingang reingehen.« Dieser kleine Seitenhieb musste sein.

»Victor hat anscheinend etwas über Michel und Julien rausgefunden, wollte aber am Telefon nicht damit rausrücken. Er wird in einer Stunde hier sein, ruh dich doch drinnen noch ein bisschen aus«, sagte er zu Nathalie.

Nicolas zog sich in seine breite Hängematte im unteren Garten zurück, wo er im Schatten des großen Erdbeerbaums gern seine Siesta hielt.

Als er damals sein Haus bezogen hatte, konnte er diesen seltsamen Baum zunächst nicht einordnen und wusste nicht, was er mit den sich im Sommer bildenden rauhäutigen Kugeln anfangen sollte. Als er kurz darauf das erste Mal seine Nachbarn auf einen Aperitif einlud, erklärte ihm José, dass die Früchte essbar seien, sobald sie rot und weich wurden. Josés Frau Maria brachte ihm später bei, wie man daraus eine wohlschmeckende Marmelade machen konnte. Den seltsamen Namen hatte der Baum allerdings nur wegen der Form und Farbe der Früchte. Geschmacklich hatten diese wenig mit Erdbeeren gemein.

Während Nicolas aus der Hängematte heraus noch die zu erwartende Ernte einzuschätzen versuchte, schlummerte er träge ein.

Die kleine bronzene Glocke oben am Eingang beendete Nicolas' – wie er meinte, viel zu kurze – Siesta. Er rappelte sich auf und sah Victor am Gartentor stehen. Er gab ihm winkend zu verstehen, hereinzukommen. Das Türchen war so gut wie nie abgesperrt.

Nachdem er Nathalie aufgeweckt und die Espressomaschine aufgeheizt hatte, setzten sich alle drei an den kleinen Bistrotisch im Garten.

»Also erzähl: Was hast du rausgefunden?«, drängte Nicolas.

»Bei diesem Michel handelt es sich tatsächlich um jemanden, den ich kenne. Eigentlich war ich mir schon vorher sicher, aber ich wollte erst mit ihm selbst sprechen. Er hat mir von eurem Telefonat erzählt und dass er ganz schöne Probleme hatte, diesen Julien wieder zu beruhigen.«

»Was hat ihn denn so in Panik versetzt? Hat er was mit der Entführung zu tun?«

»Nein, Julien ist nur ein kleiner Bote für Michel. Und Michael, oder Michel, wie ihn die Franzosen nennen, ist, wie du jetzt vielleicht schon ahnst, mein Nachfolger.«

»Wow, stopp! Jetzt mal zum Mitschreiben: Michel hat deinen Posten hier übernommen. Du hast uns heute Morgen erzählt, dass du seinerzeit Tom ohne sein Wissen für deine ›Infrastruktur‹ eingesetzt hattest, wie du das so schön harmlos betitelst. Also wurde Tom aller Wahrscheinlichkeit nach auch von deinem Nachfolger Michel eingesetzt – natürlich immer noch, ohne dass er auch nur die geringste Ahnung davon hat. Sehe ich das richtig?«

»So sieht es leider aus«, gab Victor zu.

»Ich glaube, es ist jetzt an der Zeit, dass du uns genau erzählst, was du im Detail gemacht hast und was dein Nachfolger aktuell gerade so treibt, denn einen anderen Grund als die Verbindung zu deinem Verein kann ich mir für Toms Verschwinden beileibe nicht vorstellen. Und komm ja nicht auf den Gedanken, uns die Hälfte zu verschweigen.« Mit süffisantem Lächeln fügte Nicolas hinzu: »Keine Angst: Schließlich bleibt es ja in der Familie – außer du ziehst es vor, ganz offiziell mit Legros über dein Netz zu diskutieren.«

Victor schluckte die letzte Bemerkung kommentarlos und begann zu erzählen: »Michel hat gerade nichts am Laufen, in das Tom verwickelt sein könnte. Er kann sich das auch nicht erklären. Was die andere Frage betrifft: Tom war mein toter Briefkasten.«

»Wie kann denn ein Mensch ein toter Briefkasten sein, noch dazu, ohne davon was mitzubekommen?«, hakte Nicolas sofort nach.

»Es gibt zwei Arten von toten Briefkästen: ein Versteck, in das eine Person etwas hineingibt, anschließend ein Zeichen hinterlässt, dass der Briefkasten voll ist, damit eine andere Person dort hingeht und es sich holt. Das macht man, wenn sich die beiden nicht gegenseitig begegnen sollen oder um zu verhindern, dass sie bei einer direkten Übergabe beobachtet werden. Bei Methode zwei ist der Briefkasten mobil.«

»Verstehe. Das ist dann wohl die Version mit Tom?«, fragte Nicolas nach.

»Genau. Wir haben etwas in Toms Equipment versteckt, ihn zu einem Konzert geschickt, und dort hat jemand die Sache wieder unauffällig entfernt. So hat man, wie im ersten Fall, den direkten Kontakt vermieden, und zudem konnte der bewusste Gegenstand gefahrlos von A nach B transportiert werden.«

»Zumindest gefahrlos für den Gegenstand, meinst du wohl.«

»Das ist eine nützliche Methode, wenn die Personen durch ein Hindernis getrennt sein sollten. Ich hatte das selbst mal in Erwägung gezogen, um deine Mutter in Dresden zu kontaktieren: Alle regulären Briefe wurden damals von den DDR-Grenzbehörden kontrolliert, und ich wollte ja auf keinen Fall jemanden in Gefahr bringen, weder mich und erst recht nicht dich und deine Mutter.«

»Und wer sollte dann den Part übernehmen?«

»Nicht wer, sondern was. Ich hatte geplant, den Brief in dem damaligen Zug zwischen West und Ost an einem sicheren Ort zu verstecken, lange vor der Grenze wieder auszusteigen, und jemand im Osten sollte dann, wenn die Grenzbeamten den Zug bereits wieder verlassen hatten, zusteigen, den Brief an sich nehmen und an deine Mutter weiterleiten. Das war damals gängige Praxis. Aber ich glaube, deine Mutter hätte den Brief entweder gar nicht erst gelesen oder zumindest nicht geantwortet. Also ließ ich es bleiben.«

»Damals war das ja nachvollziehbar, aber heute, im Zeitalter der elektronischen Kommunikation, da könnt ihr eure Informationen doch ganz einfach und in Sekundenschnelle übermitteln. Wieso dieser Aufwand mit einem toten Briefkasten?«, wandte Nathalie ein und holte damit Nicolas aus seinen Gedanken, die um die verpasste Chance eines früheren Kontakts zu seinem Vater kreisten.

»Es geht um Diskretion. Daten, die bisher niemals elektronisch übermittelt und somit auch niemals abgehört wurden, sollten diese Art Jungfräulichkeit auch bewahren. Denn jede Kommunikation, egal, auf welchem Weg, wird heutzutage aufgezeichnet. Es ist nur eine Frage der von den Abhörspezialisten angewendeten Filter, ob sie entdeckt wird oder ungenutzt in der Datenflut untergeht. Dieses Risiko umschifft man, wenn man stattdessen ein physisches Speichermedium von A nach B bringt.«

Nicolas hatte sich wieder gefasst und meinte: »Schön und gut, aber wegen einer DVD oder eines USB-Sticks muss man doch nicht gleich eine ganze Band losschicken, die kann man doch als Musik-CD getarnt ganz unauffällig transportieren und dann genauso diskret übergeben.«

»Wobei dann aber die Anonymität futsch wäre, und außerdem haben wir nicht bloß Information in Form von Daten übermittelt. Damals, als wir durch eine Abhöraktion mitbekommen haben, dass Airbus für einen großen Auftrag mit den Saudis angeblich fette Schmiergelder bezahlt haben soll, haben wir es an die große Glocke gehängt, und nachdem die ganze Aufregung vorbei war, ging der Auftrag schließlich an Boeing. Ein Riesenauftrag, finanziell und arbeitsplatzmäßig, für ein amerikanisches Unternehmen.«

»Du hast Airbus einen Milliardendeal weggeschnappt?«

»Nein, ich doch nicht. Dazu bin ich ein zu kleines Licht, und außerdem war das noch lange vor meiner Zeit hier. Damals war ich noch in München mit Schreib- und Ablagearbeiten in Army-Diensten beschäftigt.«

»Dann glaub ich das jetzt mal«, sagte Nicolas skeptisch.

»Ich wollte nur sagen, dass wir uns nicht nur um nationale Sicherheitsbelange kümmern, sondern auch mal was im Interesse unserer Wirtschaftsunternehmen tun. Unsere Aufgabe ist primär, das Abhören jeglicher Form von Kommunikation zu organisieren. Den physischen Zugang zu den Übertragungswegen liefern uns die entsprechenden Militärabteilungen. Wir arbeiten teilweise auch mit den Geheimdiensten vor Ort zusammen, wie damals mit dem BND in Deutschland: Die kümmern sich um den technischen Teil, das tatsächliche Anzapfen, wir um die Auswertung der Aufzeichnungen.«

»Was denn, habe ich das richtig verstanden, dass euch der Geheimdienst des jeweiligen Landes dabei behilflich ist, ihre eigenen Bürger oder Unternehmen abzuhören?«, meinte Nicolas empört.

»Das ist gang und gäbe. Sie verlangen lediglich, die Kontrolle zu behalten, indem wir uns jeden der vorhin erwähnten Filter von ihnen genehmigen lassen.«

»Und wie funktioniert so ein Filter?«, wollte Nathalie wissen.

»Das können bestimmte Wörter sein, die in Telefongesprächen verwendet werden. In dem Fall werden alle Telefonate herausgefiltert, in denen dieses Wort benutzt wird. Es können aber auch Bewegungsmuster sein, zum Beispiel eine Person, die zu Orten fährt, an denen sich sicherheitsrelevante Firmen befinden.«

»Dazu muss es dann aber schon einen Anfangsverdacht geben, damit diese Person überhaupt interessant wird«, sagte Nathalie.

»Nein, da gibt es Parameter, bei denen die Alarmglocken automatisch losgehen. Das Bewegungsmuster eines Handys oder eines Autos, das an den Mautstellen der jeweiligen Autobahnausfahrten auftaucht.«

»Sag bloß, die Mautunternehmen führen Buch, wer wann wohin fährt«, sagte Nicolas entsetzt.

»Nicht direkt, aber entweder hat der Autofahrer eines dieser elektronischen Lesegeräte an der Windschutzscheibe, oder er zahlt seine Gebühr mit der Kreditkarte. In beiden Fällen haben wir automatisch sein Bankkonto und wissen somit, wo sein Einkommen herkommt.«

»Wieso interessiert euch, wer sein Gehalt bezahlt?«, wollte Nathalie wissen.

»Ergibt sich dabei, dass er Mitarbeiter einer Firma ist, die den Kontakt zu den sicherheitsrelevanten Firmen plausibel erklärt, ist alles in Ordnung, und er wird von uns sozusagen ausgemustert.«

»Und wenn er seine Maut bar bezahlt?«, hakte Nicolas nach.

»Dann haben wir sein Kennzeichen und können ebenfalls sein Bewegungsmuster nachvollziehen und ihn automatisch durch einen Quervergleich mit der Zulassungsstelle identifizieren.«

»Die Mautstellen registrieren auch die Kennzeichen? Sind wir jetzt schon im totalen Überwachungsstaat angekommen?« Nicolas konnte gar nicht glauben, was Victor ihnen da so selbstverständlich erzählte.

»Tun sie, aber nicht aus Überwachungszwecken für den Staat. Kennst du die ›Taktik des kleinen Zugs‹?«

»An den Mautstellen? Das ist doch das, wenn ein Auto so nah an der Stoßstange des Vordermanns bleibt, dass die Lichtschranke denkt, es sei ein und dasselbe Auto, und der Hintermann somit ohne zu bezahlen mit durchschlüpfen kann.«

»Genau. Und das kostet die Mautunternehmen jedes Jahr mehrere Millionen Euro. Dazu kommen noch die Lastwagen, vor allem die osteuropäischen, die ganz Frankreich durchqueren, ohne ein einziges Mal zu bezahlen. Sie haben nämlich herausgefunden, dass die Schranke aus Sicherheitsgründen hochgeht, wenn man sie anstupst.«

»Echt, das geht?«, fragte Nathalie verwundert.

»Ja, das ist sogar Vorschrift. Stellt euch vor, jemand steigt aus Versehen aufs Gas statt auf die Bremse. Die Schranke befindet sich doch genau auf Kopfhöhe. Also muss sie bei Berührung hochgehen, um niemanden zu verletzen. Die Brummifahrer nutzen das aus und fahren mit der Schnauze des Lkws ganz leicht dagegen, die Schranke öffnet sich, und der Lkw kann unauffällig durchfahren, ohne dass der Alarm losgeht. Also wird jedes Fahrzeug an den Fahrspuren, die nicht den Abonnenten vorbehalten sind, von vorn und von hinten fotografiert, um solche Mautsünder über das Kennzeichen zu identifizieren.«

»Und ihr missbraucht diese Daten für eure sogenannten Bewegungsmuster«, sagte Nathalie fassungslos.

Victor zuckte nur mit den Schultern und fuhr dann fort: »Immerhin haben wir dadurch schon Attentatsvorbereitungen enttarnt oder Industriespionage aufgedeckt, und aus diesem Grund sind die örtlichen Geheimdienste gar nicht abgeneigt, dass wir solche Abhöraktionen durchführen.«

»Und wo liegt da euer Interesse? Das ist doch bestimmt kein reiner Freundschaftsdienst«, meinte Nicolas.

»Wir müssen uns ja wie gesagt jeden dieser Filter genehmigen lassen, aber ihr könnt euch vorstellen, dass die Trefferquote nur dann zufriedenstellend ist, wenn man jede auch nur entfernt in Frage kommende Spur verfolgt. Dazu sind dann natürlich jedes Mal tausende verschiedener Filter notwendig, und in dieser Anfragenflut befinden sich auch Filter, die eher unseren Interessen dienen. Die Genehmigungsbehörde ist von den vielen Anträgen überfordert. Irgendwann nicken sie die nur noch unbesehen ab.«

»Und wo kommt da Tom ins Spiel?«, fragte Nicolas.

»Bei so vielen Kontakten mit Personen aus den verschiedensten Bereichen fallen einem zwangsläufig auch andere Sachen in die Hände, und die verschmäht man dann natürlich auch nicht. Bleiben wir mal bei dem Airbusbeispiel. Nehmen wir mal an, ich würde in Toulouse ein revolutionäres Bauteil eines sich in der Entwicklung befindenden Airbus in die Finger bekommen. Dann könnte das natürlich für ein Konkurrenzunternehmen von höchstem Interesse sein. Also packe ich es in meinen toten Briefkasten, schön getarnt als Platine eines Verstärkers oder so was, und dann ab damit nach Italien.«

»Wieso ausgerechnet Italien? Weil Tom dort Konzerte gibt und ihr es deshalb bequem dorthinschmuggeln könnt?«

»Andersrum wird ein Schuh draus: Tom gibt in Italien Konzerte, weil *wir* das so organisiert haben«, erklärte Victor grinsend. »Denn seit de Gaulle Frankreich aus der NATO herausgelöst hat, haben wir hier keinerlei Truppen oder Stützpunkte mehr – zumindest keine offiziellen. Wenn also Tom – samt unserer Ware – in Italien ankommt, entfernt unser dortiger Mann, der für das Konzert zuständige Tontechniker, das Teil unauffällig und schafft es anschließend auf unsere Airbase bei Aviano. Von dort geht es dann mit dem nächsten Militärtransporter in die Staaten.«

»Sofern unser Freund Tom unterwegs nicht damit geschnappt und der Industriespionage angeklagt wird«, fügte Nicolas scharf hinzu.

»Für euch ist es euer Freund, für mich war es bisher nur ein austauschbares Werkzeug. Aber natürlich haben wir die Risiken so weit wie möglich minimiert, wir wollen ja schließlich unsere Ware nicht verlieren.«

»Und wieso hast du ausgerechnet Tom ausgesucht?«, wollte Nicolas wissen.

»Tom ist das ideale Muli, wenn ich das mal so salopp sagen darf. Sein umfassendes Equipment ist ein perfektes Versteck für alle Arten von Schmuggelware – von simplen Informatikdateien bis hin zu ausgewachsenen Objekten wie die erwähnte Platine; und außerdem können er und seine Musiker dank ihrer französischen Aufenthaltsgenehmigung im gesamten Schengenraum offiziell reisen – noch dazu, wo sie einen Engagementvertrag für das von uns organisierte Konzert vorweisen können. Heute gibt es ja keine offiziellen Grenzposten mehr, das heißt aber nur, dass die Zöllner nicht mehr an einem bestimmten Ort zu finden sind, sondern im gesamten grenznahen Gebiet nach Verdächtigen Ausschau halten.«

»Und ihr habt nichts Unauffälligeres gefunden als südamerikanische Sambamusiker? Die werden doch wahrscheinlich bei jeder Fahrt kontrolliert, wahrscheinlich sogar einmal von den Franzosen und ein paar Kilometer weiter dann gleich noch mal von den Italienern?«

»Bingo! Ein so auffälliges Ziel ist nämlich im Endeffekt die beste Tarnung: Bei einer Überprüfung von Musikern konzentriert sich die Suche in aller Regel auf Drogen, und das betrifft uns ja nicht. Wenn jetzt so ein Zollbeamter auf die Idee kommen sollte, eine Lautsprecherbox zu öffnen, und er darin statt der vermuteten Drogen nur eine sauber verkabelte Platine vorfindet, wird er es mit Sicherheit für eine Frequenzweiche oder einen Aktivverstärker halten, weil es ihm dort logisch erscheint.«

»Klar. Es wär ja auch ein bisschen viel verlangt, dass ein Zöllner mit einem Blick die gestohlene Platine eines Linienflugzeugs erkennen könnte.«

»Eben. Umso aufwendiger man etwas zu verstecken versucht, umso verdächtiger wird es, wenn es zufällig gefunden wird. Befindet sich hingegen etwas in einem scheinbar logischen Umfeld, denkt man nicht weiter darüber nach.«

»Ich finde trotzdem, ihr betreibt einen unverhältnismäßigen Aufwand«, beharrte Nicolas auf seiner Meinung.

»Mag sein, wenn man es isoliert betrachtet. Aber gerade das Abhören ist nun mal für eine effiziente Staatsführung unabdingbar. Man muss Bescheid wissen, bevor etwas passiert, und mögliche Pannen bereits im Vorfeld erkennen und eliminieren. Stolpert ein Kandidat kurz vor der Wahl über einen Sexskandal, ist das meist kein Zufall.«

»Vor allem – wie du sagst – kurz vor einer Wahl. Da ist das ja ganz besonders passend.«

»Entweder war es die Opposition, die seinen Sieg verhindern will, vielleicht waren es auch befreundete Staaten, weil dessen zu erwartende Marschrichtung ihren Zielen zuwiderläuft. Oder aber ein nicht befreundeter Staat, weil der Kandidat für sie eine noch größere Bedrohung darstellt als der bisherige. Vielleicht fürchtet man auch nur ganz einfach, dass der Kandidat eines Tages erpressbar sein wird, also verhindert man am besten gleich seine Wahl.«

»Wie bei Strauss-Kahn?«

»Ja. Wobei es bei dem angeblich auch darum ging, dass er zu nachdrücklich forderte, die bei der FED in New York eingelagerten Goldreserven des IWF, deren Direktor er damals war, zu kontrollieren. Angeblich soll davon nämlich nicht mehr allzu viel übrig sein. Egal, Schwamm drüber. Der ist Geschichte, und jetzt redet niemand mehr von dieser Kontrolle«, meinte Victor nur gleichgültig. »Genau genommen haben Tom und alle anderen Beteiligten sogar von uns profitiert.«

Nicolas wollte protestieren, aber Victor hob seine Hand und begann Argumente mit Hilfe seiner Finger aufzuzählen: »Die Musiker bekommen ein Engagement, das ohne uns überhaupt nicht zustande gekommen wäre. Ein Wirt freut sich über ein kostenloses Event, das ihm seinen Laden mit Gästen vollmacht, diese Zuschauer verbringen einen schönen Abend, und ein Getränkehersteller erhält die Gelegenheit, potenziellen Konsumenten sein neues Produkt vorzustellen. Eine perfekte Tarnung, und alle Beteiligten sind glücklich!«

»Außer vielleicht die paar hundert Airbus-Arbeiter, die wegen des geplatzten Auftrags damals ihren Job verloren haben«, meinte Nicolas sauer.

»Und Hunderte Boing-Arbeiter freuten sich im selben Moment über einen neuen Auftrag – *that's life,* oder wie man hier sagt: *c'est la vie*. Und wenn meine französischen Kollegen ihren Job gut machen, läuft's das nächste Mal vielleicht andersrum.«

»Du bist richtig überzeugt von dem, was du tust, stimmt's?«

»Ich bin vielleicht nicht mit allem einverstanden, was sich

unsere Bosse so ausdenken, aber ich weiß, dass es die anderen genauso machen und dass wir gut daran tun, ihnen eine Nasenlänge voraus zu sein.«

»Und vermutlich kann man daran sowieso nichts mehr ändern. Ihr habt eure Macht in allen Bereichen fest verankert. Ohne euch läuft gar nichts mehr, oder?«, resümierte Nicolas resigniert.

»Weißt du, was der wahrscheinlich frustrierendste Moment im Leben eines frisch gewählten Präsidenten ist? Der Tag kurz nach seinem Amtsantritt, wenn er von den Geheimdiensten gebrieft wird. Da erklären sie ihm, was war, was ist und was kommt – zumindest das, was er ihrer Meinung nach wissen sollte. Und ihre Planung ist ganz unabhängig von ihm – sprich: Er hat dabei oft gar nichts zu melden.«

»Wieso? Ich meine, er ist immerhin der Präsident einer Großmacht.«

»Manche Ziele sind so langfristig ausgelegt, dass der gerade gewählte Präsident gar nicht mehr im Amt sein wird, wenn das Programm auf Hochtouren läuft. Nicht wenige Mitarbeiter vertreten den Standpunkt: ›Uns doch egal, wer unter uns Präsident ist‹, das trifft den Nagel ziemlich genau auf den Kopf.«

»Schön und gut. Ich hab's kapiert. Aber in Zukunft ohne unseren Freund Tom. Du hast ihn in die Sache hineingezogen, und du wirst dabei helfen, ihn wieder herauszuholen. Soll sich dein Nachfolger einen anderen Briefkasten suchen«, sagte Nicolas bestimmt.

»Damit kann ich leben. Außerdem scheint die Tarnung ohnehin aufgeflogen zu sein. Aber es genügt nicht, ihn in Zukunft einfach nicht mehr einzusetzen. Um sicherzugehen, dass er endgültig aus der Schusslinie ist, müssen wir erst wissen, wie er hineingeraten ist.«

»Ist doch egal, wie er da reingerutscht ist. Hauptsache, wir holen ihn da raus, oder?«, widersprach Nathalie.

»Ganz so einfach ist es leider nicht. Irgendjemand hat Tom entführt, weil der ihm – aller Wahrscheinlichkeit nach unwissentlich – in die Quere gekommen ist. Finden wir heraus, bei was, dann landen wir automatisch bei dem, der dahintersteckt. Und erst wenn wir diese beiden Elemente kennen und aus der Welt schaffen, können wir jede weitere Aktion gegen euren Freund ein für alle Mal ausschließen.«

Victor bemerkte Nathalies entsetzten Blick und beeilte sich richtigzustellen: »Oh Shit, nein! Nicht ›aus der Welt schaffen‹ im Sinne von ›die Person eliminieren‹! Ich meine, die Person muss einsehen, dass Tom gar keine Gefahr für sie darstellt. Oder die Angelegenheit an sich muss belanglos werden. Keine Panik, Leute: Die ›Lizenz zum Töten‹ gibt es nur im Kino!«

Nathalie entspannte sich wieder. »Für einen Moment haben Sie mir wirklich Angst gemacht.«

Victor drehte sich zu Nicolas. »Alles okay bei dir?«

Nicolas nickte. »Wo fangen wir an?«

»Ich werde jetzt gleich noch mal mit Michel reden. Er sagt, Tom sei in letzter Zeit in nichts involviert gewesen. Ich muss rausfinden, was es mit diesem Julien auf sich hat, den kenne ich nämlich nicht. Eine andere Möglichkeit wäre: Michel hat tatsächlich nebenbei sein eigenes Ding laufen, und dann muss ich das auch schon im Interesse der Agency wissen. Ist es okay, wenn ich euch heute Abend noch mal anrufe? Kann aber später werden.«

»Ruf mich auf meinem Handy an. Ich bin lange wach, und wenn ich ins Bett gehe, bevor du dich gemeldet hast, schalte ich es stumm. Dann sprechen wir uns morgen früh.«

21

Nicolas ließ sich das eben Gehörte noch mal durch den Kopf gehen und wurde zusehends wütender, wenn er daran dachte, wie sich diese zu einem Moloch herangewachsenen Organismen immer mehr verselbstständigten und Unbeteiligte für ihre Zwecke einspannten. Und sein eigener Vater war Teil davon.

Sein eigener Vater ... Bis gestern existierte er für ihn noch nicht einmal, und jetzt musste er sich für ihn schämen, weil der das Leben seiner Freunde in Gefahr brachte. Gut, Victor wusste zum Zeitpunkt der Rekrutierung nicht, dass Tom zufällig der Freund seines Sohnes war. Er hatte ihn schließlich nur ausgesucht, weil er ein geeignetes Muli für die Ziele der Agency darstellte.

Nicolas kippte gerade den letzten Rest Kaffee hinunter, als sein Handy klingelte.

Noch ganz in Gedanken meldete er sich mit einem knappen, kaum hörbaren »Ja«. Er riss die Augen auf. »Tom?«

Nathalie schaute ihn verdattert an.

»Mann, wo steckst du denn? Wir suchen dich seit zwei Tagen überall ... Was?«, fragte er ungläubig. »Klar kann ich dich abholen, wo bist du denn?«

Nicolas bedeutete Nathalie, ihm Stift und Papier zu bringen, und sagte zu Tom: »Ich fahr sofort los. Bleib in der Kneipe, versuch was zu essen, und trink vor allem viel Wasser. In spätestens einer Stunde bin ich da und löse dich aus!«

Nicolas legte auf, kritzelte einen Namen und die Adresse auf das Papier und klärte Nathalie auf. »Stell dir vor, Tom wurde tatsächlich entführt. Sie haben ihn anscheinend betäubt, anschließend gefangen gehalten und dann erneut betäubt. Gerade ist er im Gewerbegebiet von Carros aufgewacht. Kein Handy, kein Geld und ein bisschen neben der Spur. Zum Glück war um die Ecke ein kleines Bistro, und der Barmann ließ ihn freundlicherweise telefonieren.«

»Und? Ist er okay?«

»Im Moment hat er wohl nur einen Brummschädel von der Betäubung. Er will erst mal weg von da, nach Hause und sich ausruhen.«

»Na dann los!«, rief Nathalie aufgeregt.

»Nein, *trésor*, du bleibst hier. Du ruhst dich aus. Zu zweit sind wir auch nicht schneller, und warum sollst du dem Baby die ganze Fahrerei bei der Hitze antun. Außerdem haben wir Freitag, da wird es auch noch den einen oder anderen Stau geben.«

»In Ordnung, aber versprich mir, dass du mich auf dem Laufenden hältst.«

»Versprochen. Apropos auf dem Laufenden halten: Victor hat mir gar nicht gesagt, wie ich ihn erreichen kann. Vielleicht meldet er sich ja zufällig, dann erzählst du es ihm. Ansonsten will er ja sowieso heute Abend anrufen.«

»Soll ich Legros informieren?«

»Warte damit noch. Ich hatte Tom vorgeschlagen, einen Krankenwagen und die Polizei zu schicken, weil die viel schneller bei ihm wären als ich, aber das will er nicht.«

»Aber –«

Nicolas hob beschwichtigend die Hände. »Legros können wir immer noch anrufen, wenn Tom wieder zu Hause ist. Das Gleiche gilt für Gabriela: Sie hat ja vermutlich gerade ihren Termin bei Legros, und sie würde ihm vor Aufregung bestimmt alles erzählen. Tom klang ziemlich fertig, und schließlich ist er ja wieder in Sicherheit. Er hat wahrscheinlich keine Lust, dass sich jetzt sofort die Polizei mit all ihren Fragen auf ihn stürzt. Die zwei, drei Stunden können die jetzt auch noch warten.«

Nicolas gab ihr einen Kuss und lief zum Auto.

22

Nicolas hatte Glück mit dem Verkehr. Erste Staus gab es lediglich vor den Ausfahrten der Autobahn, die Nizza am nördlichen Stadtrand umfasste, aber nur auf der Gegenfahrbahn. Mittlerweile hatte er die Autobahn bereits hinter sich gelassen und fuhr nun die Ausfallstraße am Fluss Var entlang, vorbei an Großmärkten und Gewerbegebieten. Sie war breit und kreuzungsfrei ausgebaut. Die Straße würde schon bald nur noch einspurig verlaufen und dann in die Berge führen, wo die ersten südlichen Wintersportorte wie Isola 2000 lagen.

Aber Nicolas suchte die Brücke, die jetzt bald kommen musste und nach links abbiegend den Fluss überquerte, in Richtung Carros.

Er musste lächeln, als er daran zurückdachte, wie er das erste Mal hier herausgefahren war. Als er vor vielen Jahren beschloss, nicht nur saisonweise an der Côte zu arbeiten, sondern sich hier definitiv niederzulassen, musste er sich komplett neu möblieren. In den preisgünstigeren Möbelmärkten konnte man zusätzliches Geld sparen, indem man die Möbel nicht liefern ließ, sondern sie selbst in den jeweiligen Depots abholte. Diese Lagerhäuser waren wegen der hohen Grundstückspreise der Innenstadt allesamt hier draußen in Carros. Der Verkäufer hatte ihm damals den Weg erklärt: »Am anderen Ende der Brücke biegen Sie rechts ab und folgen der breiten Avenue am Flussufer entlang. Sie biegen in die 14. Straße links ein.«

»Die 14. Straße?«, fragte ihn Nicolas entsetzt. »Haben Sie keinen Straßennamen parat?«

»Das *ist* der Straßenname, Monsieur.«

Und in der Tat: Die breite Straße am Fluss entlang hieß 1. Avenue, und davon zweigten in regelmäßigen Abständen die kleinen Straßen ab, an denen sich Lagerdepots und Fabrikhallen aneinanderreihten. Einfachheitshalber waren diese Straßen durchnummeriert.

Nicolas fuhr nun die 1. Avenue entlang. Es waren nur noch

wenige Fahrzeuge und überhaupt keine Fußgänger mehr zu sehen, da die Handwerksbetriebe wegen des bevorstehenden Wochenendes ihre Pforten bereits alle geschlossen hatten. Nur die Möbeldepots arbeiteten auch am Samstag, aber deren Kunden würden erst später nach den Bürostunden eintrudeln.

Er war mittlerweile schon an der 12. Straße vorbei und hielt nun Ausschau nach dem Bistro, in dem er Tom abholen sollte. Hinter den mehr oder weniger phantasievollen Namen wie »Zum hungrigen Fernfahrer« oder »Die Knusprigen« steckten meist bessere Frittenbuden oder, mit etwas Glück, Kneipen für Lkw-Fahrer mit einer üppigen Hausmannskost zu einem günstigen Preis, wobei häufig ein Viertel Rotwein fester Bestandteil des Menüs war.

Endlich fand er das gesuchte Bistro, dessen außergewöhnlicher Name »Miam-Miam, Gluck-Gluck« sein Angebot lautmalerisch auf den Punkt brachte. Wegen der viel befahrenen Zubringerstraße verfügten die Kneipen nicht über Außenterrassen. Vom Sonnenlicht noch ein bisschen geblendet, versuchte Nicolas in dem kleinen Gastraum Tom auszumachen. Als er ihn nirgends entdecken konnte, wandte er sich an den Mann hinter der Bar.

»Hat bei Ihnen vor einer guten Stunde ein Mann um Ihr Telefon gebeten?«

»Ist das ein Freund von Ihnen? Dann schulden Sie mir eigentlich noch einen Euro. Der hat nämlich einen Kaffee bestellt und ist dann mit meinem Telefon nach draußen gegangen. Seitdem habe ich ihn nicht wieder gesehen.«

»Das kann nicht sein. Ich habe ihm extra gesagt, er soll bei Ihnen warten, bis ich komme, und in der Zwischenzeit etwas essen.«

»Ist aber so, wie ich sage. Fünf Minuten später kam ein Stammgast rein und fragte mich, ob das mein Telefon sei.« Er deutete dabei in Richtung des drahtlosen Telefons, das jetzt wieder in seiner Ladestation an der Wand hinter der Bar steckte. »Als mein Gast aus seinem Wagen stieg, hörte er im Gebüsch neben den Parkplätzen ein Klingeln. Glücklicherweise hat genau in diesem Moment jemand versucht, bei mir anzurufen. Na ja, Hauptsache, ich hab mein Telefon wieder. Vergessen Sie den Kaffee, geht aufs Haus. Ihr Freund schien mir ein bisschen durch den Wind zu sein. Ich glaube aber nicht, dass er betrunken war. Hat er Ärger mit seiner Freundin, oder was?«

»Ähm ja, so ähnlich«, sagte Nicolas ausweichend. »Ich glaub, jetzt brauche *ich* erst mal einen Kaffee«, sagte er und legte einen Fünfer auf den Tresen, auch als Geste, um dem Wirt für sein Entgegenkommen mit dem Telefon zu danken.

Nicolas nahm seine Tasse und zog sich an einen der hinteren Tische zurück, um ungestört telefonieren zu können.

Nathalie nahm bereits beim ersten Klingeln ab und hatte ihn wohl an der Anruferkennung auf dem Display erkannt, da sie sofort lossprudelte: »Stell dir vor, die entführte Senatorin ist wieder aufgetaucht! Aber sie liegt im Krankenhaus. Die Entführer haben sie anscheinend gefoltert. Bist du schon bei Tom? Wie geht es ihm?«

»Ich bin in dem Bistro, aber Tom ist verschwunden. Der Wirt sagt, dass Tom nach dem Telefonat nicht wieder aufgetaucht sei. Das Telefon lag abseits in den Büschen.«

»Oh mein Gott, das ist ja furchtbar. Ich muss sofort Legros Bescheid sagen. Als er hier anrief und mir das mit der Senatorin erzählte, hielt ich es für besser, ihn auch über Tom aufzuklären. Er schickt mir einen Streifenwagen und will, dass wir uns alle hinterher bei Tom treffen, sobald er mit der Vernehmung der Senatorin fertig ist. Er hat auch schon Victor informiert.«

Na klar, der kann Victor ja einfach anrufen, denn schließlich hat er dessen Nummer. Er kennt meinen Vater ja auch schon viel länger als ich selbst, dachte Nicolas verbittert.

Zu Nathalie sagte er: »Okay. Hier kann ich wohl nichts mehr ausrichten. Ich komme auch zu Toms Wohnung. Hast du die genaue Adresse?«

»Ich frage ihn und schicke sie dir gleich … Moment, da steht ein Wagen vor unserem Tor. Das müssen die Polizisten sein. Bis später dann.«

Nicolas fuhr noch eine Weile die benachbarten Straßen rund um das Bistro ab, um sicherzugehen, dass Tom nicht irgendwo saß, weil ihm schwindlig geworden war. Er machte sich aber nicht wirklich Hoffnungen, seinen Freund so leicht wiederzufinden. Das Telefon im Gebüsch ließ eigentlich nur eine erneute Entführung als einzig logische, wenn auch mysteriöse Erklärung zu.

23

Legros war gerade in ein Gespräch mit Victor und Nathalie vertieft, als er Nicolas die Treppe heraufkommen sah. Sofort blaffte er ihn an: »Ihnen ist schon klar, dass uns das wertvolle Zeit und wichtige Informationen gekostet hat?«

»Ja, jetzt schon«, meinte Nicolas schuldbewusst. »Aber in dem Moment war ich nur froh, dass Tom wieder unbeschadet aufgetaucht war. Wer ahnt schon, dass er gleich darauf wieder verschwindet?«

»Sie können von Glück reden, dass das Telefon in den Büschen lag. Das bedeutet nämlich, dass er wohl unmittelbar nach dem Telefonat angegriffen wurde. Selbst wenn wir sofort eine Streife aus Carros hingeschickt hätten, wären die vermutlich auch zu spät gekommen.«

»Na, wenigstens habe ich es dann nicht ganz verbockt«, sagte Nicolas, immer noch zerknirscht.

»Aber vielleicht hätten dann unsere Leute das Telefon gefunden, und wir hätten jetzt mit etwas Glück Fingerabdrücke der Entführer. Aber nachdem es der Gast gefunden – und bei der Gelegenheit gleich seine eigenen Fingerabdrücke draufgepappt –, es dann dem Wirt zurückgegeben und der es dann als Erstes gleich mal sauber gemacht hat, ist da jetzt natürlich nichts mehr zu holen.«

Nachdem er Dampf abgelassen hatte, beruhigte sich Legros wieder und schaute sich in Toms Wohnung um. »Können Sie mir wenigstens sagen, ob hier etwas fehlt?«, fragte er Nicolas und Nathalie.

»Tut mir leid, aber wir haben uns immer bei mir getroffen. Es ist das erste Mal, dass ich hier bin. Nathalie musste sogar erst Ihre Kollegen nach der Adresse fragen, damit ich hierherkommen konnte.«

»Commissaire?«, meldete sich ein uniformierter Gendarm vom Gang aus. »Die junge Dame ist jetzt da.« Hinter ihm stand eine eingeschüchterte Gabriela.

Legros winkte sie herein. »Kommen Sie, Mademoiselle. So schnell sieht man sich wieder. Können Sie uns hier weiterhelfen?«

Zögernd trat Gabriela in das Zimmer und sah sich um. »Ich war nur einmal hier, nachdem wir am Strand spazieren waren und dort mit dem Geschäftsführer des Blue Beach ins Gespräch kamen. Der bat Tom um eine Demo-CD, und Tom wollte sie ihm unbedingt sofort vorbeibringen, weil er sich ein regelmäßiges Engagement für die vielen Liveveranstaltungen in der kommenden Saison erhoffte. Also haben wir sie hier geholt. Das Regal da neben dem Fenster war voll von CDs, Kassetten und LPs.«

Jetzt lagen vor dem Regal aber nur noch Kassetten und LP-Alben mit farbenfrohen Fotos brasilianischer Musiker auf dem Boden verstreut.

»Jetzt, wo du es sagst«, schaltete sich Nicolas ein, »Tom hat mir mal von einer CD-Sammlung erzählt. Selbst gebrannte Mitschnitte von seinen Auftritten und auch viele von befreundeten Musikern aus Brasilien. Er wollte sie mir bei Gelegenheit mal vorspielen, weil es alles Unikate waren.«

»Wieso klaut jemand selbst gebrannte CDs unbekannter Künstler, lässt aber eine Gitarre und einen Verstärker hier zurück? Da ging es ja wohl nicht um einen klassischen Einbruch wegen Wertgegenständen«, wandte sich Legros an Victor, der ihn aber nur wortlos ansah.

Nach einer Weile beendete Legros die Versammlung und bat den Gendarm, Gabriela wieder nach Hause zu bringen. Nathalie zog sich noch kurz mit Gabriela ins Treppenhaus zurück und redete beruhigend auf sie ein.

»Was ist denn nun mit der Senatorin?«, hakte Victor bei Legros nach, als sie nach einer Weile das Haus verließen. »Du sagtest am Telefon nur, dass du bei ihr im Krankenhaus seist.«

Legros schaute die belebte Gasse zwischen den eng stehenden, alten Häuserfronten entlang, in der die Touristen nach einem geeigneten Restaurant für ihr Abendessen suchten und dabei immer wieder von den Auslagen der Boutiquen und Souvenirstände abgelenkt wurden. Die Altstadt mit ihren ockerfarbenen Fassaden erholte sich von der drückenden Hitze des Nachmittags und erwachte nun zum Leben. Für die nächsten Stunden würde der Menschenstrom hier nicht abreißen.

»Komm, lass uns wo hingehen, wo wir ungestört reden können.«

Legros führte sie zügig durch kleine Gassen, in denen sich ausschließlich Wohnhäuser befanden und die somit von den Touristen links liegen gelassen wurden. Nach einem kurzen Zickzackmarsch durch schmale, schattige Sträßchen kamen sie zum Place Saint François, dem kleinen Platz, auf dem morgens immer der Fischmarkt stattfand. Legros steuerte zielstrebig eine kleine Bar an.

Nicolas kannte die Bar de la Bourse nur dem Namen nach, da er sich immer über ihn gewundert hatte, weil Nizza doch überhaupt kein Börsenstandort war. Eines Tages jedoch, während er auf dem Markt auf der Suche nach den Zutaten für eine Bouillabaisse war, entfernten Bauarbeiter gerade die Gerüstabdeckung an dem großen alten Gebäude gegenüber der Bar, und da entdeckte er dann die stark verwitterte, in den Stein gemeißelte Inschrift »Bourse du Travail«, die Arbeitsbörse. Sie war jahrzehntelang Hauptsitz einer der großen französischen Gewerkschaften gewesen.

Die Bar war ein für die Altstadt typischer Laden mit einer kleinen, einzeiligen Tischreihe entlang der Fensterfront. Im Inneren war lediglich Platz für den zinkbeschlagenen Tresen und ein paar wenige kleine Bistrotische. Für Schlechtwettertage verfügte die Bar über eine Galerie im ersten Stock. Die Treppe dorthin war jetzt aber durch eine dicke, quer gespannte Kordel gesperrt.

Legros schien den Besitzer offensichtlich gut zu kennen, da er nach einem kurzen »Salut Gégé« nur fragte: »Dürfen wir?«, wobei er mit einer Kopfbewegung auf die Treppe deutete.

»Fühl dich wie zu Hause«, meinte der Wirt freundlich, der mit Bierzapfen beschäftigt war.

»Rosé?«, fragte Legros an Victor gewandt.

Nicolas schloss sich an, und Nathalie bestellte einen Diabolo Menthe, der weit weniger teuflisch war, als sein Name vermuten ließ: ein nicht nur bei Kindern beliebter Mix aus Zitronenlimonade und Minzsirup.

»Und für mich eine *pression*, bitte«, schloss Legros die Bestellung ab.

»Kannst gleich das hier haben«, meinte der Barmann grinsend und hob das gerade gezapfte Bier hoch. »Geht schon mal rauf. Sophie bringt euch dann gleich die Getränke.«

Nachdem ihnen die junge Bedienung die Getränke auf die verwaiste Galerie hinaufgebracht hatte, konnten sie endlich ungestört reden.

Da sich Legros ein Bier bestellt hatte, schien er seinen heutigen Dienst wohl als beendet und dieses Gespräch als private Unterhaltung unter Freunden anzusehen, dachte Nicolas.

»Also, die Senatorin?«, nahm Victor den Faden wieder auf.

Legros nahm einen Schluck von seinem Bier und sagte: »Offenbar stehen dieser Lieferwagen und die dazugehörigen jungen Gangmitglieder tatsächlich in Zusammenhang mit ihrer Entführung. Sie hat zwar die ganze Zeit über nichts sehen können, aber sie würde die Stimmen eher als jung bezeichnen, und die Art zu sprechen deutet auf ›Gettoslang‹ hin.«

»Aber in dieser kurzen Zeit war doch weder eine Kontaktaufnahme noch eine Lösegeldzahlung möglich. Konnte sie fliehen, oder warum ist sie jetzt schon wieder frei?«, fragte Victor nach.

»Fliehen konnte sie mit Sicherheit nicht«, meinte Legros und konnte sich dabei ein Schmunzeln nicht verkneifen. »Sie ist zwar gerade erst sechzig, aber körperlich in schlechter Verfassung. Nein, man hat sie einfach freigelassen. Ich vermute, die haben ihr so viel Druck gemacht, dass sie sich nicht mehr traut, uns was zu erzählen. Sie schweigt wie ein Grab, aber da ist was im Busch. Das ist so gewiss wie das Amen in der Kirche.«

»Wenn die sich dessen so sicher sind, dann muss es aber ein gehöriges Paket an Drohungen gewesen sein.«

»Das kannst du laut sagen: Sie haben sie erst mal einen ganzen Tag lang kommentarlos schmoren lassen. Heute früh sind sie dann gekommen und haben … Jetzt wird es ein bisschen gruselig«, meinte er mit einem unbeholfenen Seitenblick auf Nathalie.

»Schon gut, ich habe in meinem früheren Berufsleben schon so einige unangenehme Situationen und skrupellose Menschen hautnah erleben müssen«, wiegelte sie ab.

Nicolas erinnerte sich an Nathalies Erzählungen von Fällen, bei denen Menschen sich oder andere schlimm verletzt hatten, um ihren damaligen Auftraggeber, die Versicherung, zu betrügen. Mit Folter hatte sie es allerdings noch nie zu tun gehabt, und das war bei der Senatorin, vermutete Nicolas, offenbar der Fall gewesen.

»Na gut, ich habe Sie gewarnt. Also, heute früh sind sie gekommen und haben ihr, ohne auch nur ein Wort zu sagen, Daumen und Zeigefinger der rechten Hand abgeschnitten.«

»Einfach so?«, fragte Nicolas ungläubig.

»Wohl um ihre Ernsthaftigkeit unter Beweis zu stellen«, attestierte Victor emotionslos, und Legros nickte beipflichtend.

»Anschließend haben sie ihr noch einige Horrorszenarien lebhaft ausgemalt. Drei der Beispiele haben besonderen Eindruck bei ihr hinterlassen: dass ihre Tochter ab heute bei jedem plötzlichen Geräusch in der Tiefgarage ihrer Kanzlei oder in einer einsamen Seitenstraße in Panik geraten würde – und das zu Recht!«

»Oh Gott«, entfuhr es Nathalie.

»Die Frau Anwältin – das mit der Anwältin und der Kanzlei haben sie wohl gesagt, um ihr zu verstehen zu geben, dass sie gut informiert sind –, die könnte doch mal mit gutem Beispiel für Integration vorangehen und ihr nächstes Kind Ahmed oder Mohammed nennen. Leider wird man allerdings nicht genau wissen, wer nun genau der tatsächliche Erzeuger gewesen sein wird.«

»Gruppenvergewaltigung«, stellte Victor nur nüchtern fest.

»Und jedes Mal, wenn andere Kinder aus ihrem Familienkreis auch nur fünf Minuten Verspätung haben, wären die schlimmsten Befürchtungen ab heute die naheliegendsten.«

»Was für Monster!« Nathalie schüttelte sich angewidert.

»Die brutalste Form von Drohung ist die, die sich auf die Angehörigen bezieht«, pflichtete ihr Legros bei. »Der ›Schuldige‹ muss machtlos zusehen, wie unschuldige Familienmitglieder für die Taten des Betreffenden büßen müssen, und natürlich auch wissen, für wen sie das erleiden.«

»Und die arme Frau müsste dann bis an ihr Lebensende mit den Vorwürfen der ›Bestraften‹ und ihren eigenen Selbstvorwürfen leben. Die kann sich am besten gleich einen Strick nehmen«, meinte Nathalie.

»Kommt darauf an, welche Beweggründe hinter der Drohung stecken«, konterte Victor sachlich. »Was fordern sie denn? Nur Geld kann ich mir nicht vorstellen, da steckt doch was anderes dahinter. Vielleicht ist die ›arme Frau‹ ja gar nicht so harmlos und hat selbst keine saubere Weste.«

»Bei der Schilderung dessen, was man ihr angetan hat, war sie mehr als ausführlich und mitleidheischend. Als ich dann aber nach den Motiven und möglichen Verdächtigen zu fragen begann, schnappten ihre Lippen zu wie eine Venusfliegenfalle auf Beutefang«, schilderte Legros das Verhör im Krankenhaus.

»Ich könnte mir denken, dass man ihr schlicht verboten hat, darüber zu sprechen, und das Erlebte hart genug war, um sie gehorchen zu lassen«, meinte Nathalie mitfühlend.

»Das wäre eine naheliegende Erklärung, aber glauben Sie mir, das war kein verängstigtes Gesicht, das war eher Trotz. Nach all dem, was ich über die Frau in der kurzen Zeit bereits rausbekommen habe, ist die an Selbstgefälligkeit und Arroganz nicht so leicht zu übertreffen.« Legros machte aus seiner Verachtung keinen Hehl.

»Aber wenn sie zur Senatorin gewählt wurde, muss sie ja einige Menschen irgendwie überzeugt haben«, wandte Nicolas ein.

»Senatoren werden nicht vom Volk, sondern von anderen Politikern gewählt, aber abgesehen davon: Sie wurde gar nicht gewählt. Sie hat den Posten sozusagen geerbt. Ein anderer Senator ist wegen einer heftigen Schmiergeldaffäre um ein Großbauprojekt ins Gefängnis gewandert, und sie hat als Listenmitglied von dessen Partei automatisch die Nachfolge bis zum Ende der Wahlperiode übernommen. Es handelt sich um eine kleine Partei, die sich um Tierschutz kümmert.«

»Was ja nicht das Schlechteste ist«, meinte Nathalie.

»Meiner Ansicht nach nur ein Kalkül ihrerseits, da Tierschutz immer gut ankommt, und außerdem sind in den großen Parteien die Schlüsselpositionen in festen Händen. Sich da hochzuarbeiten dauert Jahre.«

»Und was hat sie dann im Senat gemacht?«, fragte Nicolas.

»Entsprechend ihrer Rolle als besorgte Tierschützerin hat sie als Erstes die Abschussquoten für Wölfe drastisch verringert.«

»Wölfe? An der Côte d'Azur? Ja, schon klar!«, meinte Nathalie ungläubig lachend.

Legros schüttelte den Kopf. »Natürlich nicht an der Küste, da ist ja kein Platz. Aber nur wenige Kilometer landeinwärts, im großen Naturschutzpark Mercantour, da lebt die mit Abstand größte Wolfspopulation von ganz Frankreich.«

»Schön und gut, hat sie halt ein paar Wölfe gerettet, aber ehrlich gesagt interessiert sich dafür doch niemand wirklich, oder?«, wandte Nicolas ein.

»Leute wie Sie und ich vielleicht nicht. Dort leben aber auch Schäfer mit großen Herden, und diese Schafe sind für Wölfe ein unwiderstehlicher Leckerbissen. Wenn sich ein Rudel Wölfe nachts über eine Schafherde hermacht, dann ist das ein furchtbares Gemetzel.«

»Kann ich mir lebhaft vorstellen.« Nathalie verzog das Gesicht.

»Okay, die Schäfer werden vom Staat für die gerissenen Schafe finanziell entschädigt. Aber wenn ein überlebendes Muttertier wegen der durchlebten Panik keine Jungen mehr zur Welt bringt oder zig Schafe in panischer Angst fliehen und über eine Klippe in eine Schlucht stürzen – was sehr häufig vorkommt –, dann gibt es offiziell keine hundertprozentigen Beweise für eine Wolfsattacke und somit höchstens ein paar Cents. Auch ganze Kühe wurden bereits Opfer solcher nächtlichen Angriffe.«

»Senkt man die Abschussquote drastisch, gibt es immer mehr hungrige Wölfe, und mit wachsender Wolfspopulation steigen die Verluste«, schlussfolgerte Nicolas.

»Genau. Die Verluste sind jetzt schon dramatisch, und da ist noch gar nicht berücksichtigt, dass *mehr* Wölfe schon bald mehr Nachwuchs bekommen werden. Dann wird es noch schlimmer für die Bauern. Und weil die ohnehin schon hart an der Grenze der Rentabilität arbeiten, schlittern die Höfe dann in kürzester

Zeit in die Pleite. Die Banken fackeln nicht lange und geben die Höfe für den Bruchteil ihres Wertes in die Zwangsversteigerung.«

»Ein anderer Bauer wird sich da mit Sicherheit nicht einkaufen wollen, und wer sonst kauft sich schon so weit ab vom Schuss ein Haus?«, meinte Nicolas.

»Reiche Freunde der Senatorin vielleicht, die ein uriges Wochenendhaus suchen«, sagte Victor, der solche Mauscheleien nicht zum ersten Mal erlebte.

»Bingo! Auf regulärem Weg gibt es für Neubauten nämlich so gut wie keine Baugenehmigung. So ein Hof hingegen geht in diesem Fall für ein Trinkgeld weg, wird aufwendig luxussaniert mit eigenem Spa-Bereich und allem Chichi – und fertig ist die feudale Ferienresidenz vor einer traumhaften Bergkulisse in unmittelbarer Nähe einiger kleiner Skigebiete und nicht mal eine Stunde von Nizza entfernt«, stimmte ihm Legros zu. »Die Freunde werden sich irgendwann mal anderweitig bei ihr revanchieren.«

»Na, das ist mir ja ein durchtriebenes Luder!«, meinte Nathalie fassungslos über so viel selbstgefällige Hinterlist.

»Willkommen in der Welt der Politik!«, sagte Victor emotionslos.

»Gut, aber angenommen, hinter der Entführung steckt ein geschädigter Bauer oder irgendwelche echten Tierschützer, dann sehe ich noch immer keine Parallele zu Tom«, überlegte Nicolas laut.

»Wir überprüfen momentan alle möglichen Spuren, stehen aber noch ganz am Anfang. Ich musste der Senatorin jedes Detail einzeln aus der Nase ziehen. Sie weiß wohl, dass ein Haufen Leute nicht so gut auf sie zu sprechen ist. Sie besitzt einige Immobilien, bei denen die Mietverhältnisse nicht immer ganz harmonisch verliefen, um es mal vorsichtig zu formulieren, aber Details kennen wir noch nicht.«

»Scheint ja gut dotiert zu sein, so ein Senatorenposten«, meinte Nathalie.

»Mit all den Spesen und Diäten läppert sich das zwar, aber die Immobilien besaß sie schon lange vorher. Ihr Vater war bereits

Mitglied im Gemeinderat, und da hat die Familie seinerzeit am laufenden Band für kleines Geld Grundstücke erworben, die heute kostbarer Baugrund sind.«

»Sehr praktisch, so ein Sitz im Gemeinderat, wo man die zukünftigen Bebauungspläne schon vor allen anderen kennt«, sagte Nicolas sarkastisch.

24

Henriette Fournier starrte an die Decke des kargen Krankenhauszimmers. Man behielt sie zur Beobachtung über das Wochenende hier. Wegen der nachlassenden örtlichen Betäubung spürte sie das Pochen ihrer verletzten Hand. Da sie nun endlich allein war, ließ sie einige Tränen fließen. Nicht vor Schmerz, sondern aus Wut über dieses nichtsnutzige Gesocks, das ihr das angetan hatte.

Als sie heute von den Ärzten versorgt wurde, hatte sie noch nicht den Mut gehabt hinzusehen. Aber jetzt stellte sie sich vor, was von ihrer Hand übrig geblieben war. Ohne Daumen und Zeigefinger würde wohl selbst eine simple Unterschrift nicht mehr möglich sein. Und würde sie jemanden begrüßen wollen, würde ihr Gesprächspartner beim Ergreifen der verstümmelten Hand vielleicht sogar insgeheim angeekelt sein. Für ihre politische Karriere würde das mit Sicherheit ein erhebliches Handicap werden.

Da man ihr gleich zu Beginn der Entführung die Augen verbunden hatte – und wohl auch bedingt durch die Angst –, hatte sie kein Gefühl mehr dafür gehabt, wie lange sie in der Gewalt dieser Untermenschen war. Der Commissaire sprach von zwei Tagen. Zwei Tage, die schließlich in einem Alptraum endeten. Ein paarmal kam jemand, riss ihr brutal den Kopf nach hinten und gab ihr zu trinken. Dabei schüttete ihr derjenige aber eher grob Wasser in den Mund, sodass sie panisch husten musste. Der Großteil der Flüssigkeit ging verloren, und sie hatte ihren Durst nicht wirklich stillen können.

Dann kamen, den Geräuschen nach zu urteilen, mehrere Männer auf einmal und entfernten die Stricke, mit denen ihre Hände an den Stuhl gefesselt waren. Im allerersten Moment hoffte sie, dass nun alles vorbei sein würde. Vielleicht hatte jemand Lösegeld gezahlt.

Plötzlich fühlte sie jedoch diesen Druck an ihrem Daumen und gleich darauf einen unglaublichen Schmerz an der rechten

Hand. Ihre Augen waren noch verbunden, aber sie musste nicht sehen, um zu verstehen, dass man ihr zwei Finger abgeschnitten hatte.

Sie roch noch immer den fauligen Atem und hörte wieder und wieder das Flüstern nah an ihrem Ohr, das ihr in primitivem Französisch erklärte, ab heute solle sie sich zweimal überlegen, wem sie »einen Scheiß-Anwalt auf den Hals hetzt«. Sie solle aufhören, Leute zu schikanieren, oder er würde da weitermachen, wo er gerade aufgehört hatte. Er beschimpfte sie als habgierige Schlampe und begann Horrorszenarien auszumalen, was man ihrer Familie alles antun könnte.

All das drang zunächst nur wie durch einen dicken Nebel an ihr Ohr, aber jedes einzelne Wort brannte sich in ihr Gedächtnis ein.

Sie wurde hochgerissen, und sie schubsten sie vor sich her. Als sie taumelte, weil ihr die Beine nach dem langen Sitzen den Dienst verweigerten, packten sie links und rechts starke Hände an ihren Oberarmen und zerrten sie weiter. Sie hörte, wie ein paar Türen geöffnet wurden und hinter ihnen wieder dröhnend ins Schloss fielen. Einmal ging es ein paar Stufen hinab, dann wurde sie wieder weitergeschleppt. Bizarrerweise dachte sie einen kurzen Moment daran, dass das Schleifen über den Boden die Kappen ihrer schönen Schuhe ruinieren würde und sie sich wohl neue kaufen müsste. Dann wurde sie unsanft in den Laderaum des Transporters geworfen, in dem man sie vermutlich auch schon hierhergebracht hatte. Jemand fesselte ihr die Hände auf dem Rücken zusammen.

Die Fahrt kam ihr kurz vor, und als sie sich einmal aufrappeln wollte, stieß sie sofort jemand hart in die Rippen. Sie spürte, wie sich derjenige über sie beugte, und dann hörte sie erneut die bedrohliche Flüsterstimme.

»Hunderttausend Euro, in kleinen Scheinen. Du hast fünf Tage. Sonst sehen wir uns wieder und machen weiter. Du kannst ja die Bullen fragen, ob sie dich beschützen, aber ich sag dir, die bleiben nicht für immer. Und die Summe steigt mit jedem Tag, den du wartest.«

Das war es also, was sie in Wirklichkeit wollten.

Der Mann klopfte gegen die Trennwand des Transporters. Kurz darauf hielt der Wagen an, die seitliche Schiebetür wurde geöffnet, und sie wurde brutal auf die Straße gestoßen.

Es kam ihr wie eine Ewigkeit vor, die sie hilflos am Boden lag, bis plötzlich ein Wagen neben ihr bremste und jemand sie besorgt ansprach. Es war ein Mechaniker für Aufzüge auf dem Weg in den Feierabend, der sie am Straßenrand dieses Gewerbegebietes liegen sah. Er befreite sie von der Augenbinde und dem Klebeband um ihre Handgelenke. Als er das Blut sah, rief er sofort einen Krankenwagen.

Da sie nun endlich in Sicherheit war und man sich um sie kümmerte, lief alles Weitere für sie wie in einem Film ab. Im Krankenhaus versorgte man ihre Hand und die vielen Abschürfungen. Als die Ärzte sie endlich in ihr Zimmer entließen, kam sofort dieser Kommissar und begann mit seinen Fragen.

Sie schilderte ihm ausführlich ihr Martyrium, aber als der Mann nach möglichen Verdächtigen fragte, blockte sie ab. Vorrangig war für sie jetzt erst einmal, die Entführer zufriedenzustellen und diese glauben zu lassen, dass sie ihnen angsterfüllt gehorchte. Würde sich die Polizei einmischen, riskierte sie Racheaktionen gegen ihre Familie. Außerdem war sie felsenfest davon überzeugt, dass sie den oder die Verantwortlichen schon bald selbst finden würde. Diesen Alptraum musste sie auf eigene Faust beenden, denn freiwillig würde das Gesindel niemals Ruhe geben, so viel war ihr klar. Die Hunderttausend sollten kein Problem darstellen. Vermutlich hatte sie sogar genug Bargeld zu Hause gebunkert. Wenn nicht, genügte ein Anruf bei ihrem Banker, und die fehlenden Scheine würden spätestens am nächsten Morgen abgezählt für sie bereitliegen.

Dieser Kommissar hatte sie nach einem brasilianischen Musiker gefragt. Lächerlich! Als ob sie sich mit irgendwelchen Kneipenmusikanten beschäftigen würde. Der Name sagte ihr nichts, und sie war froh, als dieser Legros endlich ging.

Der Friede währte aber nicht lange: Ihr Schwiegersohn in spe, Durand, tauchte auf und wollte sich bei ihr mit seiner geheuchelten Besorgnis einschleimen.

Ihre Tochter hatte ihr diesen Kommunalpolitiker vor einem

guten Jahr vorgestellt, aber sie hatte vom ersten Augenblick an keine hohe Meinung von ihm gehabt. Leider hörte ihre Tochter schon lange nicht mehr auf sie, und als diese eines Tages die Verlobung mit Cedric Durand zu planen begann, hatte sie dieses Problem zunächst verdrängt. Ihre Tochter war schließlich alt genug, und sie hatte schon seit Langem die Hoffnung aufgegeben, dass sie mal eine gute Partie an Land ziehen würde. Als Anwältin war sie wahrlich keine große Leuchte, und ihre professionellen und gesellschaftlichen Kontakte waren demzufolge auch nur zweite Liga.

Zumindest konnte sie die kleine Kanzlei ihrer Tochter als kostenloses Druckmittel einsetzen, wenn einer ihrer Mieter mal wieder Schwierigkeiten machte. Ein Anwaltsschreiben schüchterte die meisten Menschen gehörig ein und zwang renitente Mieter, sich selbst einen Anwalt zu nehmen, der natürlich als Erstes einen Vorschuss auf sein Honorar verlangte. Auf diese Weise hatte sich so manche Angelegenheit bereits von allein erledigt.

Als Durand aber zu erzählen begann, was sich die letzten beiden Tage ereignet hatte, und er ihr einige Fotos zeigte, ging sie buchstäblich an die Decke.

25

Fournier war von Anfang an klar gewesen, dass dieser Durand davon träumte, Nizzas nächster Bürgermeister zu werden. Es war aber auch klar, und das wusste sogar Durand, dass er sich schwertun würde, sich gegen den aktuellen Bürgermeister durchzusetzen. Monsieur le Maire war beliebt, hatte viele Beziehungen bis in die höchste Parteispitze und den Élyséepalast. Hinzu kam, dass der Bürgermeister ein beeindruckendes Bündel von Großprojekten und städtebaulichen Maßnahmen durchgeboxt hatte, die Nizza nicht nur moderner und konkurrenzfähiger machten, sondern auch in der Bevölkerung großen Zuspruch fanden – allem voran das nagelneue Fußballstadion, das Nizza als einen der Austragungsorte für die Europameisterschaft 2016 qualifiziert hatte.

Durand setzte auf die amerikanische Methode: Jeder Mensch in einer Machtposition hat – im Privatleben oder für ein Amt – zwangsläufig schon einmal Entscheidungen getroffen, die er dem Wähler besser nicht auf die Nase binden sollte. Die galt es zu finden und im richtigen Augenblick ans Tageslicht zu zerren. Frei nach dem Motto: Kannst du deinen Gegner nicht in den Schatten stellen, säge so lange an seinem Stuhlbein, bis er neben dir wie ein Zwerg erscheint!

Seine Leute beobachteten die Entourage des Bürgermeisters nun schon seit etwas mehr als einem Monat, und jeden Tag hoffte Durand aufs Neue, dass sie endlich auf ein schmutziges Puzzleteil stießen, das der strahlenden Fassade einen Makel aufdrücken würde. Sobald dann die ersten Buhrufer Gehör fanden, wäre die Bahn frei für die stückweise Demontage, gefolgt von der Präsentation einer Lösung: ein neuer Bürgermeisterkandidat – Durand!

Fournier konnte über die Naivität Durands nur abschätzig lachen. Er besaß doch überhaupt kein politisches Gewicht, um die Meinung des Wahlviehs, wie sie das gemeine Volk insgeheim betitelte, zu seinen Gunsten hinreichend zu beeindrucken. Sie hingegen wäre schon allein durch ihren Sitz im Senat eine mehr als würdige Kandidatin, um die Zukunft der heimlichen Hauptstadt des Südens zu lenken.

Aber für sie war das Bürgermeisteramt Nizzas ohnehin nur der Plan B. Die Gerüchte verdichteten sich, dass der derzeitige Bürgermeister aufgrund seiner erfolgreichen Ministerarbeit in höchsten Kreisen bereits als künftiger Präsidentschaftskandidat gehandelt wurde. Die Zeichen für einen Sieg standen gut, denn selbst eingefleischte Sozialisten bereuten bereits ihre letzte Wahl. Dass die aktuelle sozialistische Regierung im ersten Wahlgang wegen ihrer desaströsen Politik mit einer Protestwahl abgestraft wurde, war sehr wahrscheinlich. Und so würde die entscheidende Stichwahl, bei der nur noch die beiden stärksten Parteien eine Rolle spielten, schlussendlich auf ein Duell zwischen der Kandidatin der Protestwähler und dem Kandidaten der konservativen Republikaner hinauslaufen. Bei diesem zweiten Wahlgang würde man aber natürlich wieder zur Vernunft kommen, sodass sich die Mehrheit garantiert nicht für das rechtsextreme Milieu des Front National, sondern vielmehr für einen vorzeigbaren, gemäßigten Kandidaten entscheiden würde. Wenn das dann der heutige Bürgermeister Nizzas sein sollte, dann wollte sie sich bis dahin als geeignete Kandidatin für ein Ministeramt empfehlen.

Für solch weitreichende Planungen fehlte Durand ihrer Überzeugung nach ohnehin die Phantasie, und deshalb ließ sie ihn weiter vor sich hin wursteln. Wer wusste schon, ob dieser Tölpel Durand nicht doch noch ein angefaultes Korn im Leben des Bürgermeisters fand, das sie dann für den äußersten Notfall als »überzeugendes Argument« für sich selbst und ihre Ministerernennung in der Hinterhand behalten könnte?

Auf den Fotos, die Durands Leute geschossen hatten, sah man, wie ein Stadtratsmitglied eine CD übergab. Dass dieser Stadtrat ihre heimliche Informationsquelle über die Vorgänge im Büro des Bürgermeisters war, brauchte sie Durand ja nicht auf die Nase zu binden. Sie spielte die Teamplayerkarte aus und ließ ihn glauben, sie würde seine Karrierepläne unterstützen.

Sie erklärte ihm – wie einem Schuljungen –, dass wenn hier jemand offensichtlich Informationen an einen Außenstehenden weitergab, er dem auf alle Fälle auf den Grund gehen müsse. Sie betete ihm das kleine Einmaleins der Politik vor: Wenn er nicht über jedes noch so kleine Detail informiert sei, würde er schon bald von den Ereignissen eiskalt überrumpelt werden.

Kleinlaut nahm Durand ihre Anweisungen entgegen und machte sich sofort daran, sie in die Wege zu leiten.

Sie war beunruhigt. Ihr gegenüber hatte der Stadtrat immer in persönlichen Gesprächen berichtet. Was war auf der CD, und vor allem: Für wen war sie bestimmt?

Ab sofort musste sie wohl wieder die Zügel in die Hand nehmen. Durand war hier mit der Chefrolle offensichtlich überfordert. Dazu mangelte es ihm eindeutig an Autorität. Seine Leute kamen ihr allerdings als Handlanger sehr gelegen. Um den großen Plan dahinter würde sie sich aber selbst kümmern müssen, und sie hatte auch schon einige Ideen.

26

Nachdem die Gläser der zweiten Runde so gut wie geleert waren, kam auf der Galerie der Bar de la Bourse allmählich Aufbruchsstimmung auf.

Nicolas entschuldigte sich, um auf die Toilette zu gehen, und Victor schloss sich ihm an. Unten im Schankraum ging Victor aber erst zum Tresen, um diskret die Rechnung zu begleichen.

Als Victor in der Toilette wieder zu Nicolas stieß, machte er ihm einen Vorschlag. »Was hältst du denn davon, wenn wir beide uns hier noch einen Absacker gönnen, so ganz unter uns? Einfach, um ein bisschen zu quatschen. Nathalie kann doch mit deinem Wagen heimfahren, und ich spendier dir hinterher ein Taxi.«

Nicolas überlegte kurz und willigte dann neugierig ein.

Als sie wieder zu den anderen auf die Galerie kamen, nahm Nicolas Nathalie beiseite. »Chérie, Victor will mit mir noch einen letzten Drink nehmen. Ich vermute mal, das läuft auf ein Vater-Sohn-Gespräch hinaus, aber vielleicht ist das gar keine schlechte Idee. Du könntest den Wagen nehmen, und ich komme später mit dem Taxi nach Hause. Victor hat heute anscheinend die Spendierhosen an.«

Nathalie wirkte erleichtert. »Das ist eine gute Idee. Ich will euch da auf keinen Fall im Weg stehen. Weißt du was? Ich rufe mal kurz Gabriela an, ob sie zu Hause ist. Dann könnte ich zu ihr fahren und ihr Gesellschaft leisten. Und wenn ihr beide dann fertig seid, rufst du mich ganz einfach an, und ich hole dich ab. Und für Gabriela ist es bestimmt auch viel besser, nicht mutterseelenallein zu Hause zu sitzen und vor sich hin zu grübeln.«

»Einverstanden! Allerdings das mit Victor, das könnte schon ein bisschen später werden.«

»*Mamour*, wenn zwei Mädels die Köpfe zusammenstecken, dann ist eines sicher: Bevor uns der Gesprächsstoff ausgeht, hast du wahrscheinlich schon mindestens fünfmal angerufen und genölt: ›Schatz, wann können wir denn endlich nach Hause fahren? Ich bin müde!‹ Gabriela hat morgen Spätschicht und kann ausschlafen. Also mach dir um uns keine Sorgen.«

Als sie sich draußen vor der Bar alle voneinander verabschiedeten, versprach Legros, sich am nächsten Tag telefonisch zu melden und sie auf den neuesten Stand zu bringen, falls seine Gendarmen inzwischen neue Details herausgefunden hatten.

Nathalie machte sich zu Fuß auf den Weg zu Gabriela. Das war schneller, als den Wagen zu holen und vor ihrem Haus erneut einen Parkplatz zu suchen.

Nicolas und Victor beschlossen, in die Bar de la Bourse zurückzukehren und sich im Schankraum an einen der hinteren Bistrotische zu setzen. Die anderen Gäste saßen alle draußen. Wenn sich doch noch jemand in das Innere der Bar verirren sollte, wäre das mit Sicherheit kein Tourist, und so könnten sie dort in Ruhe auf Deutsch reden, ohne dass neugierige Ohren in ihrer Nachbarschaft etwas von ihrem Gespräch belauschen könnten.

Nicolas spielte nervös mit der Weinkaraffe, die bereits einen Ring von Kondenswasser auf der Marmorplatte des kleinen Tischs gebildet hatte. »Wie du dir bestimmt vorstellen kannst, würde mich brennend interessieren, was denn damals vorgefallen ist, dass sich Mutter schließlich von dir getrennt hat«, platzte es förmlich aus ihm heraus. »Sie hat dich als ruhigen und fürsorglichen Ehemann beschrieben, aber als sie mit mir schwanger war, seist du plötzlich wie ausgewechselt gewesen. Du kamst erst spätnachts nach Hause, in der Regel stark angetrunken, und am nächsten Morgen warst du die wenigen Minuten, in denen du deinen Kaffee getrunken hast, mürrisch und wortkarg, bevor du schnellstmöglich wieder zum Dienst abgeschwirrt bist.«

Victor schien peinlich berührt, er schluckte schwer. »Der Grund für meine negative Verwandlung war auf keinen Fall die Schwangerschaft. Im Gegenteil, ich hatte mich riesig gefreut, denn obwohl ich mit deiner Mutter bereits ganz offiziell verheiratet war, stellte für mich erst die Tatsache, gemeinsam ein Kind zu haben, eine richtige Familie dar.«

Nicolas nickte beipflichtend. Ihm ging es mit Nathalie genauso. Ein Kind gab einer Ehe den fundamentalen Sinn.

»Als ich dann zu einer Fortbildung nach Texas musste, konnte mich deine Mutter wegen der fortgeschrittenen Schwangerschaft nicht mehr begleiten. Fluggesellschaften, und noch viel mehr die Truppentransporter der Air Force, weigern sich aus haftungsrechtlichen Gründen strikt, hochschwangere Frauen zu befördern. Aber das war mir egal, denn bis zur Geburt wäre ich ja wieder zurück gewesen, und mit der Weiterbildung stand sehr wahrscheinlich auch eine Beförderung ins Haus, und die konnten wir als junge Familie sehr gut gebrauchen.« Victor nahm einen Schluck Wein und überlegte offenbar, wie er nun fortfahren sollte.

»Wir waren auf dem Lehrgang ein knappes Dutzend aus unserer Kaserne und hingen auch in der Freizeit zusammen ab. Der Standort lag im Nirgendwo. Wir begannen bald, uns zu langweilen. Da dauerte es nicht lange, und wir mieteten uns einen Kleinbus, mit dem wir zusammen in eine Stadt etwa eine Stunde vom Standort entfernt fuhren, um dort die Wochenenden zu verbringen. Fast immer endeten die Abende in irgendwelchen Bars bei entsprechendem Alkoholkonsum. Die meisten Jungs waren noch Junggesellen und ständig auf der Pirsch nach den Mädchen der Stadt.«

»Lass mich raten: Eines Tages hat sich eine von ihnen an dich rangehängt«, sagte Nicolas bissig.

»Ich dachte, es sei nur, weil ihre Freundinnen mit meinen Kameraden flirteten, sie sich langweilte und Gesellschaft suchte«, verteidigte sich Victor. »Wir beide quatschten also, tranken Whisky, und sie rauchte unauffällig einen Joint. Den zweiten Joint teilten wir uns – und tranken weiter. Sie stellte mir viele Fragen über das Kasernenleben, ob da auch Zivilisten arbeiten und all so was. Sie war auf Jobsuche, hat sie mir gesagt. Außerdem fände sie Soldaten sowieso sehr sexy. Wir redeten und redeten, tranken und rauchten, und als ich am nächsten Morgen aufwachte, lag sie neben mir im Bett. Nackt natürlich.«

»Na, das war ja klar!«, rief Nicolas, genervt von Victors folgenschwerem Fehltritt.

»Du kannst dir natürlich vorstellen, dass ich mich beschissen fühlte. Ich hatte zu Hause eine schwangere Frau sitzen, und es hatte nicht einmal einen Monat Lehrgang gebraucht, bis ich mit irgendeiner Tussi aus einer Bar im Bett landete.«

»Das Paradebeispiel eines Mannes, der sein Gehirn in der Hose spazieren trägt!«

»Zu allem Überfluss bekamen wir am Montagmorgen von unseren Vorgesetzten zufällig einen Vortrag über versuchte Wehrkraftzersetzung und Spionage zu hören. Am Beispiel von Frauen, die sich in Bars an Soldaten heranmachten, die unter Alkoholeinfluss unauffällig aushorchen würden und auch nicht davor zurückschreckten, mit den Männern ins Bett zu hüpfen. Scheinbar belanglose Fragen nach Dienstplänen machten erst mal nicht misstrauisch. Da würde man natürlich denken: Was soll's, das ist ja schließlich kein Geheimnis.«

Nicolas nickte zustimmend, weil er die Taktik nachvollziehen konnte.

Victor wirkte erleichtert und fuhr fort: »Später kämen dann Fragen nach den Kasernenabläufen, weil man Arbeit suche oder ähnlich harmlos klingende Erklärungen. Ich kam bei dem Vortrag ganz schön ins Schwitzen, wie du dir denken kannst.«

»Rechne jetzt nicht mit meinem Mitleid«, konterte Nicolas sarkastisch.

»Nein, ich hatte es ja auch irgendwie verdient. Der Ausbilder malte uns nämlich ein ganz anderes Bild aus. Eines, das ganz und gar nicht mehr so banal war: Was wäre, wenn irgendein Verrückter beispielsweise vorhatte, eine Bombe am Kasernentor zu zünden, und mit den scheinbar so harmlosen Fragen herausfinden wollte, wann dort am meisten Verkehr herrschte, um so viele Opfer wie möglich zu erwischen?«

»So gesehen«, meinte Nicolas, »warst du für die Frau ab dem Moment natürlich erpressbar. Die hätte anschließend immer mehr Informationen fordern können. Dann aber so richtig geheimes Zeugs. Und du Depp – entschuldige, aber anders kann man dich da nicht nennen – bist der voll ins Messer gelaufen!«

Victor zog schuldbewusst eine Grimasse. »Jetzt hatte ich nicht nur ein schlechtes Gewissen, weil ich meine Frau betrogen hatte – und wie damals so üblich ohne Kondom –, ich musste auch jeden Moment damit rechnen, als Verräter aufzufliegen.«

»Das heißt also, du hast deine Karriere und damit die finanzielle Zukunft deiner Familie in Grund und Boden gevögelt. Hast du eigentlich jemals einen Beruf erlernt, oder bist du gleich zur Army gegangen?«

»Die Army *war* mein Beruf«, sagte er bedauernd.

»Bravo! Deine Zukunft reduzierte sich also auf ein Plätzchen im Militärgefängnis mit anschließender unehrenhafter Entlassung aus der Army.«

Victor nahm einen großen Schluck Wein. »Einziger Vorteil der ganzen Affäre: Ich habe bis zum Abschluss des Lehrgangs nie wieder einen Fuß vor die Kasernentore gesetzt und die Frau nie wieder gesehen. Als ich dann wieder in München war, konnte ich deiner Mutter nicht mehr ins Gesicht sehen, deswegen ging ich abends direkt in den NCO-Club und kam erst nach Hause, wenn sie garantiert schon im Bett war.«

»Ziemlich feige, deine Taktik.«

Victor nickte schuldbewusst. »Ich wurde richtiggehend paranoid. Tagsüber rechnete ich jeden Moment mit meiner Enttarnung. Nachts hatte ich Alpträume. Ich träumte davon, dass die Frau aus der Bar – ich konnte mich nicht einmal an ihren Namen erinnern – plötzlich auf der Matte stand, ebenfalls schwanger war und nun bei uns einziehen wollte. In einem anderen Traum sah ich sie plötzlich in Uniform, weil nämlich alles ein Zuverlässigkeitstest war, den ich voll versemmelt hatte. Je mehr ich in der Bar abends soff, umso wilder wurden meine Alpträume, und am nächsten Morgen hatte ich noch mehr Schuldgefühle.«

»Ziemlicher Teufelskreis. Und wir wissen ja beide, wie es endete. Aber du musstest doch damit rechnen, dass sie dich bei dem Lebenswandel verlässt. Hast du nie überlegt, ihr alles zu beichten?«

»Tausendmal – und es in der darauffolgenden Sekunde gleich wieder auf morgen oder besser noch auf nächste Woche verschoben. Es zu gestehen wäre unwiderruflich gewesen. Es weiter hinauszuschieben ließ zumindest die kleine Chance, dass ich mich doch noch fangen würde und wieder der fürsorgliche Familienvater werden könnte.«

»Du dachtest, sie würde es als eine vorübergehende Phase

betrachten? So was wie Angst vor der Verantwortung für eine Familie oder vielleicht Ärger mit einem Vorgesetzten?«

»Irgendwas in der Art. Insgeheim ahnte ich aber, dass mir die Zeit davonlief. Als ich dann eines Tages die leere Wohnung vorfand, wusste ich, dass es zu spät war. Ich war ständig hin- und hergerissen zwischen Selbstmitleid und der Entschlossenheit, sie wieder zurückzuholen. Wenn ich betrunken war, habe ich ihr aufgelauert, wollte sie beknien, aber sobald ich wieder nüchtern war, habe ich mich geschämt, mich verkrochen –«

»Und eine neue Flasche aufgemacht?«, mutmaßte Nicolas.

Victor nickte schuldbewusst. »Im Nachhinein verstehe ich nur allzu gut, dass sie schließlich vor mir geflüchtet ist und dabei, als letzte Verzweiflungstat, sogar die Einschränkungen eines Lebens in der DDR auf sich nahm. Am Schluss blieb mir nur noch die schwache Hoffnung, dass Gras über die Angelegenheit wachsen und sie dir zuliebe irgendwann einen Neuanfang mit mir versuchen würde. Aber eigentlich habe ich selbst nicht wirklich dran geglaubt.«

»Du hast mir also für eine Nacht mit einer Barbekanntschaft meine Kindheit versaut. Jetzt verstehe ich auch, warum du es nie gewagt hast, Kontakt mit mir aufzunehmen. Ich frag dich erst gar nicht, ob sie es wert war.«

»Die Frage erübrigt sich von selbst. Aber weißt du was? Als wir kurz vor der Auflösung der McCraw-Kaserne und der Rückkehr in die Staaten standen, habe ich eines Abends mit einem Kameraden, der damals auch mit mir in Texas war, über das Wochenende gesprochen.«

»Einer deiner Sauf-und-Bums-Kumpane, vermute ich«, meinte Nicolas abschätzig.

Aber Victor schüttelte nur den Kopf und fuhr unbeirrt fort: »Als ich die Sache mit der Bar-Tussi und dem Sicherheitsvortrag am nächsten Morgen erwähnte, da erzählte er mir, dass Gerüchten zufolge einer unserer Vorgesetzten solche Tests tatsächlich arrangiert habe. Nichts Offizielles natürlich, sondern in Eigenregie und auch nicht bis hin zur Bettgeschichte, die war also eine Gratiszugabe der Dame.«

»Das ist doch nicht dein Ernst?«, fragte Nicolas verblüfft.

»Da könnte leider was dran sein. Der betreffende Vorgesetzte wollte auf diese Weise wissen, auf wen er sich in seiner Truppe verlassen konnte und wer in null Komma nichts umfiel.«

»Na, wenn das stimmt, dann hat er bei dir ja voll ins Schwarze getroffen.«

»Das würde zumindest erklären, warum ich die ganzen Jahre in München bei Beförderungen nur die absolut unumgänglichen bekam, ansonsten aber immer das Schlusslicht der Truppe blieb. Erst als ich in den Staaten mit komplett anderen Vorgesetzten zu tun hatte, lief es plötzlich.«

Nicolas setzte die Geschichte mehr zu, als er zu Beginn des Gesprächs vermutet hätte. Er wusste nicht, was ihn wütender machte: der Kommisskopf, der als Führungskraft nichts auf dem Kasten hatte und deshalb keine andere Möglichkeit sah, die Verlässlichkeit seiner Untergebenen mit perfiden Spielchen zu testen, oder sein Vater, der diesem Spielchen mit unsäglicher Naivität auf den Leim gegangen war.

»Sei mir nicht böse, aber das war gerade ein harter Brocken. Das muss ich erst mal verdauen. Ist wohl besser, wenn ich jetzt nach Hause gehe.« Nicolas wollte vor allem eins: raus aus der Bar, weg von Victor. Er stand auf und ließ Victor sitzen, ohne ihn eines weiteren Blickes zu würdigen.

Draußen atmete er ein paarmal tief durch. Dann wählte er Nathalies Nummer, um sich abholen zu lassen.

27

Diesmal hatten sie zum Glück auf eine Betäubung verzichtet. Tom war nach dem Telefonat so erleichtert darüber, dass nun alles vorbei und sein Freund Nicolas bald da sein würde, dass er, noch ganz in Gedanken vertieft, gar nicht auf seine Umgebung geachtet hatte. Deshalb bemerkte er auch nicht den einsamen Passanten, und als der hinter ihm vorbeiging, bekam Tom unvermittelt einen Sack über den Kopf gestülpt. Im selben Moment wurde er hochgehoben und rücklings in einen heranfahrenden Wagen gezerrt. Jemand riss ihm das Telefon aus der Hand, und er hörte, wie eine Schiebetür schwungvoll geschlossen wurde. Man drehte ihn grob auf den Bauch, riss seine Arme nach hinten und fesselte sie an den Handgelenken zusammen. Eine Tür fiel dumpf ins Schloss, offensichtlich vorn in der Fahrerkabine, denn daraufhin fuhr der Wagen los.

Kaum war die erste Panik vorbei, kam Tom die Idee, sich den Weg einzuprägen, die Zeit zwischen den Kurven zu zählen, auf Umgebungsgeräusche zu achten, auf Besonderheiten wie Bodenwellen. Damit würde man später vielleicht den Weg rekonstruieren können, so hatte er es zumindest in Kriminalfilmen gesehen. Aber dann wurde ihm klar, dass das ein hoffnungsloses Unterfangen war. Er wusste nicht einmal, ob und wie oft sie inzwischen schon abgebogen waren. Frustriert ergab er sich seinem Schicksal, und mit einem mehr als mulmigen Gefühl im Bauch wusste er, dass ab jetzt wohl neue Regeln galten. Es waren mit Sicherheit dieselben Männer wie vorher, und wenn sie ihn erst freigesetzt hatten und nun erneut entführten, konnte das nur heißen, dass sich in der Zwischenzeit die Umstände entscheidend geändert haben mussten. Tom hatte Angst.

28

Nicolas und Nathalie schlenderten mit dem Touristenstrom durch die engen Gassen von Valbonne und vertrieben sich die Zeit in den unzähligen Boutiquen für provenzalische Keramik aus dem benachbarten Vallauris. Legros hatte vorgeschlagen, sich in einem Café auf dem zentralen Place des Arcades zu treffen, da er sich von der hiesigen Gendarmerie neue Erkenntnisse erhoffte. Per SMS hatte er dann ihr Rendezvous kurzfristig auf Mittag verschoben, und so nutzten die beiden die Möglichkeit, die betriebsame Côte d'Azur für einen Moment auszublenden und sich ganz der beinahe schon mittelalterlichen Atmosphäre des urigen Ortskerns hinzugeben.

Hier, im Herzen der Altstadt, wo dreistöckige Bruchsteinhäuser vergangener Jahrhunderte dicht an dicht standen, war glücklicherweise nichts von dem immensen Bevölkerungszuwachs zu bemerken, den das Technologiezentrum Sophia Antipolis, zu dem Valbonne nun gehörte, in den letzten dreißig Jahren verursacht hatte und der die Bevölkerungszahl des kleinen Ortes auf das Fünffache ansteigen ließ. Die Häuser hatten wegen der gedrängten Bebauung in der Regel keine Balkone oder Terrassen, und so stellten einige Bewohner ganz einfach Tisch und Stühle in die Gassen vor ihren Häusern, um dort gut gelaunt im Familienkreis in aller Ruhe ihren Aperitif und anschließend das Mittagessen im Freien zu genießen. Nachbarn und Freunde, die gerade von ihrem Einkauf beim Bäcker oder mit der Zeitung unterm Arm zurückkamen, gesellten sich auf ein Glas dazu, und die vorbeiflanierenden Touristen beobachteten die kuriosen Szenen mit großen Augen und wohl auch ein bisschen neidisch.

Nicolas suchte nach einer ofenfesten Form für einen *tian*, eine provenzalische Spezialität, bei der dünne Scheiben regionaler Gemüsesorten geschichtet wurden, um dann mit etwas Olivenöl beträufelt und zusammen mit einigen Kräutern im Ofen gegart zu werden. Schließlich fanden sie ein hübsches Exemplar in den typisch provenzalischen Farben Kornblumenblau und Sonnengelb. Mit modernen, von Picasso inspirierten Motiven hob es sich wohltuend von der Masse der kitschigen Souvenirs ab. Zufrieden machten sie sich auf den Weg zum Place des Arcades, um dort Victor zu treffen und mit ihm im Café auf Legros zu warten.

»Entschuldigung noch mal für die kleine Verspätung«, sagte Legros, während er versuchte, mit dem dicken Strohhalm die Zitronenscheibe aus seinem Perrier zu fischen.

»Die Senatorin besitzt etwas außerhalb vom Ort mehrere Wohnungen. Da heute Samstag ist, waren fast alle Mieter zu Hause, und die Kollegen von der Gendarmerie konnten sie befragen. Das hat dann ein bisschen länger gedauert als vorgesehen. Vor allem, weil die auch einiges zu erzählen hatten.«

»Was ist mit Tom?«, fragte Nicolas ungeduldig.

»Da haben wir ein kleines administratives Problem: Nüchtern betrachtet haben wir für eine tatsächliche Entführung Ihres Freundes weder einen konkreten Augenzeugen, denn bei der Geschichte mit dem Lieferwagen kann es sich auch um eine ganz normale Transportsache gehandelt haben, noch gab es eine Lösegeldforderung oder wenigstens eine Kontaktaufnahme seitens der Entführer.«

»Und inwiefern wäre das so wichtig?«

»Der Gesetzgeber sieht eine offizielle Ermittlung nur dann vor, wenn es eindeutige Beweise dafür gibt, dass das Leben einer Person in Gefahr ist. Da bei Tom derzeit eben nichts darauf hindeutet, dürfte ich offiziell also gar nicht tätig werden. Tom ist volljährig, kann also theoretisch genauso gut einfach verreist sein, ohne dass er irgendjemandem Bescheid gegeben hat. Also konzentrieren wir uns zunächst weiterhin auf die Senatorin und hoffen, über diesen Umweg vielleicht auch etwas über Ihren Tom herauszufinden.«

»Was ist denn Ihre persönliche Meinung?«, wollte Nicolas wissen.

»Ehrlich gesagt kann ich mir Toms Verschwinden nur so erklären, dass zwischen den beiden Fällen eine Verbindung besteht, die wir bisher einfach noch nicht kennen. Ich bitte Sie deshalb«, forderte Legros, den Blick intensiv auf Nicolas gerichtet, »nochmals gründlich nachzudenken, ob Ihr Freund nicht doch irgendwann einmal etwas erwähnt hat, das im Zusammenhang mit der Senatorin stehen könnte.«

Legros machte eine kurze Pause, bevor er vorsichtig wieder ansetzte: »Ich weiß, Tom ist Ihr Freund und Sie haben eine gute Meinung von ihm, aber betrachten Sie es doch auch einmal von der anderen Seite aus: Bisher sind wir immer davon ausgegangen, dass beide, sowohl die Senatorin als auch Tom, Opfer sind. Was ich Ihnen jetzt gleich erzählen werde, lässt auch genauso gut die Option zu, dass Tom es vielleicht selbst einmal mit der Senatorin zu tun bekam und dabei den Kürzeren gezogen hat. Vielleicht wollte er sich jetzt dafür rächen, aber das Ganze geriet außer Kontrolle.«

»Also ist Tom jetzt plötzlich zu einem Verdächtigen mutiert?«, empörte sich Nicolas.

»Nein, beruhigen Sie sich.«

»Das ist wie in den Krimis, wenn der Bulle nach dem Alibi fragt: Das ist sein Job, mehr nicht«, sagte Victor beschwichtigend.

»Es könnte doch sein, dass Tom nach einem Konzert noch mit einigen seiner Musiker zusammen um die Häuser zieht. Nach ein paar Caipirinhas beginnt er zu schimpfen, wie ihn die Senatorin über den Tisch gezogen hat. Da braucht es nicht viel, bis einer aus der Runde ihn in seiner Wut bestärkt. Ein Wort gibt das andere, und es endet darin, ›der Alten einen Denkzettel zu verpassen‹.«

»Das ist doch absurd. Nicht mit Tom«, meinte Nicolas.

»Sagen Sie das nicht. Das gibt es gar nicht so selten. Leider laufen solche Aktionen bei Amateuren nur allzu leicht aus dem Ruder, und aus einem harmlosen Denkzettel wird ganz schnell eine kriminelle Tat.«

»Also verdächtigen Sie ihn doch«, sagte Nicolas.

»Sehen Sie es, wie Sie wollen. Aber wenn ich ihn für einen möglichen Verdächtigen halte, kann mir zumindest niemand ankreiden, dass ich seinetwegen Ermittlungen anstelle«, erklärte Legros mit einem Augenzwinkern.

Nicolas ließ es widerwillig dabei bewenden, denn er konnte Legros ja schließlich nicht in Victors Aktivitäten einweihen.

Legros nahm einen Schluck von seinem Wasser und sagte dann: »Also, zurück zur Senatorin. Ihrer Meinung nach können sich die Mieter mehr als glücklich schätzen, überhaupt eine ihrer Wohnungen bekommen zu haben. Die Wohnungen scheinen auf den ersten Blick, also bei der Besichtigung mit dem Makler, auch ganz in Ordnung zu sein. Erst später, sagen Mieter von ihr, tauchen Probleme auf.«

»Was für Probleme denn?«, fragte Nathalie.

»Bei einem Mieter sind im ersten Winter gleich einige der elektrischen Heizkörper durchgebrannt. Sie hat behauptet, das käme durch unsachgemäße Behandlung seitens des Mieters. Nach langem Hin und Her gab der Mieter schließlich klein bei und zahlte die Hälfte der Anschaffungskosten neuer Heizkörper, weil er und seine Frau Angst um die Gesundheit ihres Babys hatten.«

Nicolas sah Nathalie an und überlegte, wie er in so einem Fall reagiert hätte.

»Ein anderer Mieter hat mal einen Elektriker kommen lassen, weil ständig die Hauptsicherung rausflog. Der Elektriker fand heraus, dass keine einzige Steckdose über die vorgeschriebene Erdung verfügte, was bewirkt, dass bei allen leitenden Oberflächen Kriechstrom vorhanden ist. Am Nirosta-Spülbecken der Küche hat er volle siebzig Volt gemessen. Das kam über die gemeinsame Wasserzufuhr mit der nicht geerdeten Geschirrspülmaschine zustande.«

»Moment mal, geerdete Steckdosen sind doch schon seit Jahren Gesetz. Ich musste sie bei mir auch schon modernisieren, sonst hätte die Versicherung im Ernstfall keinen Cent bezahlt«, schaltete sich Nicolas ein. »Da kann der Mieter doch sofortige Mängelbeseitigung verlangen, oder?«

»Klar kann er das verlangen«, stimmte ihm Legros zu. »Hat er auch. Nur sie hat es kommentarlos ignoriert. Irgendwann hat er dann die Miete gekürzt.«

»Am Geldbeutel tut's am meisten weh«, sagte Nicolas, nicht ohne eine Portion Schadenfreude. »Hat das dann funktioniert?«

»Nicht wirklich. Zwei Wochen später bekam der Mieter Post vom Wohnungsamt. Laut Vermieterin würde er seiner Zahlungspflicht nicht nachkommen, und deshalb hätte man seine Familienbeihilfe, sprich den Mietzuschuss, bis auf Weiteres ausgesetzt.«

»Zwei Wochen? Na, das ging ja verdächtig fix«, wunderte sich Nathalie.

»Die schnelle Reaktion der Behörde ließe sich mit der Tatsache erklären, dass der Bruder der Senatorin im Conseil Régional sitzt. Dieses Gremium ist ganz zufällig für die Bewilligung und Verteilung der Finanzmittel des Departements zuständig.«

Nathalie war fassungslos. »Das sind ja glatt süditalienische Verhältnisse. Für wen hält die sich denn? Donna Corleone? Kann man solchen Leuten denn nicht gerichtlich einen Riegel vorschieben?«

»Theoretisch ja, aber die Streichung des Wohngelds kann gerechtfertigt sein, wenn die Mietminderung nicht rechtens war oder Formfehler aufwies.«

»Und irgendein Winkeladvokat findet ja immer einen passenden Paragrafen«, kommentierte Nicolas wütend.

»Was die Mängelbeseitigung angeht: Die kann der Mieter natürlich sehr wohl einfordern – wenn er über den nötigen Spargroschen verfügt, um gleich mal die Vorschussforderungen des Anwalts zu befriedigen. Denn im Gegensatz zur Senatorin, die die Kanzlei ihrer Tochter in Anspruch nimmt, muss Otto Normalverbraucher als Erstes das Scheckbuch zücken.«

»Und anschließend braucht man dann auch noch einen langen Atem«, fügte Victor an.

»Dieser Mieter hatte ihn offenbar nicht. Nach mittlerweile zwei Jahren hat er schließlich kapituliert. Er ist momentan auf Wohnungssuche. Die Fournier hat bereits zweimal, jeweils kurz vor dem Prozess, den Anwalt gewechselt. Der neue Anwalt hat dann eine Vertagung beantragt, um sich in den Fall einzulesen. Angesichts des überbordenden Gerichtskalenders stimmte der Richter jedes Mal nur allzu gern zu.«

»Aber wenn die Fournier zu einem anderen Anwalt wechselt, muss sie den doch bezahlen«, meinte Nathalie.

»Geld hat sie wie Heu, das ist ihr im Endeffekt egal. Ihr geht es wohl vor allem darum, ihren Willen durchzusetzen. In dem Moment, in dem der Mieter genervt das Handtuch wirft, hat er verloren. Er muss die einbehaltene Miete nachzahlen und auch noch die Anwaltskosten übernehmen. Und trotzdem knicken die meisten wohl früher oder später ein.«

»Warum?«, fragte Nathalie.

»Weil sie endlich Frieden haben wollen oder weil sie – nicht ganz unberechtigt – Angst vor weiteren Kosten haben, um am Schluss dann vielleicht doch noch zu verlieren. Vielleicht auch, weil der Richter sich lieber mit einer politisch einflussreichen Familie gut stellt, als einem kleinen Licht zu seinem vermeintlichen Recht zu verhelfen. Schließlich kann man jedes Argument von zwei Seiten betrachten und sich dann die Grauzone aussuchen, die einem gerade am ehesten zusagt.«

»Oder der Richter ist ganz zufällig ein ehemaliger Kommilitone ihrer Tochter. Oder sogar einer, dessen nähere Verwandten auch irgendwie in der Politik verbandelt sind – eine Krähe hackt doch der anderen kein Auge aus!«, sagte Nicolas.

»Wenn jemand dieses Beziehungsspiel gut beherrscht, und das scheint bei der Senatorin wohl der Fall zu sein, dann hast du als Normalo kaum eine Chance.« Legros nahm einen großen Schluck aus seinem Glas.

»Es lebe die blinde, unparteiische Justitia! Korrigieren Sie mich, wenn ich falschliege, aber wenn ich mich recht erinnere, sind Senatoren doch hauptsächlich mit der Verabschiedung von Gesetzen beauftragt. Da sollte man doch erwarten können, dass gerade eine Senatorin mit gutem Beispiel vorangeht und ein geradezu exemplarisches Verhalten in Sachen Gesetzestreue an den Tag legt.«

»Sprach der naive Bürger«, meinte Victor sarkastisch. »Gesetze gelten doch nur für das gemeine Fußvolk, Nicolas. Die Polit-Elite steht da doch drüber. Da geht es nicht um Anstand und Ehrlichkeit. Das Motto für ihre eigenen Belange ist: Alles ist erlaubt – außer sich erwischen zu lassen.«

»In meiner Funktion als Gesetzeshüter möchte ich an dieser Stelle lieber auf einen Kommentar verzichten«, fügte Legros spitz hinzu.

»Bevor ich mich noch mehr aufregen muss«, sagte Nicolas genervt, »fasse ich mal kurz zusammen: Die Senatorin legt sich mit jedem an, der nicht nach ihrer Pfeife tanzt. Sie setzt Geld und Beziehungen ein, um ihre Gegner zu zermürben, und wir kennen schon zwei, die berechtigterweise wütend auf sie sind.«

»Das ist nur der Halbzeitstand. Es geht noch weiter«, setzte Legros wieder an. »Mehrere Mieter beklagen sich darüber, dass Post verschwunden sei, ohne dass Manipulationsspuren an den Briefkästen zu entdecken wären. Sie verdächtigen die Vermieterin, einen Generalschlüssel zu besitzen und ab und an ihre Post zu entwenden.«

»Generalschlüssel für Briefkästen. Was es nicht so alles gibt«, murmelte Nicolas mit einem Seitenblick auf Victor in Anspielung auf dessen Aktion mit seiner Post.

»Als sie Anzeige erstatten wollten, hat ihnen der Gendarm – zu Recht – dringend davon abgeraten, wenn sie sich keine Verleumdungsklage einhandeln wollten, denn schließlich müssten sie den Besitz eines Generalschlüssels erst mal beweisen, und das dürfte ja wohl so gut wie unmöglich sein.«

»Dann hätten sie zumindest Anzeige gegen unbekannt stellen sollen, damit die Angelegenheit wenigstens aktenkundig wird«, meinte Nathalie.

»Davon wird er ihnen auch abgeraten haben – in dem Fall jedoch mehr aus Eigeninteresse, denn das ist viel Papierkram, und am Schluss kommt bei ›Anzeige gegen X‹ doch nichts raus.«

»Ja, aber stellen Sie sich vor, dass ein wichtiges Einschreiben abhandengekommen ist. Das kann für den bestohlenen Empfänger ernsthafte Konsequenzen haben, weil er vielleicht gegen einen ungerechtfertigten Vorwurf keinen Einspruch einlegen konnte – gerade und vor allem, wenn er sich bereits im Streit mit seiner Vermieterin befindet.«

»Genau, sie weiß doch am besten, wann ein Einschreiben mit ihrem Absender unterwegs ist. Sie kann dann den Benachrichtigungszettel verschwinden lassen, und die Einspruchsfrist verstreicht ungenutzt, weil der betroffene Mieter gar nichts davon weiß«, ergänzte Nicolas Nathalies Argument.

»Da stimme ich Ihnen zu«, lenkte Legros ein. »Aber die Gendarmen denken leider allzu oft auch nur an den Papierkram, der dabei an ihnen hängen bleibt. Aber ich habe anschließend in der Gendarmerie herumgefragt, und einer der Kollegen erinnerte sich glücklicherweise an die aufgebrachten Mieter. Also können wir davon ausgehen, dass der Vorfall tatsächlich stattgefunden hat. Wer auch immer letztendlich dahinterstecken mag.«

Legros blätterte kurz in seinem kleinen Notizheft herum und fand dann offensichtlich, was er suchte. »Gut, weiter im Text: Es gab offenbar auch viel Ärger mit dem Mieter eines Ladenlokals. Er hatte den Laden gemietet, weil die Fournier durchblicken ließ, dass der ebenfalls in der Einkaufsgalerie befindliche Supermarkt seine Kassen an einen anderen Ausgang verlegen müsse. Dadurch würden alle Kunden zwangsläufig direkt an den Schaufenstern des besagten Ladens vorbeilaufen, was natürlich die Attraktivität des Ladengeschäfts immens erhöhen würde. Da hat er verständlicherweise sofort unterschrieben und den Laden aufwendig renoviert.«

»Das hört sich ein bisschen zu schön an, um wahr zu sein«, meinte Nicolas skeptisch.

»Ganz genau! Der Kassenumbau kam nie zustande, und so saß er bald ziemlich einsam in einer verwaisten Ladenstraße, in der ein Händler nach dem anderen Pleite machte. Das Kassenprojekt hatte niemals existiert.«

»Wie konnte er sich so übers Ohr hauen lassen?«, fragte Nathalie.

»Die Fournier hatte behauptet, die Verlegung der Kassen an die Ladenstraße sei eine Forderung der Feuerpolizei. Das erschien ihm plausibel, da eine Evakuierung im Notfall dort viel effizienter gewesen wäre als durch den bisherigen Ausgang. Also schlug er ganz schnell zu, bevor jemand anderes von diesem Projekt erfahren und ihm den Laden wegschnappen könnte.«

»Mit einer simplen Lüge hat die Fournier also den totgesagten Laden zu einem deftigen Preis vermietet«, stellte Victor fest.

»Aber das ist doch Betrug, dagegen kann der Mieter doch vorgehen.« Nathalie konnte es kaum fassen.

»Natürlich hatte der Mieter keine schriftliche Zusage, und es gab auch keine Zeugen bezüglich des geplanten Umbaus. Er muss eine Stinkwut auf sie gehabt haben. Eines Morgens war der Laden leer geräumt und er verschwunden. Bisher haben wir seine neue Adresse noch nicht ermitteln können.«

»Das kommt davon, dass ihr die Meldepflicht abgeschafft habt«, meinte Victor lakonisch.

»Du als Ami musst ja gerade reden. Ihr habt doch noch nie eine Meldepflicht gehabt! Du weißt ganz genau, dass jeder Bürger gefunden werden kann, weil er irgendwann ein Auto anmeldet, eine Wohnung mietet oder ein Bankkonto braucht.«

»Will man aber nicht gefunden werden, kann man all das mit ein bisschen Phantasie und krimineller Energie auch umgehen.«

»Richtig, Victor. Und wer die an den Tag legt, lässt sich auch durch eine Meldepflicht nicht einschüchtern«, konterte Legros.

»Ihr werdet den über kurz oder lang schon noch finden, aber wenn ich mir diese Liste so ansehe«, resümierte Nicolas, »gehe ich davon aus, dass es sehr wahrscheinlich noch einen ganzen Berg weiterer Opfer gibt, von denen wir noch nichts wissen. Wo sollen wir denn da ansetzen? Wo ist die Verbindung zu Tom?«

»Ich für meinen Teil führe meine Ermittlungen fort, werde die Fournier nochmals besuchen und sie zu diesen Fällen befragen. Wobei ich mir aber nicht vorstellen kann, dass die Wohnungsmieter so abgebrüht sind, eine Entführung durchzuziehen. Von der Geschichte mit den Fingern mal ganz zu schweigen. Aber man weiß ja nie.«

»Ich kann mir gut vorstellen, dass dieser betrogene Ladenmieter tierisch sauer auf sie ist«, sagte Nathalie.

»Kann sein, vielleicht stehen auch noch Mietschulden im Raum. Womöglich hat die Fournier ihn ja schon suchen lassen und weiß, wo er ist. Victor, wie sieht's bei dir aus? Irgendeine Idee?«, fragte Legros.

»Ich werde mal ein bisschen die Reputation der Fournier in den Politkreisen erforschen«, meinte er einsilbig. Legros sah ihn nur prüfend an.

Nicolas spürte förmlich, dass Victor bereits einen Plan im Hinterkopf hatte.

Nachdem Legros sich verabschiedet hatte, um zur Fournier ins Krankenhaus zu fahren, bohrte Nicolas bei Victor nach. »Also sag schon, was hast du wirklich vor?«

»Jetzt am Wochenende werde ich sowieso nicht viel über Fourniers Umfeld rausfinden. Ich werde also erst mal Michel auf den Zahn fühlen. Ich denke, der hat was am Laufen, und wenn, dann kann das sehr wohl der Schlüssel zu allem sein.« Victor nahm sein Handy und stand auf. »Ihr entschuldigt mich mal kurz?«, sagte er und wanderte auf dem belebten Platz inmitten der Touristen umher, während er in das Gerät sprach.

Nicolas beobachtete ihn gespannt.

»Michel sagt, ich kann heute Nachmittag vorbeikommen«, verkündete er, als er wieder zu den beiden an den Tisch zurückkam. »Sagt mal, habt ihr schon was vor heute?«

»Nein, eigentlich nichts Bestimmtes«, antwortete Nicolas mit einem kurzen Blick auf Nathalie.

»Was haltet ihr davon, mich zu begleiten? Michels Büro ist in einem Gewerbegebiet in Mandelieu, gleich neben dem Flugplatz von Cannes. Ich vermute, den kennst du?«

Nicolas nickte und fragte dann: »Du willst mich jetzt aber hoffentlich nicht in deine Geschäfte hineinziehen, oder?«

»Nein, keine Angst. Im Gegenteil, ich will euch keinesfalls zu Michel mitnehmen, ihr müsstet also im Auto auf mich warten. Michel soll ruhig weiterhin glauben, dass ihr ihn lediglich für den Werbefuzzi haltet, der die Konzerte organisiert.«

»Und warum sollen wir dann mitkommen?«, fragte Nicolas überrascht.

Victor zögerte einen Moment und sagte dann: »Ich dachte ja nur, anstatt mir jetzt auf die Schnelle einen Mietwagen zu besorgen und während der Fahrt ein labbriges Sandwich von der Tankstelle runterzuwürgen, wäre es doch netter, zusammen mit euch in einer Brasserie eine Kleinigkeit zu essen und anschließend in aller Ruhe zu Michel zu fahren.«

»Uns beiden knurrt auch schon der Magen«, meinte Nathalie und streichelte dabei über ihren Babybauch.

»Und wir hätten dazu auch noch genug Zeit. Mandelieu ist von hier aus nur zwanzig Autominuten entfernt. Und auf dem

Rückweg kann ich euch dann alles erzählen, was ich bei Michel rausgefunden habe.«

»Hört sich vernünftig an«, stimmte Nicolas zu. »Lasst uns doch gleich da gegenüber in der Auberge Provençale essen, da kenne ich den Koch. Der bekommt immer tagesfrische Fische, die er dann grillt oder nur ganz kurz im Ofen gart. Und dazu dann eine provenzalische Soße aus Oliven, gesalzenen Sardellen und Paprikas aus eigenem Anbau, da kniest du nieder!«

»Volltreffer!«, meinte Nathalie lachend. Als Nicolas sie verwundert ansah, erklärte sie: »Selbst Victor hat schon mitbekommen, dass man dich mit der Aussicht auf ein gutes Essen zu wirklich allem überreden kann.«

Kaum auf der Terrasse der Brasserie angekommen, verschwand Nicolas kurz in Richtung Küche, um den Koch zu begrüßen und mit ihm ein paar Worte zu wechseln. Victor und Nathalie ließen sich derweil an einem der Tische unter den riesigen quadratischen Sonnenschirmen nieder. Während Victor dem Treiben auf dem Platz zusah, beobachtete Nathalie verstohlen den Großvater ihres kommenden Babys.

29

Für die Fahrt nach Mandelieu hatte Nathalie es sich auf der Rückbank des Coupés bequem gemacht und Victor den Beifahrersitz überlassen. So müsste sie später nicht wieder aussteigen, um Victor rauszulassen. Sie nahm die komplette Bank in Beschlag, indem sie die Beine hochlegte, und während sie träge dem Gespräch der beiden Männer zuhörte, übermannte sie die Müdigkeit nach diesem üppigen Mittagessen.

Als sie kurze Zeit später wieder die Augen aufschlug, war Victor verschwunden, und der Wagen parkte im Schatten einer großen Platane. Nicolas saß immer noch am Steuer, reagierte aber nicht. Nathalie nahm ganz leise Musik wahr und sah dann, dass Nicolas die Ohrstöpsel an sein Smartphone angeschlossen hatte und wohl Gitarrenmusik hörte. Sie wollte ihn nicht stören, schloss wieder die Augen und schlief weiter.

Kurze Zeit später kam Victor zurück. »Komm, lass uns erst mal losfahren«, wies er Nicolas an, »Michel wird für heute wohl bald Schluss machen, und wenn er euch hier mit mir zusammen sieht, dann kann er sich ausmalen, dass ihr eingeweiht seid.«

Erst als Nicolas den Wagen auf die Hauptverkehrsstraße lenkte und Michels Büro außer Sichtweite war, entspannte Victor sich und begann zu erzählen.

»Michel sagte dir ja schon neulich am Telefon, dass er mit Tom die letzten Wochen keinen Kontakt hatte, weil zurzeit keine Auftritte anstehen. Das müssen wir jetzt mal so glauben, ist andererseits aber auch nachvollziehbar. Deswegen habe ich mal wegen diesem Julien nachgehakt. Michel hatte Julien als Kontaktmann zu Tom installiert, und das war leider keine sehr gute Idee.«

»Inwiefern? Mir erschien der eigentlich eher harmlos«, wandte Nicolas ein.

»Mag schon sein, und mit Sicherheit hat Michel ihn vorher genau überprüft. Das Problem liegt auch nicht in der Person Juliens, sondern in seiner Funktion. Meine Maxime war immer: so wenig persönlicher Kontakt wie möglich zwischen den einzelnen Beteiligten. Fliegt ein Glied der Kette auf, führt jeder nachvollziehbare Kontakt zwangsläufig zu anderen Gliedern der Kette. Ohne offensichtliche Kontakte verläuft die Spur hingegen im Sand.«

»Und was ist Juliens Aufgabe in dieser Kette?«

»Julien ist der direkte Kurier zwischen Michel und Tom, und genau da liegt das Problem. Um das zu verstehen, muss man den Ablauf kennen«, erläuterte Victor, als er Nicolas' fragenden Blick bemerkte.

»Da wir es bei unseren Informanten in der Regel mit Laien zu tun haben, muss das Prozedere so einfach wie möglich sein. Denn die haben weder die Ausbildung noch die Nerven für einen Job à la James Bond. Wenn also jemand eine Information oder Daten für uns hat, dann ruft derjenige ganz einfach einen Lieferservice an und bestellt sich für Mittag eine Pizza oder was vom Chinesen ins Büro.«

»Ihr kocht und betreibt einen eigenen Lieferservice?«, fragte Nicolas ungläubig.

»Quatsch. Wir schicken nur unseren Fahrer mit einem Motorroller los, der besorgt das gewünschte Mittagessen bei irgendeinem Take-away und liefert es auftragsgemäß. Selbstverständlich in der passenden Verkleidung. Lieferfahrer sind um die Mittagszeit in Bürogebäuden gang und gäbe, und kein Mensch verschwendet auch nur einen zweiten Blick an sie.«

»Okay, aber so ein Pizzalieferant bleibt in der Regel nur ein paar Minuten vor Ort, das muss dann ja alles ganz fix gehen«, sagte Nicolas.

»Die Info ist zu diesem Zeitpunkt bereits auf einer Speicherkarte oder einem USB-Stick, und der Informant wickelt sie unauffällig in den Geldschein ein, mit dem er sein Essen bezahlt. Handelt es sich ausnahmsweise mal um größere Sachen, kann man die bei der Pizzaübergabe unauffällig in die Isotasche gleiten lassen.«

»Stimmt. In den Dingern ist ja mehr als genug Platz.«

»Mit unserer Essenslieferung kann man sogar ganz einfach die internen Kontrollen umgehen. Der Mitarbeiter selbst kann ja nichts herausschmuggeln, weil er riskiert, am Ausgang überprüft zu werden. Außerdem zittern Anfänger bei so einer Aktion meist vor Nervosität und schwitzen wie verrückt.«

»Aber der Pizzamann wird so einfach reingelassen?«

»Natürlich nicht! Er bleibt am Wachposten hängen. Also ruft der Wachmann den Mitarbeiter an, denn das Essen soll ja nicht kalt werden, und der Lieferant will bezahlt werden. Der Mitarbeiter kommt runter, nimmt die Lieferung am Wachhäuschen in Empfang und zahlt. Da er das Betriebsgelände nicht verlassen und der Lieferant es nicht betreten hat, gibt es keinen Grund für eine Personenkontrolle.«

»Außer ihr geratet an einen sehr misstrauischen Wachmann«, gab Nicolas zu bedenken.

»Wir veranstalten im Vorfeld zwei bis drei Probeläufe. Also reine Essenslieferungen, damit sich der Wachmann an den Lieferanten gewöhnt und nachlässig wird. Die meisten Wachmänner geben sich beim Erstkontakt übertrieben seriös und machen einen auf oberwichtig, aber sobald sie unseren Lieferanten mehrmals gesehen haben, stellt sich schnell eine Routine ein. Man redet sich mit Vornamen an, plaudert oder macht einen Witz – man kennt sich halt.«

»Hab ich selbst schon oft erlebt. Wenn ich vor einem Restaurant warte, bis meine Kunden ihr Diner beendet haben, dann dauert es meist nicht lang, bis mich einer der Angestellten in ein Gespräch verwickelt.«

»Und wenn du eine Woche später zufällig wieder zu diesem Restaurant kommst, dann begrüßt dich dieser Angestellte wahrscheinlich bereits wie einen alten Bekannten, stimmt's?«

»Stimmt.«

»Dachte ich mir. Das funktioniert immer«, meinte Victor offensichtlich zufrieden, dass seine Taktik hier noch mal bestätigt wurde. »Gut, das wäre dann der erste Teil der Übung gewesen: kein offensichtlicher Kontakt zwischen uns und dem Informanten. Selbst für den Fall, dass jemand einen Verdacht hegt und die Firma observiert, dann sucht er erfahrungsgemäß nach Angestellten, die sich in der Mittagspause oder nach Büroschluss heimlich mit Außenstehenden treffen.«

»Ein Pizzafahrer würde vermutlich nicht einmal im Bericht erwähnt werden.« Nicolas konnte das nur bestätigen. Niemand achtete auf Dienstpersonal wie Lieferanten oder, wie in seinem Job, auf Chauffeure.

»Und sollte anschließend trotzdem jemand – aus welchem Grund auch immer – den Pizzaboten routinemäßig beschatten, dann würde er einfach nur eine weitere Essenslieferung vermuten, wenn dieser Bote kurz darauf mit seiner Isotasche in unser Büro – eine harmlose Werbeagentur – marschiert.«

»Verstehe: die Spur, die im Sand verläuft. Prima Tarnung.«

»Danke, die Idee kam mir, als ich selbst einmal eine Verdächtige beschattete, der jemand zufällig Blumen schickte. Den Blumenjungen hatte ich auch nicht notiert. Erst als der jeden Tag auftauchte, kam mir das komisch vor. Wenn eine Frau täglich Blumen bekommt, geht das schließlich ganz schön ins Geld.«

»Und? Was hat der Bote tatsächlich geliefert?«, wollte Nicolas neugierig wissen.

»Nur die Blumen!«, sagte Victor lachend. »Von einem schwer verliebten Verehrer, von dem sie aber gar nichts wissen wollte, und später stellte sich auch noch heraus, dass sie mit der Sache eh nichts zu tun hatte.«

»Dumm gelaufen.«

»Aber da sagte ich mir, mit etwas noch Banalerem – zum Beispiel Pizzas – würde das noch besser funktionieren. Und aus dem Grund machen wir das gleiche Spielchen sogar auch mit dem Empfänger, wenn wir die Info einfach nur an jemanden weitergeben müssen. Denn kein Wachmann hebt eine Pizza hoch oder stochert in einem Nasigoreng herum.«

»Und wie ist es bei Tom gelaufen?«

»Im Fall von Tom war es anders, weil der ja nichts davon mitbekommen sollte. Michel musste also den Briefkasten bestücken, ohne dass dessen Besitzer Tom etwas davon mitbekam. Zu diesem Zweck hat er Tom kostenlos einen Servicetechniker – nämlich Julien – zur Verfügung gestellt. Er erzählte ihm, es handele sich um einen Praktikanten, der auf diese Weise Berufserfahrung sammeln wollte, was ja irgendwie auch stimmte.«

»Ihr biegt euch die Wahrheit ja ganz schön zurecht.«

»Wie man es nimmt. Tom war bestimmt ein bisschen gebauchpinselt, dass man ihn als Künstler so wertschätzte, dass man ihm einen Servicetechniker spendierte, der für ihn das Material wartete und sich auch noch um die lästige Vorbereitungsarbeit kümmerte. Julien bekam somit ganz offiziell einen Schlüssel für den Lagerraum, kümmerte sich fortan um das Equipment und konnte so in aller Ruhe auch den ›Briefkasten‹ füttern.«

»Hört sich eigentlich nach einer Win-win-Situation an«, meinte Nicolas achselzuckend.

»Im ersten Moment schon. Aber Julien hatte direkten Kontakt zu Michel und zu Tom. Einem eventuellen Beobachter würde das irgendwann auffallen, und dann fliegt unweigerlich die ganze Kette auf.«

»Und wie hattest du damals die Kontaktfrage gelöst?«, wollte Nicolas wissen.

»Ganz einfach: Ich habe es selbst gemacht, aber ohne direkten Kontakt zu Tom. Wenn mir jemand auf dem Weg zu der Lagerhalle nachgeschnüffelt hätte, hätte er allerhöchstens erfahren, dass ich dort einen kleinen Lagerraum angemietet hatte – also nicht der geringste Hinweis auf meine Verbindung zu Tom. Und als offizieller Mieter kam ich dort auch ganz legal am Verwalter vorbei. Einmal drinnen, konnte ich dann problemlos in Toms Abteil.«

»Mit einem Nachschlüssel?«

Victor schüttelte energisch den Kopf. »Zu gefährlich! Stell dir vor, wenn dich zufällig jemand beim Rauskommen aus einem fremden Abteil ertappt. Nein, viel einfacher: Der Lagerservice war ursprünglich mal eine einfache Lagerhalle. Die Abtrennung in die einzelnen Abteile hat man dann bei der Umwandlung nachträglich mit Gasbetonsteinen gemacht. Die Decke der Lagerabteile ist einfach eine abgehängte Kassettendecke. Also habe ich in meinem Abteil Holzkisten eingelagert, über die ich wie auf einer Treppe zur Decke hochsteigen konnte.«

»Verstehe. Von da oben aus hattest du dann beliebigen Zugang zu anderen Abteilen.«

»Genau. Die Kassettenelemente der Decke sind ja nur auf die Trägerschienen aufgelegt, die kann man also mit einer Hand ganz easy beiseiteschieben, durchschlüpfen und dann auf den Trennmauern bis zu Toms Abteil laufen. Die Lagerhalle ist hoch genug, dass man dort oben bequem aufrecht gehen kann, und die Trennmauern sind so breit, dass man dafür wirklich kein Akrobat sein muss. Bei Toms Raum ging es dann auch per Leiter, die ich oben gelagert hatte, wieder runter: ein Kinderspiel, und ganz ohne Spuren zu hinterlassen.«

»Hattest du nicht Angst, dass er dich eines Tages mal überraschen könnte?«

»Ich war meist morgens dort, wenn Tom noch in den Federn lag. Außerdem habe ich zur Sicherheit immer ein Stück Draht von innen ins Schloss gesteckt. Wollte jemand von außen aufsperren, war das Schloss blockiert, und während derjenige den Verwalter holte, hätte ich schnell meine Spuren beseitigen, den Draht rausziehen und wieder durch die Decke verschwinden können.«

»Und warum hat Michel das dann geändert?«

»Keine Ahnung, vielleicht war er sich zu fein, um über den Dachboden zu balancieren. Oder er hat zu wenig Ahnung von Toms Equipment, um es effektiv für unsere Zwecke zu nutzen. Auf alle Fälle hat er mit Julien eine Spur geschaffen, und wer weiß, wofür Julien sonst noch eingesetzt wurde. Vielleicht gibt es da eine Verbindung zur Senatorin.«

»Fragt sich nur, was der Auslöser war, der überhaupt erst zur Nachverfolgung dieser Spur führte«, meinte Nicolas nachdenklich.

Er reihte sich auf der rechten Spur hinter den Lastwagen ein, da sie sich mittlerweile der Autobahnausfahrt von La Turbie näherten, die nur wenige Minuten von ihrem Haus entfernt lag.

Über Victors Erzählungen hatte Nicolas ganz vergessen, ihn nach dessen Plänen zu fragen, und war ganz automatisch davon ausgegangen, dass sie zu ihnen nach Hause fuhren, um dort das weitere Vorgehen zu besprechen. Aber Victor schien ohnehin keine Einwände zu haben, und so berichtete Nicolas ihm von seinen Bedenken bezüglich Michel.

»Du hast zwar euer Verteilernetz ursprünglich selbst installiert, aber dein Nachfolger hat ja nun mit Julien bereits einen neuen Mann ins Spiel gebracht. Vielleicht nur aus Faulheit, wie du sagst, und wenn Michel generell ein bisschen faul ist, könnte das auch gleichzeitig eine Erklärung für das Nachlassen der Aktivitäten sein.«

»Möglich, aber ich glaube, da steckt mehr dahinter«, meinte Victor.

»Da du nicht ausschließt, dass Michel auf eigene Rechnung arbeitet, ist Julien vielleicht nicht der einzige neue Mitarbeiter. Glaubst du, dass du dann überhaupt noch Anschluss findest beziehungsweise Einblick bekommst? Wenn er quasi eine ›geheime Abteilung innerhalb einer Geheimdienstoperation‹ eingerichtet hat, dann wird es ja wohl nirgends auch nur den geringsten Hinweis auf sie geben.«

»Genau das habe ich mich auch schon gefragt – du denkst ja schon wie einer von uns«, freute sich Victor. »Also müssen wir als Erstes herausfinden, inwieweit Julien involviert ist. Ist er nur der aus Bequemlichkeit installierte Kurier, der etwas von Michel übergeben bekommt, es transportiert und dann in Toms Equipment versteckt? Dann wäre er zwar ein weiterer Mitwisser, der aber keine Ahnung hat, wo die Sachen herkommen und wer der endgültige Empfänger sein wird. Vielleicht weiß er noch nicht mal, was er da befördert.«

»Zusätzlicher Mitwisser heißt vor allem auch zusätzliches Risiko. Aber was, wenn er noch mehr macht als nur den Transport zwischen Michel und Tom?«

»Der Worst Case: ein Mitarbeiter, der die Ware oder Info selbst bei der Quelle abholt und sie anschließend zum toten Briefkasten bringt?«

»Warum sollte er das tun? Für das Abholen hat er doch die Pizzajungs.«

»Schon, aber unsere Pizzaboten habe *ich* damals ausgesucht und verpflichtet. Sie sind also ganz offizielle Mitarbeiter und haben vielleicht auch mal zufällig Kontakt zu ›Big Mama‹, dem Hauptquartier in den Staaten. So, und jetzt stell dir vor, bei einem Briefing erzählt so ein Mitarbeiter von einer Quelle, von der ›Big Mama‹ noch nie etwas gehört hat –«

»Weil es eine Quelle ist, die Michel für seine Privatgeschäfte nutzt!«, begann Nicolas zu begreifen.

Victor nickte nur und fuhr fort: »Oder es kommt dabei raus, dass der Pizzabote Infos oder Waren bei einer unserer langjährigen Quellen abgeholt hat, diese aber niemals bei ›Big Mama‹ ankamen.«

»Weil Michel sie an jemand anderen verkauft hat. Verstehe. Das kann er nicht riskieren. Also darf er für seine privaten Nebengeschäfte kein einziges Glied der bisherigen Kette einsetzen.«

»Niemanden außer Tom«, widersprach Victor, »denn da Tom nichts von seiner Rolle als Muli weiß, findet niemals ein Kontakt zwischen ihm und ›Big Mama‹ statt. Ergo: kein Risiko für Michel.«

»Julien hingegen wurde von Michel angeheuert. Den hat er ›Big Mama‹ aber bestimmt verschwiegen, also konnte er ihn weiterhin einsetzen.«

»Zumindest bis vor Kurzem, denn schließlich konnte er ja nicht ahnen, dass ich plötzlich wieder in Nizza auftauche und es dann auch noch gleich mit Julien zu tun bekomme.«

»Okay, so weit kann ich das nachvollziehen. Aber wäre Michel wirklich so dumm, Julien so viel Einblick zu gewähren? Wenn Julien sowohl die Quellen als auch den Transportweg kennt, dann kann es doch genauso gut sein, dass Julien das Potenzial deines Netzes erkannt hat und derjenige ist, der auf eigene Rechnung arbeitet«, überlegte Nicolas laut.

»Dann bräuchte er nur noch die Endkunden«, führte Victor den Gedanken weiter.

»Julien hat mir erzählt, dass er für jedes Konzert das Roadbook per Mail bekommt. Da steht, neben der Besetzung und dem benötigten Equipment, auch der Veranstaltungsort drin. Eigentlich bräuchte er bloß heimlich zum Konzert zu fahren und beobachten, wer die Ware – die er ja selbst versteckt hat – an sich nimmt, und demjenigen dann zum Kunden folgen.«

»Wäre eine Möglichkeit. Fragt sich nur, ob Julien das alles auch draufhat und von potenziellen Kunden ernst genommen wird. Er ist ja schließlich noch ein bisschen grün hinter den Ohren.«

30

Während Nicolas darauf wartete, dass sein elektrisches Tor endlich die Durchfahrt freigab, wedelte er ungeduldig mit der Hand. »Wir können im Prinzip noch stundenlang diskutieren, ob und wie weit Julien nun involviert ist. Im Endeffekt ist das aber eher dein Problem, Victor, nämlich in Bezug auf die mangelnde Effizienz eurer Agentur.«

»Immerhin bin ich deswegen auch wieder nach Nizza geschickt worden, wenn ich dich daran erinnern darf«, wandte Victor ein.

»Mich interessiert aber in erster Linie Toms Entführung, und ich denke, dass wir uns direkt an die Senatorin hängen sollten, denn da sehe ich wenigstens den Ansatz einer Spur. Selbst Legros glaubt, dass ein Zusammenhang besteht. Und wenn Julien da mit drinhängt, stoßen wir ohnehin wieder automatisch auf ihn.«

»Wahrscheinlich hast du recht. Aber was willst du unternehmen, was Franck nicht schon macht? Außerdem wird er gar nicht erfreut sein, wenn sich Amateure einmischen und Polizei spielen wollen.«

»Ein kleines bisschen Erfahrung haben wir auch anzubieten, und damit meine ich nicht nur meine berufliche Vergangenheit als Versicherungsdetektivin«, meldete sich Nathalie – nun wieder wach – von der Rückbank.

»Oh, das Murmeltier kommt aus seinem Bau gekrochen«, neckte Nicolas sie liebevoll.

Nathalie boxte ihn leicht in die Seite. »Es wäre doch beispielsweise interessant zu wissen, was die Senatorin als Erstes macht, wenn sie aus dem Krankenhaus entlassen wird. Wenn sie da tatsächlich ihre Finger mit drinhat …« Nathalie stockte kurz und fuhr dann entschuldigend fort: »Ups, das war jetzt gemein … ich kann mir nicht vorstellen, dass sie einfach nach Hause fährt und sich ausruht. Sie wird etwas unternehmen, Mittelsmänner oder Handlanger kontaktieren, Gott und die Welt mobilisieren. Keine Ahnung, was, aber sie wird was tun.«

»Und da sollten wir dabei sein«, beendete Nicolas ihren Gedankengang.

»Ich verstehe, was ihr meint. Aber seid mir nicht böse: Für eine gute Beschattung habt ihr weder die nötige Erfahrung noch die Mittel. Franck würde dafür mehrere Polizisten einsetzen, die sich abwechseln, um nicht aufzufallen. Aber um das zu rechtfertigen, bräuchte er erst einmal einen hinreichenden Verdacht und nicht nur eine vage Hypothese.«

»Und wenn Legros sie inoffiziell beschatten würde? Also ohne gleich seinen Boss um eine Genehmigung zu bitten? Legros macht mir nicht den Eindruck, ein Paragrafenreiter zu sein, der mit der Dienstvorschrift ins Bett geht«, meinte Nathalie.

»Das bestimmt nicht, aber vergesst nicht, dass die Fournier überall ihre Beziehungen hat. Wenn sie herausbekommt, dass Franck sie beobachten lässt, setzt sie wahrscheinlich Himmel und Hölle in Bewegung, um ihn in Letztere zu befördern. Und auf diese Art Beförderung kann Franck mit Sicherheit verzichten, noch dazu, wo er in nicht allzu ferner Zukunft in Rente geht.«

»Eine klassische Bewachung ist langwierig und das Ergebnis meist unbefriedigend. Ein bisschen wie ein altbackener Schwarz-Weiß-Film«, wandte Nicolas ein und suchte Nathalies Blickkontakt im Rückspiegel, bevor er grinsend sagte: »Wir gehen da in solchen Fällen gern mal ein bisschen auf Tuchfühlung: 3D-Kino mit Dolby Surround sozusagen.«

Nicolas genoss Victors ratloses Gesicht, stieg dann ohne weitere Erklärung aus dem Wagen und klappte seine Lehne nach vorn, um Nathalie aus dem Fond zu helfen.

»Chérie, würdest du unserem Gast erklären, wie wir in unserer Familie Beschattungen durchführen?«, meinte Nicolas theatralisch mit einem übertriebenen Augenzwinkern. Er spielte dabei auf eine von ihnen selbst inszenierte Aktion an, bei der sie alle Beteiligten von der ersten Minute an manipuliert hatten.

31

»Entschuldigen Sie nochmals, Commissaire, dass wir Ihnen nicht mal Ihr Wochenende lassen«, begrüßte Nicolas Legros, als er ihn ins Wohnzimmer bat.

Legros winkte nur ab. »Kein Problem. Wenn es dazu dient, Tom zu befreien, hat das natürlich Vorrang. Abgesehen davon wäre ich heute sowieso noch mal ins Kommissariat gefahren, um meine Jungs zu koordinieren.«

»Danke, dass du dich so engagierst, Franck«, übernahm Victor das Gespräch. »Dann also gleich mal zu unserem Plan: Ich hatte dir ja schon am Telefon gesagt, dass Nathalie und Nicolas auch deiner Theorie folgen und an einen Zusammenhang der beiden Entführungen glauben. Von dir wissen wir, dass die Senatorin merkwürdig verschlossen war, als du die Sprache auf mögliche Verdächtige gebracht hast.

Legros nickte zustimmend. »Die weiß bestimmt mehr, als sie zugibt. Also, was habt ihr vor?«

»Wir sind davon überzeugt, dass die Fournier bei der Entlassung aus dem Krankenhaus – und das wird ja wohl Montagvormittag der Fall sein – sofort aktiv werden wird.«

Victor warf Legros einen verstohlenen Blick zu. »Du bräuchtest sie eigentlich nur noch einmal dezent auf diesen möglichen Zusammenhang mit ihrer eigenen Entführung hinzuweisen – nur um sicher zu sein, dass sie auch wirklich anbeißt – und dann bei der Entlassung ein paar Leute auf sie anzusetzen. Kann gut sein, dass sie uns geradewegs zu den Drahtziehern oder mit etwas Glück sogar direkt zu Tom führt.«

Legros starrte Victor ungläubig an. »Das ist das Dümmste, was ich seit Langem gehört habe! Du verlangst von mir, dass ich ein Opfer so manipuliere, dass es unter Umständen zu Selbstjustiz oder gar zur Begehung einer Straftat verleitet wird?«

Victor sah Legros nur ruhig an, fast so, als hätte er schon von vornherein mit einem Rüffel gerechnet.

Legros redete sich in Rage. »Und ganz abgesehen davon vergisst du anscheinend, dass wir es hier nicht mit Lieschen Müller zu tun haben, sondern mit einer herrschsüchtigen Gewitterziege, die Gott und die Welt kennt. Wenn ich ohne hieb- und stichfeste Beweise eigenmächtig meine halbe Abteilung für ihre Beschattung einsetze und sie das mitbekommt, lässt mich der Präfekt in Zukunft nicht mal mehr Strafzettel schreiben.«

»Okay, ich hab mir schon gedacht, dass dir das nicht gefallen würde. Aber du musst zugeben, dass es verlockend wäre zu wissen, was sie machen wird, oder?«

Legros verdrehte die Augen. »Klar. Nur habe *ich* auch gewisse Vorschriften zu beachten!«

»Es gäbe dann ja noch die technische Methode«, schlug Victor vorsichtig vor. »Man installiert eine kleine App auf ihrem Handy, und jedes Gespräch würde automatisch aufgezeichnet werden. Die Aufnahme wird im Anschluss dann heimlich an eine von uns gewählte E-Mail-Adresse gesendet. Wir könnten damit quasi live zuhören, und wenn das Handy auch GPS aktiviert hat, sogar mitverfolgen, wohin sie gera–«

»Victor!«, explodierte Legros. »Ich will erst gar nicht wissen, was du heute geraucht hast, dass du es wagst, mir einen hirnverbrannten Vorschlag nach dem anderen zu machen. Ich hoffe, du hast auch noch etwas Konstruktives in petto, wenn du mir schon das Wochenende vermasselst.«

»Er hat nur laut nachgedacht. Die Amis sind bei der Wahl ihrer Mittel bekanntermaßen weniger zimperlich als wir Europäer. Vergessen wir es einfach. Aber mal was anderes: Kann die Fournier mit ihrer verletzten Hand jetzt überhaupt schon wieder Auto fahren?«, fragte Nicolas.

Legros schüttelte den Kopf. »Ich glaube, die hat nicht mal einen Führerschein. Sie fährt manchmal Taxi, wie zum Beispiel an dem Tag, als sie entführt wurde. Aber meistens lässt sie sich von einem Fahrer rumkutschieren. Bei den Kostenpauschalen, die sich die Politiker selbst spendieren, ist das auch locker drin.«

»Und könnten Sie diesen Fahrer vielleicht für zwei oder drei Tage aus dem Verkehr ziehen – ganz legal natürlich?«

»Möglich«, meinte Legros vorsichtig. »Ich höre?«

»Nun, Sie wissen ja, dass wir einen Chauffeurdienst betreiben. Da könnte ich natürlich mit einem Wagen samt Chauffeur aushelfen – in diesem Fall fährt sogar der Chef höchstpersönlich. Sollte mir im Rahmen meiner Chauffeurtätigkeit etwas Ungewöhnliches auffallen, würde ich selbstverständlich meiner Pflicht als aufrechter Bürger nachkommen und diesen Vorfall vorsichtshalber den zuständigen Behörden melden.«

Legros musterte Nicolas kurz prüfend und meinte dann nachdenklich: »Mir fällt gerade ein, dass wir Fourniers Chauffeur noch gar nicht ausführlich nach seinem Alibi für die Zeit der Entführung gefragt haben und wieso er sie ausgerechnet an diesem Tag nicht gefahren hat. Eine gründliche Überprüfung kann schon mal zwei Tage dauern. Da wäre es natürlich schön, wenn ich der Senatorin zwischenzeitlich einen Ersatz stellen könnte, damit sie ihren wichtigen Terminen ungehindert nachgehen kann.«

»Und du meinst, du kannst ihr das verkaufen, ohne dass sie Verdacht schöpft?«, fragte Victor.

Legros konnte sich ein süffisantes Schmunzeln nicht ganz verkneifen. »Weißt du: Bei einer so wichtigen Persönlichkeit dürfen wir natürlich nicht auch nur das geringste Risiko eingehen. Nur mal angenommen, dass ihr Chauffeur mit den Entführern gemeinsame Sache gemacht hat und ihr jetzt noch mal was passiert, nur weil wir ihn nicht gründlichst überprüft haben, dann könnte ich mir das nie verzeihen … Oh Mann, das wird eine Schleimspur, die sieht man noch aus dem Weltall. Wenn das klappt, dann schuldest du mir was, Victor.«

»Und wie wollen Sie mich ins Spiel bringen?«, wollte Nicolas wissen.

»Ich werde ihr als Chauffeurersatz jemanden schicken, der sich sonst immer um unsere Top-VIP-Staatsgäste kümmert, wenn sie an der Côte sind. Das stimmt doch sogar, oder? Sie haben doch oft hochkarätige Kunden aus den arabischen Staaten?«

Nicolas nickte nur zustimmend.

»Nein, nein, Madame – ich bestehe darauf. Das ist doch das Mindeste, was Frankreich für Sie tun kann, und machen Sie sich keine Gedanken wegen der Kosten, der Geschäftsführer schuldet uns noch einen Gefallen. – Glaubt mir, die werde ich so hofieren, dass sie noch in einem Monat grinst wie ein Honigkuchenpferd.«

»Blasen Sie Fourniers Ego ruhig gehörig auf. Umso selbstgefälliger und unvorsichtiger wird sie dann agieren«, bestärkte ihn Nicolas.

»Und sie muss vor allem überzeugt sein, dass es sich bei dem Fahrer, also bei Ihnen, um einen simplen Chauffeur handelt, um einen Zivilisten und nicht etwa um einen Polizisten. Nur so können wir sichergehen, dass sie sich ungehindert bewegt und nichts vor Ihnen geheim hält.«

Nachdem Legros gegangen war, wandte Nicolas sich verwundert an Victor: »Ich habe nicht ganz verstanden, warum du ihm die Sache mit der Beschattung vorgeschlagen hattest, obwohl du doch selbst gesagt hast, er würde das niemals rechtfertigen können.«

»Aus dem gleichen Grund, warum ich ihm das illegale Abhören vorgeschlagen habe. Ich wusste, er würde buchstäblich an die Decke gehen, wenn ich etwas absolut Illegales vorschlagen würde.«

»Und warum bringst du ihn dann absichtlich auf die Palme?«, wunderte sich Nicolas.

»Kleiner Verkaufstrick: Wenn wir ihm anschließend eine halbwegs legale Lösung präsentieren, überprüft er nur noch, ob die juristisch akzeptabel ist. Die Frage, ob man die Fournier überhaupt überwachen sollte, die hat er nämlich zu dem Zeitpunkt unterbewusst schon als Fakt abgehakt. Zwei Schritte vorwärts und dann wieder einen zurück bedeutet im Endergebnis immer noch: einen Schritt nach vorn.«

32

»Treten Sie ein«, antwortete eine befehlsgewohnte Stimme auf Nicolas' Klopfen.

»Erlauben Sie mir, dass ich mich vorstelle, Frau Senatorin. Mein Name ist Nicolas. Man hat Sie sicherlich schon informiert, dass ich Ihnen die kommenden Tage zur Verfügung stehe.«

»Ja, ja, schon gut. Nehmen Sie meine Tasche, und dann möchte ich umgehend weg. Diese Bürokraten hier haben mich schon fast den gesamten Vormittag gekostet«, keifte Fournier herrisch und genervt, worauf Nicolas nur verständnisvoll lächelte.

Sein Lächeln bezog sich allerdings vielmehr darauf, dass die Taktik von Legros erfolgreich war. Dieser hatte den diensthabenden Arzt gestern Abend, als erste Maßnahme ihres Plans, in einer vertraulichen Unterredung darum gebeten, die Senatorin bewusst über den genauen Zeitpunkt ihrer Entlassung im Unklaren zu lassen und auch die Abschlussvisite etwas zu verzögern. Mit dieser Aktion sollte verhindert werden, dass Fournier jemanden aus der Familie ins Krankenhaus beorderte, um sie abzuholen.

Dienstbeflissen nahm Nicolas die Tasche und hielt ihr die Türen auf, während sich Fournier beeilte, hocherhobenen Hauptes und mit trotzigem Blick das Krankenhaus schnellstmöglich zu verlassen. Nicolas' Dienste nahm sie kommentarlos mit großer Selbstverständlichkeit in Anspruch.

Noch während sie auf Nicolas' Van zugingen, drückte er auf die Fernbedienung des Autoschlüssels, um die Seitentür elektrisch für sie aufgleiten zu lassen.

Angesichts der deutlich zur Schau getragenen Ungeduld begnügte sich Nicolas lediglich mit einem kurzen Hinweis auf die Isolierung der Kabine. »Wegen der Trennscheibe kann ich Sie nicht hören. Wenn Sie mir etwas mitteilen möchten, können Sie mit diesem Schalter die Scheibe elektrisch herunter- und wieder hochfahren.«

»Sehr schön«, meinte sie knapp. »Fahren Sie mich erst mal

zu dieser Adresse, zu meinem … Schwiegersohn.« Sie entnahm ihrem Planer eine Visitenkarte und reichte sie Nicolas.

Die Anschrift einer Olivenmühle in Coaraze. Nicolas überlegte kurz, wie er am besten dorthinkam, steuerte dann die nördlichen Wohnviertel Nizzas an und gab seinem Navi die genaue Adresse via Stimmerkennung ein.

Er war ein bisschen enttäuscht, dass Fournier doch zuallererst privaten Angelegenheiten nachging. Hoffentlich hatten sie sich nicht komplett geirrt. Wenn Fournier nicht auf ihren Plan ansprang, riskierte er doch tatsächlich, zwei volle Tage lang den kostenlosen Chauffeur zu spielen, während Tom weiterhin in Gefahr schwebte.

Oder wollte sie dorthin, um Nicolas aus ihren Diensten zu entlassen, und alles Weitere ausschließlich mit der Hilfe von Familienmitgliedern erledigen? Diese Möglichkeit hatten sie bisher gar nicht in Betracht gezogen. Gerüchten zufolge waren diese Familienbande nicht besonders eng, was sich darin bestätigte, dass es Fournier schwergefallen war, das Wort »Schwiegersohn« über die Lippen zu bringen.

Nicolas blieb nichts anderes übrig, als die weitere Entwicklung abzuwarten. Er warf einen verstohlenen Blick in den Rückspiegel und konnte erkennen, dass sich Fournier in den Terminplaner auf ihren Knien vertieft hatte. In der gesunden Hand hielt sie ihr Handy. Anscheinend bereitete sie sich darauf vor, jemanden anzurufen.

Da Legros nichts vom heimlichen Anzapfen ihres Handys mittels einer Spionage-App hören wollte, hatten Victor und Nicolas im Van lediglich eine improvisierte Abhöranlage installiert, damit Nicolas zumindest mithören konnte, was in der Fahrgastzelle hinter ihm gesprochen wurde.

Da für den Einbau alles sehr schnell gehen musste, hatte Nicolas frühmorgens, gleich nach Ladenöffnung, ein einfaches Grenzflächenmikrofon besorgt. Er hatte sich bewusst für diesen Typ entschieden, da es Geräusche aus dem gesamten Fahrgastraum übertragen würde, unabhängig davon, wo die Person saß. Das Gerät war sehr flach, hatte aber einen handtellergroßen Durchmesser. Angesichts dieser Größe und der Anbringung mitten auf der Trennwand war es so auffällig, dass der Gedanke an einen heimlichen Einbau gar nicht erst aufkommen sollte. Und dank des metallenen Schutzgitters sah es haargenau so aus wie ein Hochtöner der Autostereoanlage. Um es als Mikrofon zu identifizieren, hätte Fournier schon professionelle Studiomusikerin sein müssen. So konnte Nicolas die Konversationen über einen kleinen Lautsprecher in seiner Fahrerkabine heimlich mithören.

Unauffällig drehte er jetzt die Lautstärke auf und vermied bewusst weitere Blicke in den Rückspiegel, um Fournier ein gänzlich unbeobachtetes Gefühl zu geben. Über die Anlage hörte er leises Seitengeraschel.

Pieptöne deuteten darauf hin, dass sie eine Nummer wählte. Nach einigen Sekunden der Stille begann sie zu sprechen. Sie hielt sich weder mit Begrüßungsfloskeln auf, noch meldete sie sich namentlich.

»Ich bin in gut dreißig Minuten da. Wir müssen uns wegen der Stadtratsangelegenheit unterhalten.«

Leider benutzte sie nicht die Freisprecheinrichtung ihres Handys, und Nicolas konnte demzufolge nichts von der Antwort des Angerufenen mitbekommen. Aber er war am Tagesgeschäft der Fournier ohnehin nicht interessiert.

Nicolas' Van verfügte über ein GPS-Tracking-System, eine Auflage seines Kfz-Versicherers, die Nicolas einen ansehnlichen Prämiennachlass einbrachte. Im Falle eines Diebstahls konnte man den Wagen damit jederzeit orten und ihn samt Autodieb von der Polizei abfangen lassen. Momentan nutzten Legros, Victor und Nathalie diese Technik und verfolgten die Fahrt des Vans in Echtzeit.

Nicolas nahm sich vor, die anderen anzurufen, sobald Fournier am Zielort den Wagen verlassen würde. Wenn sie hier tatsächlich einer falschen Fährte folgten oder Fournier seine Dienste nicht weiter in Anspruch nehmen wollte, müssten sie sich schnellstmöglich eine andere Taktik ausdenken. Der »3D-Actionfilm mit Dolby-Surround-Ton«, wie Nicolas ihre Beschattungsaktion ursprünglich so vollmundig angekündigt hatte, entpuppte sich offenbar leider als verwackeltes Super-8-Filmchen.

Um sich während dieser Fahrt die Zeit zu vertreiben, kramte

Nicolas sein Wissen über den kleinen Ort aus seinem Gedächtnis. Bezeichnenderweise musste man, um nach Coaraze zu gelangen, an Drap vorbei. Also genau dort, wo Tom seinen Lagerraum hatte. Aber wahrscheinlich war das nur Zufall – außer der Teufel hatte hier seine Finger im Spiel, was im Zusammenhang mit Coaraze allerdings nicht ganz abwegig erschien.

Nicolas kannte den Ort nur flüchtig, weil dieser für seine reiche Klientel zu wenig Attraktivität aufzuweisen hatte – schon allein, weil es dort nicht einmal ein Sternerestaurant gab. Dabei handelte es sich sogar um ein recht hübsches Felsendorf, das vor allem für zwei Sachen berühmt war.

Um seinem Spitznamen »das Sonnendorf« Rechnung zu tragen, waren an unzähligen Hauswänden skurrile Sonnenuhren, entworfen von den berühmtesten Künstlern der Côte d'Azur, vorzufinden. Außerdem rankten sich viele Legenden um das malerische Dorf, in dem angeblich selbst der Teufel gern verweilte. Eines Tages beschlossen die Ortsbewohner, ihn zu fangen, und kamen auf die Idee, seine Lieblingsbank mit Leim zu bestreichen. Der Teufel kam wie vorausgesehen und tappte in ihre Falle. Als er vergeblich versuchte wieder aufzustehen, blieb ihm schließlich nur eine Lösung – *Cauda Rasa*, der abgeschnittene Schwanz, und daraus entstand dann der heutige Ortsname Coaraze.

Das Navi riss Nicolas aus seinen Gedanken, indem es hektisch zu blinken begann: Sie waren angekommen.

Die Auffahrt glich einer Postkartenidylle: links und rechts zwei Granitsäulen, jede von ihnen drei Meter hoch und flankiert von mächtigen Zypressen.

Der Weg aus grobem Kies war gesäumt von einer kniehohen Bruchsteinmauer, an der eine Reihe penibel gestutzter Lavendelbüsche bis hinauf zu einem runden Kiesplatz führte, in dessen Zentrum ein knorriger Olivenbaum thronte, dessen Alter Nicolas auf mehrere hundert Jahre schätzte. So ein Exemplar kostete heutzutage einige tausend Euro.

Hinter dem Platz erhob sich eine ockerfarbene Bastide mit weißen Fenstereinfassungen und olivgrünen Fensterläden. Das Ganze war so gepflegt, nicht ein einziger rebellischer Grashalm war zu entdecken. Es glich schon fast einer synthetischen Reproduktion, wie man sie sonst vielleicht in Las Vegas erwartete. Hier war jemand am Werk gewesen, der mit viel Geld ein Klischee für Touristen erschaffen und dabei Tradition und Authentizität wegsterilisiert hatte. Nicolas empfand solch künstliche Kulissen immer als Vergewaltigung regionaler Traditionen, wobei ihm durchaus bewusst war, dass er mit seinem Beruf, dem Luxustourismus, sehr wohl eine Mitschuld trug.

»Lassen Sie mich vor dem Haupteingang aussteigen und warten Sie dann dahinten auf mich«, meldete sich Fournier bei ihm.

Nicolas entdeckte einen kleinen Kundenparkplatz etwas abseits. Er vermutete, dass sie ihm den Parkplatz nicht etwa vorgeschlagen hatte, weil sich dieser im Schatten einiger Bäume befand, sondern vielmehr, damit sein moderner Van nicht den Anblick des Anwesens verschandelte.

Auf dem Weg hierher waren ihm keine Hinweisschilder zu dem Gut aufgefallen, und so bezweifelte er, dass sich wirklich jemals Touristen hierherverirrten. Lediglich auf dem Parkplatz selbst befand sich ein Schild mit dem AOC-Logo, das dem Besucher versicherte, dass das hier gewonnene Olivenöl die geschützte Herkunftsbezeichnung für Nizzaer Öle tragen durfte – was sich mit Sicherheit auf den Preis auswirken würde. Nicolas liebte diese typischen kleinen Oliven sehr, aber eher als ganze Frucht, wie als Beilage zum Aperitif oder auch auf einer *pissaladière*, dem pizzaähnlichen Nizzaer Zwiebel-Anchovis-Kuchen.

Er richtete sich auf eine längere Wartezeit ein. Das war er von seinem Beruf zwar gewohnt, aber irgendwie wartete es sich entschieden leichter, wenn er dafür von einem Kunden mit mehreren hundert Euro Tagessatz entlohnt wurde. Nun gut, hier bestand der Lohn hoffentlich darin, seinen Freund Tom baldmöglichst wieder aufzufinden. Endlich allein, konnte er nun seine »Einsatzzentrale«, nämlich Nathalie, Victor und Legros, anrufen und sie über das bisherige Geschehen informieren.

»Ich bin ja schon froh, dass sie mich hier jetzt nicht einfach entlassen hat und alles Weitere mit ihrem Fast-Schwiegersohn unternimmt«, teilte er seine kurzzeitige Befürchtung mit.

»Nach allem, was man so hört, traut sie dem aber nicht mal zu, dass er sie unfallfrei von A nach B bringt«, sagte Victor. »Wenn sie jetzt bei ihm ist, kann es sein, dass sie dort lediglich ihre Tochter trifft.«

»Nein«, schaltete sich Legros ein, »die ist gerade in ihrer Kanzlei.«

Es herrschte kurz Stille. Nicolas fand das eine interessante Information – und er war sicher, dass Victor das gerade genauso sah –, denn obwohl Legros eine offizielle Beschattung von Fournier kategorisch abgelehnt hatte, so hieß das wohl, dass er zumindest unauffällig das Umfeld der Senatorin beobachten ließ. Andererseits konnte er für den Fall, dass das ans Tageslicht kam, immer noch mit einer Schutzmaßnahme argumentieren.

»Ich habe – zufällig –«, beeilte sich Nicolas anzufügen, da Legros nichts von ihrer kleinen Abhöranlage wusste, »mitgekriegt, dass sie ihren Besuch hier telefonisch angekündigt hat und dabei sagte, man müsse die Stadtratsangelegenheit diskutieren. Ich will ja hier nicht den Spielverderber geben, aber das hört sich nach *business as usual* an und würde eher heißen, dass wir uns mit unserer Theorie gehörig auf dem Holzweg befinden.«

»Zum Aufgeben ist es jetzt definitiv noch zu früh«, widersprach Legros. »Dass man die Senatorin einfach so freigelassen hat, ist mir nach wie vor ein Rätsel. Da ist irgendwas faul dran. Und in Anbetracht ihrer Verletzungen können wir eine vorgespielte Entführung – ganz egal, welchen Zweck das auch immer haben sollte – mit Sicherheit ausschließen.«

»Aber warum lässt man jemanden frei, wenn noch nicht einmal eine Forderung gestellt, geschweige denn erfüllt wurde?«, fragte Nathalie.

»Vielleicht wollen die Entführer etwas von ihr, das sie nur persönlich erledigen kann. Vielleicht einen Gefallen politischer Natur, den man nicht telefonisch erwirken kann. Also müsste man sie dazu freilassen, ihr vorher aber genug Angst einjagen, damit sie ihr Versprechen auch gewiss einlöst«, improvisierte Victor drauflos. »Und in Anbetracht der Drohungen, die sie Franck im Krankenhaus geschildert hat, ist ihnen das ja offensichtlich gelungen.«

»Das passt aber nicht zu der Beschreibung des Anwohners und Fourniers Aussage, dass es sich bei den mutmaßlichen Entführern ihrer Erscheinung nach um Jungs einer Straßengang handelt. Was könnten die schon für politische Forderungen haben, die die Senatorin ihnen erfüllen soll? Straffreiheit fürs Tragen von Hosen in den Kniekehlen oder was?«, hielt Legros dagegen.

»Also kommt wieder die Theorie mit der Abreibung, der Rache ins Spiel«, folgerte Nathalie. »Aber Sie sagten ja, dass Sie das den Mietern der Fournier nicht zutrauen, und Nicolas und ich trauen das wiederum Tom nicht zu. Also bliebe nur noch der uns unbekannte Ladenmieter übrig, der garantiert eine Mordswut hat. Aber wie passt da Tom ins Spiel?«

»Wir arbeiten mit Hochdruck daran, den Ladenmieter aufzutreiben. Das ist ja nun mittlerweile schon fast ein Jahr her, dass er untergetaucht ist. Irgendwo muss er ja mal eine frische Spur hinterlassen. Bisher leider Fehlanzeige, aber es sind noch nicht alle Anfragen abschließend beantwortet. Hoffen wir, dass irgendein Computer doch noch was ausspuckt.«

»Solange wir da noch nichts Konkretes haben, rate ich einfach mal so ins Blaue«, meldete sich Victor wieder zu Wort. »Könnte Tom ein Verhältnis mit Fourniers Tochter haben, und jemandem passt das nicht?«

»In so einem Fall würde man Tom normalerweise eher eine saftige Abreibung verpassen und ihn nicht gleich entführen«, wandte Nicolas ein. »Aber vielleicht hat er sich ja zunächst uneinsichtig gezeigt, und deshalb haben sie ihn einfach mitgenommen, um mehr ›Überzeugungsarbeit‹ leisten zu können.«

»Oder will jemand bei der Senatorin Geld dafür rausschlagen, dass er dementsprechende Fotos oder ein Video nicht an die Medien weitergibt?«, spekulierte Victor weiter.

»Aber würden diejenigen sich dann nicht direkt an die Tochter wenden?«, fragte Nathalie.

»Die Tochter selbst hat ja weder Einfluss noch Kohle, also ist sie für sie uninteressant. Bei der Alten kämen sie mit einer simplen Erpressung erst mal auch nicht sehr weit. Aber jetzt, nach der Entführung und Verstümmelung, ist sie reif und wird sich nicht mehr wehren«, meinte Victor abgeklärt.

»Da würde auch ins Bild passen, dass sie nach ihrer Entlassung als Erstes zum betrogenen Schwiegersohn fährt. Der hat sie doch schon mal im Krankenhaus besucht. Vielleicht haben die dort einen Plan ausgeheckt, um den Forderungen nachzukommen, und machen sich jetzt an dessen Ausführung«, beteiligte sich Nicolas an den Spekulationen.

»Ich sage ja nicht, dass es so was nicht schon gegeben hätte«, meinte Legros, »aber die beiden sind ja gerade erst verlobt, und das Glück ist noch sehr jung. Ob sie ihn da schon betrügt? Aber vielmehr spricht dagegen, dass die Frau Anwältin sehr auf ihre gesellschaftliche Stellung bedacht ist. Die würde sie nie wegen einer Affäre mit einem unbekannten Musiker gefährden. Sich hochzuschlafen traue ich ihr da schon zu, aber dann müsste derjenige auf der Society-Leiter schon ganz weit oben stehen.«

»Immer wieder erfrischend zu sehen, welche Aufgaben und Methoden ihr Männer uns Frauen in der Gesellschaft einräumt. Euch ist aber schon klar, dass das interessante Einblicke in eure eigenen Moralvorstellungen zulässt, ja?«

Nicolas musste grinsen, weil jetzt am anderen Ende der Leitung kurz Schweigen herrschte. Er konnte es sich nicht verkneifen, ein kurzes »Amen!« anzufügen.

»Aber um das Thema abzuschließen«, nahm Nathalie den Faden wieder auf, »diese Theorie könnte zwar erklären, warum sich Tom Gabriela gegenüber in letzter Zeit ein bisschen distanziert verhalten hat, aber – um auf eurem Argumentationsniveau zu bleiben – die Anwältin passt nie und nimmer in Toms Beuteschema.«

Nicolas fand die ganze Idee absurd und sagte: »Und ich kann mir sowieso beim besten Willen nicht vorstellen, dass Tom etwas mit einer Frau anfängt, nur weil ihm deren gesellschaftlicher Rang irgendeinen Vorteil bringen könnte. Er ist mit seinem Leben sehr zufrieden, er kann von dem, was ihm am meisten Spaß macht, nämlich der Musik, leben, und mehr braucht er nicht.«

»Auch wenn Victors Gedanke nicht von der Hand zu weisen ist – schließlich muss man alle Möglichkeiten in Betracht ziehen, und sei es nur, um sie dann wieder zu verwerfen –, schließe ich mich Ihrer Einschätzung von Toms Charakter an. Damit wären wir wieder beim Ausgangspunkt«, sagte Legros.

»Und der wäre?«, fragte Nathalie.

Er begann eine imaginäre Liste aufzuzählen: »Erstens: Tom, das unschuldige Opfer. Zweitens: die Wohnungsmieter, eigentlich harmlose junge Leute. Und drittens: der Ladenbetreiber. Der ist aber gerade erst pleitegegangen und hat bestimmt keine ausreichenden finanziellen Mittel, um einen teuren Racheplan zu inszenieren.«

»Was für die Straßengang sprechen würde«, argumentierte Victor. »Mit nur ein- oder zweitausend Euro kannst du solche Jungs leicht dafür gewinnen, jemanden mal kurz aufzumischen und dabei dem- oder derjenigen genug Angst einzujagen, dass man dich in Zukunft in Ruhe lässt. Frag doch mal die Senatorin, ob und wie viel Mietschulden der Ladenbetreiber noch bei ihr hat.«

»Hatte ich ohnehin schon geplant. Vor allem, weil es auch ein schöner Vorwand ist, um bei ihr noch mal generell wegen möglicher Verdächtiger auf den Busch zu klopfen. Vielleicht zeigt sie sich jetzt ja etwas auskunftsfreudiger und kooperationsbereiter«, meinte Legros.

»Dein Wort in Gottes Ohr«, sagte Victor.

»Nicolas, sagen Sie mir doch bitte Bescheid, sobald Sie die Senatorin bei ihr zu Hause abgeliefert haben, damit ich da dann ganz zufällig vorbeischauen kann. So ein Überraschungsbesuch hat schon so manchen aus dem Konzept gebracht.«

»Und das könnte sogar bald der Fall sein, Commissaire, drüben am Haus rührt sich was. Ich glaube, sie kommt raus … Ich lege jetzt mein Handy zur Seite, bleiben Sie doch noch kurz dran, dann kriegen Sie wahrscheinlich gleich live mit, welches Fahrtziel mir die Fournier als Nächstes ansagt.«

33

Im ersten Stock stand Durand am Fenster seines Büros und sah Fournier hinterher, wie sie über den Platz vor der Bastide dackelte – ein treffendes Wort dafür, wie sie über den Kies stakste. Drüben am Besucherparkplatz setzte sich ein Van in Bewegung. Ein Chauffeur sprang heraus, umrundete die Motorhaube und blieb auf der Passagierseite neben der geöffneten Tür stehen, bereit, ihre Anweisungen entgegenzunehmen.

Zugegeben, als er damals auf einer der unzähligen Wohltätigkeitsveranstaltungen wie üblich seine gesellschaftlichen Kontakte auszubauen versuchte und dabei seine heutige Verlobte kennenlernte, war die Position ihrer Mutter ein nicht von der Hand zu weisendes Argument gewesen. Durand war sehr wohl bewusst, dass er für seine politischen Ambitionen jede nur mögliche Unterstützung benötigen würde. Er selbst war der breiten Masse noch nicht bekannt genug, um eine Mehrheit hinter sich versammeln zu können.

Fournier war vor ihrem heutigen Posten bereits mehr als zwei Jahrzehnte in der Kommunalpolitik unterwegs gewesen und hatte somit schon einige Kandidaten und Parteien kommen und gehen sehen. Mit der Unterstützung dieses alten Schlachtrosses würde er nicht nur die Aufmerksamkeit anderer Entscheidungsträger auf sich ziehen, sondern auch einen Vertrauensvorschuss in der Bevölkerung ergattern können. So weit sein Plan. Er wusste damals aber nicht, wie anstrengend – ja, das wäre wohl eine zutreffende und vornehme Umschreibung ihres Charakters – und aufreibend eine Zusammenarbeit mit ihr sein würde. Von Wohlwollen einem zukünftigen Familienmitglied gegenüber konnte man hier beim besten Willen nicht sprechen. Durand hatte sich ihr gegenüber sogar bewusst zurückgehalten, um ihr das Gefühl der unumstrittenen Chefin zu geben. Vielleicht war das ein Fehler gewesen, vielleicht interpretierte sie das als Schwäche. Situationen, bei denen sie die Möglichkeit gehabt hätte, ihre Unterstützung anzubieten, verstrichen ungenutzt.

Der Volksmund sprach dem Alter oft Weisheit und Güte zu, aber bei Fournier förderten zunehmende Lebenserfahrung und selbst einschneidende Erlebnisse wie ihre Entführung leider keinerlei Erkenntnis, sie wirkten eher wie ein Brandbeschleuniger.

Durand hatte nach und nach erkennen müssen, dass sich ihr Egoismus in Zukunft eher noch verschärfen würde und die Hoffnung auf einen soliden Familienclan eine unerreichbare Illusion blieb.

Sie hielt sich selbst für die große Strategin, hatte ihre heutige Position aber lediglich einem unverhofften Glücksfall zu verdanken. Seine Verlobte hatte sich vor nicht allzu langer Zeit einmal nach einem weinseligen Diner verplappert, und er hatte die Gelegenheit ergriffen, um nach und nach die ganze Geschichte aus ihr herauszukitzeln. Dieses Hintergrundwissen würde ihm eines Tages noch von Nutzen sein.

Ob Fournier die verbleibende Legislaturperiode genügen würde, ihre Kontakte so weit zu festigen, um damit ihre Wiederwahl zu sichern, bezweifelte Durand mittlerweile. In diesem Fall würde eine Verbindung mit ihr für ihn an Wert verlieren, ihre Niederlage wahrscheinlich sogar negativ auf ihn abfärben. Das und die bisher fehlende Unterstützung für seine eigenen Pläne ließen nur eine Konsequenz zu: Durand musste nun endgültig eine Alternative stricken – eine Strategie ohne sie. Und wenn er sich schon ihrer entledigte, dann brauchte er erst recht auch deren Tochter nicht mehr. Je eher er die Weichen stellte, umso besser.

Er musste unweigerlich an das oft strapazierte Credo denken: Heute ist der erste Tag vom Rest deines Lebens. Auch wenn es von jedem selbst ernannten Personal Coach immer wieder als Motivationsparole für einen Neuanfang bemüht wurde, hatte es nichts von seiner Kraft eingebüßt. Also dann, auf zu neuen Ufern!

Durand zog sein Handy aus der Tasche und tippte eine Nummer ein, während der Van mit Fournier gerade durch das Tor verschwand.

34

Legros hatte das Oxford für ein Treffen vorgeschlagen, ein uriges Pub in der Altstadt, das zwar wegen legendärer Rockkonzerte und seiner verlängerten Öffnungszeit bis fünf Uhr morgens sehr beliebt, aber jetzt am frühen Abend noch eher spärlich besucht war. So saßen sie ungestört an einem Ecktisch hinten im Lokal, wo Legros als Erstes von der Befragung der Senatorin berichtete: »Sie hat bestätigt, dass der Ladenmieter ihr noch fünf Monatsmieten schuldet und sie gerade dabei ist, diesbezüglich einen Vollstreckungstitel zu erwirken. Ansonsten gab sie sich leider nach wie vor ziemlich zugeknöpft.« Legros wandte sich an Nicolas: »Aber erzählen Sie mir doch noch einmal genau von dieser seltsamen Rundreise heute Nachmittag.«

»Eigentlich war ich mit der Fournier schon auf dem Rückweg, als sie mich plötzlich bat, einen Umweg durch einige der Dörfer rund um Coaraze zu machen.«

»Hat sie in den Dörfern irgendwas gemacht oder jemanden getroffen?«, hakte Legros nach.

»Nein, getroffen haben wir niemanden, sie hat mich in den Dörfern lediglich zu irgendeinem Platz oder einem Gebäude dirigiert, ist kurz ausgestiegen, und nach nur ein paar Minuten ging es dann weiter. Das schien wohl ein spontaner Einfall gewesen zu sein, aber was sie da wollte … keine Ahnung.«

»Aber ich. Als Sie mir davon erzählten, habe ich einfach mal die jeweiligen Bürgermeister dieser Gemeinden angerufen. Dabei hat sich herausgestellt, dass Madame Fournier sehr spendabel war. Überwiegend Kleinkram.«

»Was verstehen Sie unter Kleinkram?«, fragte Nicolas.

Legros blätterte in seinem Notizbüchlein. »Eine neue Leinwand für Filmvorführungen im Gemeindezentrum, in einem anderen Dorf ein paar Sitzbänke rund um einen Marktplatz, und in einem Ort, in dem letztes Jahr die Grundschule nach Personalkürzungen schließen musste, wird den Eltern dieses Jahr der Eigenanteil für den Schülertransport zur Schule im Nachbarort erlassen.«

»Ich wusste gar nicht, dass die Eltern da zuzahlen müssen. Ist das teuer?«, erkundigte sich Nathalie.

»Rund zwanzig Euro pro Kind und Quartal.«

»Alles in allem also keine enormen Summen«, meinte Nicolas, »aber wo sehen Sie da einen Zusammenhang mit unserer nachmittäglichen Odyssee?«

»Die Gemeinden haben ihr im Gegenzug wohl Tafeln mit ihrem Namen drauf versprochen, und die wurden kürzlich montiert. So wie es aussieht, wollte sie die heute bloß mal besichtigen – deshalb diese kleine Extratour.«

Nathalie schüttelte verwundert den Kopf. »Auf der einen Seite verschenkt sie beliebig Geld an kleine Bergdörfer, andererseits quetscht sie auch noch den letzten Cent aus einem ihrer Mieter heraus, dem sie mit betrügerischen Scheinargumenten eine Ladenfläche zu überteuerten Konditionen aufgeschwatzt hat. Das passt doch nicht zusammen.«

Nicolas nickte zustimmend und fragte: »Wo liegt der Sinn in der Subventionierung von diesen kleinen Gemeinden? Sie sagten ja selbst, dass Senatoren gar nicht vom Volk gewählt werden, also fällt ja wohl das Erkaufen von Sympathien flach. Und wegen irgendwelcher Gedenktäfelchen wird sie das ja bestimmt nicht gemacht haben.«

»Auch wenn diese Plaketten ihr zwar einen Umweg wert waren, würde sie dafür wohl nicht ihr Geld ausgeben«, stimmte Legros zu. »Wobei die Betonung hier auf ›ihr Geld‹ liegt. Während es nämlich bei der Geschichte mit dem Ladenmieter um ihr eigenes Geld geht, kommen die kleinen Spenden an die Gemeinden hingegen aus dem Investitionstopf der Senatoren.«

»Soll das etwa heißen, dass ein einzelner Senator eigenmächtig Subventionen zuteilen kann?«, hakte Nicolas aufgebracht nach.

»Das ist eine Unsitte, die mich schon seit Jahren nervt: Uns kürzen sie laufend die Mittel und stellen immer weniger Polizisten ein, obwohl wir immer mehr Einsätze zu verzeichnen haben. Oder wie in unserem Beispiel hier: Dorfschulen werden aus finanziellen Gründen geschlossen. Aber die Senatoren bekommen einen Topf von sage und schreibe sechsundfünfzig Millionen pro Jahr zur Verfügung gestellt, mit denen sie nach eigenem Gutdünken Spenden nach dem Gießkannenprinzip verteilen können.«

»Da ist Kumpanei und Vetternwirtschaft geradezu vorprogrammiert! Wie viele Senatoren gibt es denn überhaupt?«, wollte Nathalie wissen.

»Rund dreihundertfünfzig. Das macht pro Kopf einen gut sechsstelligen Betrag aus – nur damit sich die Herrschaften auf Gedenktäfelchen, wie Sie das so treffend bezeichnen, verewigen lassen. Mit diesem Geldtopf könnte man wirklich Wichtigeres anstellen«, ereiferte sich Legros.

»Wow, da haben wir bei dir wohl einen Nerv getroffen«, meinte Victor. »Aber ihr habt schon recht. Auch wenn es sich nicht um ihr eigenes Geld handelt, glaube ich nicht, dass die Fournier das ohne Hintergedanken gemacht hat.«

»Habe ich mir auch gesagt und nachgebohrt«, stimmte Legros zu. »Die Schulschließung in der einen Gemeinde wurde vom Gemeinderat beschlossen, nachdem die Schulbehörde letztes Jahr für die vier Klassen nur noch zwei Lehrer bewilligt hatte.«

»Wie soll denn das funktionieren? Läuft dann ein Lehrer ständig zwischen zwei Klassenzimmern hin und her?«, meinte Nathalie halb belustigt, halb ungläubig.

»Nicht ganz, aber fast: Zwei Jahrgangsstufen sitzen jeweils zusammen in einem Klassenzimmer, wo dann ein Lehrer beide gleichzeitig betreut. Das kommt auf dem Land häufiger vor und ist auf dem Niveau einer Grundschule auch noch kein Problem.«

»Okay, aber das war ja die Entscheidung der Schulbehörde. Was hat die Fournier jetzt mit der geschlossenen Schule zu tun?«, fragte Nicolas.

»Als die Fournier anbot, die Busfahrten in die nächste Gemeinde für ein ganzes Jahr zu finanzieren, war das für den Gemeinderat das abschließende Argument, die eigene Schule nun endgültig zu schließen. Ich habe mich mal schlaugemacht: Die Entscheidung über die Streichung von Lehrern unterliegt in der Gegend da oben der Subpräfektur Nizza-Bergregion. Die gleiche Subpräfektur verwaltet auch ganz zufällig den in ihrem Zuständigkeitsbereich liegenden Naturschutzpark Mercantour – ihr erinnert euch?«

»Da, wo die Wölfe leben«, sagte Nicolas trocken.

»Exakt. Die Fournier kennt diese Subpräfektur also nur allzu gut, da sie es ja war, die die Abschussquoten der Wölfe drastisch reduziert hatte.«

»Also haben Sie sich gefragt, welches Interesse die Fournier daran haben könnte, erst ganz diskret dafür zu sorgen, dass Lehrpersonal abgezogen wird, und dann als Retterin aufzutreten, die die finanziellen Probleme einer endgültigen Schulschließung abfedert. Abgesehen davon, dass sie sich dafür ehren lässt«, folgerte Nicolas.

»In der Tat ist es so, dass eine Gemeinde ohne eigene Schule junge Paare, die sich eventuell ansiedeln wollten, verständlicherweise abschreckt«, erläuterte Legros, wobei er Nicolas und Nathalie ansah.

Nathalie nickte zustimmend und strich sich dabei über ihren Babybauch.

»Sie wohnen lieber in Gemeinden mit einer intakten Infrastruktur. Sinkende Einwohnerzahlen ziehen unweigerlich die baldige Schließung der örtlichen Postfiliale nach sich, kleine Ladengeschäfte werden unrentabel und machen dicht – was die Gemeinde noch unattraktiver macht.«

»In einer vom Aussterben bedrohten Gemeinde würden in der Folge auch die ohnehin schon niedrigen Grundstückspreise weiter sinken«, sagte Victor.

»Das macht zwar jetzt keine Riesensummen aus, aber ich habe den Bürgermeister trotzdem mal auf aktuelle Grundstücksverkäufe angesprochen. Schließlich hat die Fournier ja schon einmal Immobiliengeschäfte forciert – da wäre so was nur eine logische Fortführung mit anderen Mitteln.«

»Wäre naheliegend. Gab es schon erste Verkäufe?«, wollte Nathalie wissen.

»Leider Fehlanzeige. Ein paar Bauern haben zwar eine SCI gegründet – das sind ganz simple Immobilienverwaltungsgesellschaften – und darin dann ihre Höfe eingebracht, aber sie haben wohl keine Käufer gefunden, denn die Gesellschaftsanteile laufen immer noch auf die betreffenden Bauern. Einen tatsächlichen Eigentümerwechsel gab es also nicht.«

Nicolas wurde hellhörig. »Moment mal, das erinnert mich an was.« Er nahm sein Handy und scrollte durch sein umfangreiches Adressregister. »Da ist er ja: David. Ein Journalist bei der ›Nice-Matin‹. Der hat mir schon öfters wertvolle Hintergrundinfos über VIP-Kunden liefern können. Im Gegenzug bekommt er Tipps von mir, wann und wo man Kunden von uns bei einem Restaurantbesuch oder in einem Club fotografieren kann – vorausgesetzt, unsere Kunden sind mit unserer Indiskretion einverstanden«, erklärte er, während er die Nummer des Journalisten wählte.

»Bei manchen Promis habe ich den Eindruck, die legen es oft sogar darauf an, ›ganz zufällig‹ ertappt und fotografiert zu werden«, murmelte Victor, woraufhin Nicolas nur lächelte.

Nachdem Nicolas David kurz ins Bild gesetzt hatte, stellte er das Gespräch laut, sodass die anderen mithören konnten.

»... Eigentümerwechsel wird es bei euren Bauernhöfen auch in Zukunft keine geben. Wie du dich ganz richtig erinnerst, habe ich zu diesem Thema mal einen Artikel geschrieben. Es ging damals darum, dass asiatische Investoren reihenweise Weingüter in Frankreich aufkaufen wollten.«

»Das ist schließlich ein freies Land. Jeder kann kaufen, was er möchte, sofern er den geforderten Preis dafür bezahlt.«

»Theoretisch ja, aber der französische Staat hat bei allen Immobilientransaktionen erst mal ein Vorkaufsrecht.«

»Das existiert doch nur auf dem Papier. Wann kommt so was denn schon mal vor?«, wandte Nicolas ein.

»Nun, angenommen du würdest mir endlich dein hübsches Häuschen verkaufen, auf das ich schon so lange scharf bin ...«

»Vergiss es«, meinte Nicolas nur grinsend.

»... sagen wir zu fünfzigtausend Euro unter dem üblichen Verkaufspreis, wegen unserer langjährigen Freundschaft ...«

»Klar, träum nur weiter!«

»Na gut, man kann es ja mal probieren. Schade«, seufzte David theatralisch, »aber in diesem Fall würde der Staat sowieso vermuten, dass da parallel ein hübsches Sümmchen unterm Tisch läuft und ihm da einige Tausender an Gebühren und Steuern entgehen.«

»Verstehe. Also würde der Staat hier seine Option wohl einlösen.«

»Und zwar zu diesem angeblichen Freundschaftspreis, und weder du noch ich können was dagegen machen, weil wir sowohl die Verkaufsbereitschaft als auch diesen Sonderpreis durch unseren Kaufvorvertrag schriftlich offiziell festgelegt haben.« David machte eine Pause.

»Von der Warte aus gesehen lässt sich das irgendwie nachvollziehen, sonst wären Schwarzgeschäften ja Tür und Tor geöffnet«, gab Nicolas etwas widerstrebend zu.

»Im landwirtschaftlichen Bereich existiert dieses Vorkaufsrecht natürlich genauso, allerdings in verschärfter Form. Die dafür extra gegründete Kommission, die SAFER, muss vom Notar automatisch bei jedem geplanten Kauf einer Agrarfläche informiert werden.«

»Was meinst du mit ›verschärfter Form‹?«, fragte Nicolas.

»Sie haben dann nicht nur ein Vorkaufsrecht, sie bestimmen sogar den Preis für den betreffenden landwirtschaftlichen Betrieb, und der liegt teilweise erheblich unter dem von den beiden Parteien ausgehandelten Preis. Und wenn ich ›erheblich‹ sage, dann meine ich das auch so: Ich kann mich an einen Fall erinnern, wo sie einen Hektar Wald auf tausend Euro taxierten statt der zehntausend, die Käufer und Verkäufer vereinbart hatten.«

»Der Staat erzwingt einen Kauf für zehn Prozent vom ausgehandelten Preis? Das sind ja Zustände wie in einer Bananenrepublik!«

»Deshalb bekommt die SAFER auch gern mal den Spitznamen ›Bauernmafia‹. Aber der Ordnung halber muss man anmerken, dass die SAFER dann das jeweilige Land nicht zwangsläufig zu diesem Preis kaufen kann. Der Landwirt ist nämlich – im Gegensatz zum normalen Vorkaufsrecht der Gemeinden – nicht verpflichtet, zu verkaufen. Er kann es ja ganz einfach behalten. Aber *wenn* er es verkauft, dann an die SAFER zu dem von ihr genannten Preis.«

»Das grenzt ja an Erpressung!«, wetterte Nicolas.

»Kommt auf den Standpunkt an. Sinn und Zweck dieser Maßnahme ist es, landwirtschaftliche Flächen und Betriebe vor

Grundstücksspekulanten zu schützen und gleichzeitig für die nachwachsende Generation von Jungbauern zu erhalten – was so gesehen wiederum absolut legitim erscheint.«

»Und genau um solche Grundstücksspekulationen geht es vermutlich in unserem Fall. Zumindest haben wir uns das so zusammengereimt. Aber offensichtlich ist das wohl nicht so einfach«, meinte Nicolas frustriert.

»Doch. Denn da kommt die von dir angesprochene SCI ins Spiel. Bei meinem Fall mit den Asiaten – damals haben die fünfzehntausend Euro pro Hektar Rebenanbaufläche geboten – hat die SAFER den Preis auf dreitausend festgesetzt. Für dreitausend hätte der Weinbauer aber nicht verkauft, und die SAFER hätte zudem die Asiaten nicht als Käufer akzeptiert, ein einheimischer Weinbauer sollte das Weingut selbst bewirtschaften. Da kam jemand auf die Idee, die Bauern sollten das Weingut in eine SCI einbringen. Was durchaus gang und gäbe ist, weil eine SCI lediglich dazu dient, Immobilienwerte zu verwalten, aber selbst kein Gewerbe damit ausführt.«

»Aber was soll das bringen, eine Immobilie zu verwalten, aber dann keine Geschäfte zu tätigen?«, wollte Nicolas wissen.

»Stellt euch einen Bauern vor, der mehrere Kinder hat. Wem soll er seinen Hof übergeben, ohne die restlichen Kinder zu benachteiligen? Hier ist so eine SCI, bei der alle Kinder gleiche Anteile halten, die beste Lösung.«

»Warum das denn?«

»Die SCI ist der Besitzer des Hofs, aber anstatt ihn selbst zu bewirtschaften, was sie ja wie gesagt gar nicht dürfte, vermietet sie ihn an einen Betreiber – das könnte zum Beispiel der älteste Sohn sein –, die Kinder teilen sich somit die von ihnen festgesetzten Mieteinnahmen, ohne das Risiko einer Missernte oder fallender Preise zu tragen. Der älteste Sohn als Betreiber profitiert hingegen zu hundert Prozent von der Frucht seiner Arbeitsleistung, also dem Verkaufserlös seiner Ernte oder des Weins. So weit, so gut.«

»Okay«, sagte Nicolas, »ich habe verstanden, dass das wohl alltägliche Praxis ist, um einen Immobilienwert auf mehrere Leute aufzuteilen. Nur sehe ich in Bezug auf das Vorkaufsrecht keinen Unterschied, ob die Agrarfläche einer Privatperson oder einer solchen Gesellschaft gehört. Verkauft ist verkauft.«

»Der Trick ist folgender: Man wählt nicht die allgemein übliche SCI, sondern eine spezielle Unterkategorie. Nämlich eine mit variablem Kapital. Diese spezielle SCI kann jederzeit neue Kapitalgeber aufnehmen und Vermögensverhältnisse intern verändern, und zwar ohne dass dies veröffentlicht oder in den Statuten abgeändert werden muss.«

Nicolas pfiff leise durch die Zähne, als er die Tragweite des Tricks erkannte.

»Das können die Beteiligten ganz diskret unter sich ausmachen. Ein Notar ist dabei nicht zwingend vorgeschrieben. Mit diesem Manöver wird also nicht ein landwirtschaftliches Gut verkauft, es ändern sich nur die internen Besitzverhältnisse der Gesellschaft. Und solange der ursprüngliche Bauer mindestens einen Anteil hält, liegt rein rechtlich kein Eigentumsübertrag von Agrarflächen vor, und die SAFER hat kein Vetorecht.«

»Da hat jemand den Staat mal wieder mit seinen eigenen Waffen geschlagen, würde ich sagen«, kommentierte Nicolas die Finte.

»Genau. Und da es wie gesagt keine Veröffentlichungspflicht gibt, werdet ihr also nie erfahren, wer bei euren Bauernhöfen eigentlich das Sagen hat. Wenn der Landwirt eines Tages seinen Betrieb einstellt, kann ihm das niemand verbieten – ist ja offiziell immer noch sein Hof, und schließlich kann ihn niemand zum Arbeiten zwingen. Und auch wenn dann eines Tages der Bauernhof luxussaniert wird und plötzlich jemand anderes drin wohnt, ist das einzig und allein seine Entscheidung. Er kann dort wohnen lassen, wen er will.«

»Herzlich willkommen in der Welt der Winkeladvokaten«, meinte Nicolas, den solche Schachzüge immer wieder auf die Palme brachten.

»Sagst du mir, an wem du da dran bist?«, bohrte David neugierig nach.

»Sobald ich ein bisschen mehr weiß, bist du der Erste, der es erfährt, versprochen.« Nicolas beendete die Verbindung und blickte in die Runde.

»Toll! Im Endeffekt haben wir hier aller Wahrscheinlichkeit nach wieder eine weitere Facette des korrupten Charakters der verehrten Frau Senatorin entdeckt. Jedes neue Detail, das wir über sie ausgraben, entpuppt sich als Bestätigung, dass ihr komplettes politisches Handeln darauf ausgerichtet ist, persönlich Vorteile daraus zu ziehen«, sagte Nicolas.

»Nur in Hinblick auf Toms Angelegenheit bringt uns das auch nicht wirklich weiter«, meinte Nathalie sichtlich enttäuscht.

»Ich sehe immer noch keine Verbindung und habe auch keine Idee, wo wir da ansetzen könnten. Die Zeit verrinnt, und wir tappen im Dunkeln«, sagte Nicolas gereizt.

»Nach der ersten Entführung hatten wir doch auch keine Nachricht von Tom oder seinen Entführern, und plötzlich ist er unversehrt wiederaufgetaucht. Vielleicht ist es ja diesmal auch so«, meinte Nathalie hoffnungsvoll.

Victor hatte die ganze Zeit über vor sich hin gegrübelt und meldete sich jetzt auch zu Wort. »Dass Tom im Gegensatz zur Senatorin unverletzt blieb, unterstützt Francks Theorie, dass es sich, den Zeugenaussagen nach zu urteilen, vermutlich nicht um dieselben Täter handelt.«

»Was uns aber auch nicht weiterhilft. Im Gegenteil: Wir können nicht mal drauf hoffen, durch die Observierung der Senatorin Tom wiederzufinden«, meinte Nicolas frustriert.

Victor ging aber nicht auf Nicolas' Bemerkung ein. »Toms Entführer haben meiner Meinung nach noch eine instinktive Hemmung, was rohe körperliche Gewalt betrifft. Das würde auf Amateure zutreffen, die bisher absolut nichts mit Gewalt gegen Personen zu tun hatten. Eine andere Erklärung wäre das komplette Gegenteil davon: Es sind kühl kalkulierende Vollprofis, die nur deshalb keine Gewalt angewandt haben, weil es in Toms Fall keinen Vorteil bringen würde.«

»Dann können wir nur hoffen, dass das auch weiterhin so bleibt«, murmelte Nicolas besorgt.

Victor fuhr in seiner Analyse fort: »Für die Entführer der Senatorin hingegen ist schwere körperliche Gewalt einfach nur ein Instrument. Die haben weder Skrupel, noch denken sie großartig darüber nach. So wie wir verbale Argumente einsetzen,

setzen die eben Gewalt ein, um ihr Gegenüber zu überzeugen. Schlagende Argumente, im wahrsten Sinne des Wortes.«

»Was sagt denn Ihr Instinkt, Commissaire?«, wollte Nathalie wissen. »Ist Ihnen so eine Entführung schon einmal untergekommen?«

»Bei der Tätereinschätzung und deren Gewaltbereitschaft stimme ich Victor zu. Wobei noch erschwerend hinzukommt, dass die Fournier eine Frau ist. Bei Charakteren, die intellektuell eher schwach bestückt sind – wie es bei so Mitgliedern von Gettogangs meist der Fall ist –, gehört Gewalt gegen Frauen leider zum normalen Alltag. Und was Entführungen generell betrifft: Ehrlich gesagt haben wir hier in Nizza nicht so oft damit zu tun – glücklicherweise.«

Legros wandte sich an Nicolas: »Sie sind sich ganz sicher, dass Ihnen Tom, als er aus Carros anrief, sagte, dass er für die Fahrt nach Carros betäubt wurde und dort dann aufgewacht ist?«

»Hundertprozentig.«

»Sehr gut, das heißt also: Wir können ausschließen, dass er geflüchtet ist und die Entführer ihn dann einfach wieder eingefangen haben.«

»Dann bliebe als einzig mögliche Alternative, dass sie ihn bewusst freigelassen, es sich dann aber anscheinend anders überlegt haben«, führte Nicolas Legros' Gedanken weiter.

»Genau so sehe ich das auch. Wobei ich vermute, dass die, die ihn nach Carros transportiert haben, nur Handlanger waren und plötzlich neue, gegenteilige Anweisungen erhielten. Die kamen aber einen Tick zu spät, da Tom bereits in Carros ausgesetzt war. Ergo muss sich an der Situation kurzfristig etwas geändert haben, das immerhin wichtig genug war, den Boss dazu zu veranlassen, eine erneute Entführung anzuordnen – trotz aller damit verbundenen Risiken.«

35

Es war nicht leicht gewesen, dieses Treffen so schnell zu arrangieren und dabei noch absolute Diskretion sicherzustellen. Glücklicherweise hatte sie einem vertraulichen Gespräch unter vier Augen zugestimmt, obwohl er ihr den Grund dafür am Telefon nicht nennen wollte. Nach kurzem Zögern hatte sie dann sogar ihre Privatwohnung als Treffpunkt für eine Unterredung nach Feierabend vorgeschlagen.

Sie trug lässige Kleidung. Die Jeans und das offen über einem T-Shirt getragene Männerhemd vermittelten eher das Bild einer unkomplizierten Studentin als das einer Abgeordneten. Dass sie sich in Freizeitkleidung präsentierte und nicht etwa versuchte, ihre Jugend durch betont strenge Geschäftskleidung zu kompensieren, zeigte auch ihr ausgeprägtes Selbstbewusstsein.

Sie war gerade mitten in einem Telefonat und hatte ihm mit Gesten zu verstehen gegeben, es sich in der Sitzgruppe bequem zu machen. Er wertete das als guten Einstieg, denn in der anderen Ecke des großzügigen Wohnbereichs stand auch ein Schreibtisch mit einem Besucherstuhl davor, und ein Gespräch über diesen Schreibtisch hinweg wäre von vornherein wesentlich förmlicher und distanzierter abgelaufen.

Durch die offen stehende Schiebetür konnte er sie im Nebenraum beobachten, wie sie auf und ab ging und dem Anrufer konzentriert zuhörte.

Nicht nur, dass sie bereits eine beachtliche Karriere vorzuweisen hatte – mit Mitte zwanzig bereits Departements-Vorsitzende der Grünen –, sie sah auch noch verdammt gut aus, dachte Durand und war dem Anrufer dankbar, da ihm das Gespräch gestattete, sie noch ein bisschen länger anzusehen. Das lange kupferrote Haar trug sie, auch in der Öffentlichkeit, immer offen. Auf der rechten Seite nach hinten, über das Schulterblatt hinunter, was den Blick auf ihr Gesicht freigab und es sehr vorteilhaft zur Geltung brachte – komplizenhaft, fast spitzbübisch, wenn sie lächelte, andererseits aber, wenn sie ernst und konzentriert war, kühl und unnahbar wie die Büsten der Marianne, der nationalen Ikone in den Büros der französischen Bürgermeister, die als Symbol für die Werte der Französischen Republik stand.

Schließlich kam sie aus dem Nebenraum zurück und steckte im Vorbeigehen das Telefon wieder in das Basisgerät am Schreibtisch.

»Sie klangen ja am Telefon sehr geheimnisvoll, lieber Monsieur Durand. Jetzt bin ich aber gespannt«, eröffnete sie das Gespräch mit herzlichem Tonfall.

»Bitte nennen Sie mich doch Cedric, unter Kollegen und in so einem privaten Rahmen …«

»Gern, dann nennen Sie mich aber bitte auch Agnès.«

Durand lächelte und nickte dabei zufrieden.

»Also Cedric, spannen Sie mich nicht länger auf die Folter, was verschafft mir die Ehre Ihres geheimniskrämerischen Besuchs?«, bohrte sie nach, während sie sich in den Sessel der Sitzgruppe fallen ließ.

»Nun, wie Sie ja sicherlich mitbekommen haben, möchte ich den Bürgern Nizzas eine Alternative zur aktuellen Stadtverwaltung präsentieren, aber trotzdem eine konservative Grundausrichtung beibehalten. Unsere Bürger lieben nun mal ihre Traditionen.«

»Da haben Sie allerdings recht. Aber alle fragen sich, warum Sie dann nicht gleich in die Partei des aktuellen Bürgermeisters eintreten und sich lediglich als Gegenkandidat anbieten?«

»Nein, da sind einige Strukturen und Standpunkte zu sehr in Stein gemeißelt, die letztendlich meine eigenen Ideen auf einen schalen Kompromiss eindampfen würden.«

»Sie wollen also frischen Wind in unsere Kommunalpolitik bringen – das hört sich doch schon einmal gut an. Findet man in der Politik heutzutage leider allzu selten.«

»Danke, Agnès. Aber Sie schätze ich auch schon immer als erfrischend und offen für Neues ein. Damit wären wir auch bei dem Grund für meinen heutigen Besuch.« Durand machte eine kurze Pause, während sie sich interessiert nach vorn beugte.

»Unser beider Vorstellungen von der Stadt Nizza im 21. Jahrhundert haben seitens der allgemeinen Marschrichtung keine wirklich unvereinbaren Gegensätze aufzuweisen.«

»Ich habe mich natürlich zwischenzeitlich mit Ihrem Programm beschäftigt. Im Großen und Ganzen haben wir wohl tatsächlich ähnliche Vorstellungen.«

»Das sehe ich auch so, wir schwimmen da auf einer Welle. Aber abgesehen davon: Sie selbst haben ohnehin keine Ambitionen bezüglich der Kommunalwahlen, sondern interessieren sich vielmehr für weitere Aufgaben auf Departement-Ebene. Es gibt also keinen Grund, dass sich unsere Parteien im kommunalen Wahlkampf gegenseitig demontieren. Deshalb möchte ich mit Ihnen eine Art Nichtangriffspakt schließen.«

Wie vorausgesehen, hatte er sie damit kurz aus dem Konzept gebracht. Sie hatte mit Sicherheit vielmehr damit gerechnet, dass er auf der Suche nach einer neuen politischen Heimat war und sich ihrer Partei anschließen wollte. Bevor sie sich jedoch auf die neue Situation einstellen konnte, fuhr er mit seiner ungewöhnlichen Strategie fort.

36

Tom verstand die Welt nicht mehr: erst tagelang gefangen gehalten, dann freigelassen und nach nicht mal zehn Minuten wieder eingefangen. Als er nach dem allzu kurzen Ausflug zurück in sein altes Verlies kam, begann auch wieder der gleiche alte Trott. Niemand nahm Kontakt mit ihm auf, und so keimte in ihm mehr und mehr der Verdacht, dass man gar nichts von ihm persönlich wollte und ihn vermutlich nur jemand aus dem Verkehr gezogen hatte. Aber sosehr er sich auch den Kopf zermarterte – Zeit genug hatte er ja dazu –, ihm wollte einfach nichts einfallen, wobei er entscheidenden Einfluss haben oder einen potenziellen Störenfried darstellen könnte.

Dann, gegen Mittag, kam wie gewohnt der Sandwichman. Tom hingen Baguette und Schinken mittlerweile zum Hals heraus, und er aß wirklich nur noch das Nötigste, gerade genug, um den Hunger zu stillen.

Der Sandwichman ließ den Strahl seiner Taschenlampe durch den Raum wandern, um Tom zu orten – auch das war nur die mittlerweile schon vertraute Routine. Sobald er ihn erfasst hatte, zog er jedoch die Taschenlampe ein Stück zurück, und Tom konnte im Lichtstrahl die andere Hand des Mannes erkennen, und in der hielt er eine Pistole – das war definitiv neu. Tom erstarrte wie das sprichwörtliche Karnickel vor der Flinte des Jägers.

Das starke Licht blendete Tom, aber er hörte Geräusche. Jemand musste sich hinter dem Sandwichman befinden, damit beschäftigt, Gegenstände abzustellen und zurechtzurücken.

Eine zweite Lampe, ein größerer Scheinwerfer, wurde auf ihn gerichtet, und die beiden unsichtbaren Männer zogen sich daraufhin zurück. Dann fiel die Tür ins Schloss. Während der ganzen Aktion wurde nicht ein einziges Wort gewechselt.

Tom wagte nicht, sich zu bewegen, und nach einer gefühlten kleinen Ewigkeit hörte er plötzlich eine seltsam verzerrte Stimme. Tom war sich sicher, dass er allein im Raum war, also hatten sie vermutlich einen Lautsprecher installiert. Links von der

Lampe vernahm er einen schwach leuchtenden roten Punkt. Das könnte eine Übertragungskamera sein, was auch die zusätzliche Beleuchtung erklären würde.

Die leicht verzerrte Stimme begann ihm merkwürdige Fragen zu stellen, wartete aber erst gar nicht eventuelle Antworten ab.

Auch jetzt, im Nachhinein, als er versuchte, das Ganze zu analysieren, wollte ihm keine vernünftige Erklärung einfallen. Die seltsamen, aber eindringlich vorgetragenen Satzfetzen schwirrten ihm wieder und wieder durch den Kopf, ohne dass er sich einen Reim darauf machen könnte.

»Sie sind nur ein kleines, unbedeutendes Puzzleteil.« ... »Die, die das Sagen haben, können mit Ihnen machen, was ihnen gerade in den Kram passt. Sie mit einem Fingerschnippen in ungeahnte Höhen bringen, aber auch in die Hölle schicken.« ... »Glauben Sie nicht, Sie würden irgendwas bedeuten oder könnten was bewirken.«

Tom erschrak, als die Stimme viel lauter fortfuhr: »Also halten Sie sich raus! Ab sofort! Sie haben gesehen, wir können Sie jederzeit holen. Aber das nächste Mal wird es weniger harmlos ablaufen. Ein Gitarrist ohne Zeigefinger ist wohl dauerhaft erwerbsunfähig ... Apropos, nur um sicherzugehen: Sie spielen regulär Gitarre? Also linke Hand als Greifhand, ja? Das wäre doch bedauerlich.«

Tom traten unwillkürlich Tränen in die Augen. Angst, das Gefühl der Ohnmacht und diese unerklärliche Entführung hatten ihm Kraft und Nerven geraubt. Die verzerrte Stimme an sich gab dem Ganzen einen zusätzlich bedrohlichen Anstrich.

Toms offensichtliche Angst schien den Sprecher zu besänftigen. Die kalte Stimme hörte auf, Bedrohungen auszumalen, und klang mit einem Mal beruhigend, nahezu versöhnlich. »Sie werden unsere Gastfreundschaft noch etwas genießen und dann unbeschadet in Ihr altes Leben zurückkehren. Was die Zukunft bringt, hängt einzig und allein von Ihrem Verhalten ab. Wir behalten Sie im Auge.«

Eine Zeit lang blieb es still, dann ging die Tür wieder auf, und der unsichtbare Freund des Sandwichman baute sein Equipment wieder ab.

Eine Minute später war Tom wieder ganz allein in seinem dunklen Verlies. Alles fühlte sich real an, die Hoffnung, dass alles nur ein Alptraum war und er jeden Moment aufwachen würde, hatte er schon längst aufgegeben.

Tom dachte über das Erlebte nach und vergaß darüber Zeit und Raum. Erst als er wieder Schritte vor der Tür hörte und dann der Riegel geöffnet wurde, fiel ihm auf, dass der Sandwichman noch gar kein Essen dagelassen hatte. Also war das jetzt die übliche Essenslieferung – hoffentlich. Nicht weil er Hunger gehabt hätte, aber besser eine banale Sandwichlieferung als eine weitere Konfrontation mit dem Unbekannten.

Immer noch ziemlich verstört von den bedrohlichen Ankündigungen, stellte sich Tom gefügig an die Wand gegenüber der Tür. Intuitiv wollte er schon jetzt demonstrieren, dass er gehorchen würde, auch wenn ihm noch nicht ganz klar war, wie und wobei.

Sobald der Sandwichman wieder weg war, tappte Tom vorsichtig in die Richtung, in der das Tablett stehen musste. Noch während er sich der Stelle näherte, nahm er einen ungewohnten Geruch war.

Er konnte es kaum fassen: Sie hatten ihm tatsächlich ein warmes Essen zubereitet. Und neben dem obligatorischen Wasserkrug befanden sich sogar eine Karaffe mit Wein sowie eine kleine Taschenlampe, damit er beim Essen etwas Licht machen konnte.

Der Anblick des Essens ließ seinen Magen schlagartig laut knurren. Die karge Minimalverköstigung der vergangenen Tage forderte ihren Tribut.

37

Nicolas wusste im ersten Moment nicht, wie ihm geschah, als der Wecker um sieben Uhr morgens klingelte. Seit er Chauffeure für seine Kunden engagiert hatte, musste er nicht mehr so früh raus.

Wenn er einen Kunden aber mal wieder selbst fuhr, zog er es vor, zeitig aufzustehen und in Ruhe zu frühstücken, um dann sofort einsatzbereit zu sein, sobald der Kunde anrief. Da sich seine Kunden in einem wohlverdienten Urlaub befanden und für seine Dienste teuer bezahlten, konnten sie diese Einsatzbereitschaft auch mit gutem Gewissen erwarten.

Im Fall von Fournier, die glaubte, der französische Staat würde ihr einen Chauffeur auf Staatskosten zur Verfügung stellen, fand Nicolas es ziemlich arrogant, dass sie es nicht einmal für nötig befand, ihn am Vorabend über ihre Tagesplanung zu informieren. Es konnte gut und gern möglich sein, dass sie ihn erst später am Tag benötigte und er somit nicht schon in aller Früh bereitstehen musste. Aber eigentlich überraschte ihn diese Arroganz gar nicht mehr, sie war vielmehr eine Bestätigung für das bisherige Auftreten von Fournier.

Der Anruf kam schließlich kurz nach zehn Uhr, und Nicolas machte sich sofort auf den Weg zu ihr.

Als sie aus dem Haus kam und Nicolas ihr die Tür aufhielt, war sie bereits mitten in einem Telefonat. Sie gab ihm nur kurz die Adresse der Kanzlei ihrer Tochter und verschwand dann im Wageninneren.

In der Fahrerkabine drehte Nicolas diskret die Lautstärke des Abhörlautsprechers auf.

»… es ist wichtig, dass in dieser Angelegenheit keinerlei Verbindung zwischen uns beiden hergestellt werden kann. Selbst wenn die Unterlagen versiegelt werden, möchte ich nicht einen x-beliebigen Kurierdienst mit dem Transport von Ihnen zu mir betrauen.«

Fournier schwieg, und Nicolas bedauerte, dass er den Menschen am anderen Ende der Verbindung nicht hören konnte.

»Aber ich habe schon eine Lösung gefunden. Meine Nichte wohnt auch in Paris, gar nicht weit weg von Ihnen. Sie hat Zeit. Abgesehen davon habe ich sie ohnehin als meine Assistentin anstellen lassen, da kann sie ruhig auch mal was für ihr Geld tun. Sie wird die Mappe persönlich bei Ihnen abholen und sich noch heute ins Flugzeug setzen. So bekomme ich die Pläne spätestens im Laufe des Nachmittags … Machen Sie sich keine Gedanken wegen der Kosten, das regle ich.«

Während Fournier noch abschließenden Small Talk machte, ärgerte sich Nicolas bereits über die Geschichte mit der Nichte. Immer wieder wurden Vorwürfe laut, dass die Politiker ihre halbe Familie oder ihren Freundeskreis mit gut dotierten Posten versorgten, die den Steuerzahler eine Stange Geld kosteten, ohne dass diese »Berater« und »Assistenten«, oder wie auch immer sie sich schimpfen mochten, auch nur die geringste Qualifikation aufwiesen.

Als Fournier bereits die nächste Nummer wählte, wusste Nicolas noch nicht, dass er gleich seine gesamte Selbstbeherrschung benötigen würde, um nicht unkontrolliert loszuschreien und sie nicht mit einem kräftigen Tritt in den Straßengraben zu befördern.

»Ja, guten Morgen, verbinden Sie mich doch bitte mit der Reisestelle … Hier ist Senatorin Fournier. Ich wollte Sie um einen Gefallen bitten: Ich hatte einen fürchterlichen Unfall … Danke, das ist nett von Ihnen. Ja, eine schlimme Sache. Vielen Dank für Ihre Anteilnahme.«

Offensichtlich war der Gesprächsteilnehmer über die Entführung und die schmerzhaften Konsequenzen bereits im Bilde und bedauerte sie gerade. Nicolas bemerkte sehr wohl den mitleidheischenden Unterton in Fourniers Stimme.

»Aus dem Grund kann ich leider noch nicht persönlich an den Senatssitzungen teilnehmen. Aber meine Assistentin würde mir heute Nachmittag einige wichtige Unterlagen hier nach Nizza bringen. Könnten Sie ihr bitte einen meiner Freiflüge buchen?«

Aus dem vorherigen Telefonat ging klar hervor, dass die eiligen Unterlagen aller Wahrscheinlichkeit nach überhaupt nichts mit der Senatssitzung zu tun haben würden. Ganz abgesehen davon:

Ein Sitzungsprotokoll könnte man genauso gut per E-Mail schicken, und eventuelle Unterlagen für die nächste Sitzung würden mit normaler Briefpost immer noch rechtzeitig bei ihr eintreffen, um sich gebührend auf die Sitzung vorzubereiten. Die Fournier missbrauchte hier einen Freiflug, der eigentlich dazu gedacht war, dass die nicht in Paris wohnenden Politiker an den Sitzungen teilnehmen konnten, ohne dafür hohe Anreisekosten aus eigener Tasche bestreiten zu müssen. Stattdessen ließ sie sich persönliche Unterlagen für ganz offensichtlich illegale Absprachen frei Haus liefern.

Als sie schließlich an der Kanzlei angekommen waren, öffnete sich die Trennscheibe hinter ihm wieder.

»Warten Sie noch kurz, bis ich im Gebäude bin. Anschließend können Sie dann fahren«, entließ sie Nicolas. »Holen Sie mich gegen sechzehn Uhr wieder hier ab. Geben Sie kurz telefonisch Bescheid, wenn Sie vor der Tür sind. Ich möchte vermeiden, allein auf der Straße zu sein. Hier bin ich nämlich entführt worden«, fügte sie an, für den Fall, dass er noch nicht hinreichend über ihr Schicksal informiert sein sollte.

38

Kaum war die Senatorin weg, griff Nicolas auch schon zum Handy. »Victor, kannst du Michel anrufen, ob er uns eine von Toms Interview-CDs geben kann? … Erklär ich dir unterwegs. Ich könnte dich in einer Viertelstunde abholen, dann wären wir gegen zwölf Uhr bei ihm.«

In Michels Büro hatte Victor auf dessen Nachfrage hin dann nur ganz vage geantwortet, dass er eine Stimmprobe von Tom bräuchte. Michel hatte sich damit zufriedengegeben. Wohl, weil er wusste, dass er ohnehin nicht mehr von Victor erfahren würde.

Wieder zurück im Wagen, riefen sie sofort Julien an, der sich bereit erklärte, am Eingang der Schule auf Nicolas zu warten.

Auf dem Rückweg ins Zentrum von Nizza überließ Nicolas das Steuer Victor, um sich während der Fahrt den Ausdruck mit den aufgezeichneten Antworten durchzulesen. Die Zeit drängte.

In Nizza angekommen, fand Victor eine freie Parklücke am Yachthafen, der direkt gegenüber dem Ausbildungszentrum lag.

Julien, der wie vereinbart bereits am Eingang gewartet hatte, führte Nicolas durch die Gänge der Schule, bis sie zu einem großen Raum mit mehreren kleinen schallisolierten Kabinen kamen.

Hinter einer Tür mit der Aufschrift »Postproduction« befand sich eine Art Schreibtisch, auf dessen doppelstöckiger Arbeitsplatte eine Tastatur, drei Monitore und ein Paar Lautsprecherboxen standen. An der Stirnseite des Raums hingen ein weiteres Paar Lautsprecher und ein großer Bildschirm.

»Hier habe ich die jeweiligen Takes mit den Wörtern, die wir daraus brauchen, markiert«, erklärte Nicolas Julien anhand der Liste. Der schob die CD in den Rechner und öffnete die entsprechenden Passagen in dem Bearbeitungsprogramm.

Geschickt markierte Julien die gewünschten Schnipsel mit der Maus und schnitt die nicht benötigten Teile weg. Was letztendlich übrig blieb, verschob er dann in die Hauptspur, um sie dort in die richtige Reihenfolge zu bringen. Nach nicht einmal fünf

Minuten konnte er bereits den ersten Testlauf abspielen. Noch bevor Nicolas irgendetwas sagen konnte, begann Julien die Abstände zwischen den einzelnen Passagen zu vergrößern oder zu verkleinern, bis der Satz vom Sprachrhythmus her flüssig klang.

»Du machst das aber auch nicht zum ersten Mal«, meinte Nicolas anerkennend.

»Zu Anfang unserer Ausbildung ließen sie uns stundenlang das Schneiden an alten Magnetbändern üben. Also so richtig mit dem Stift anzeichnen, dann schneiden und wieder zusammenkleben. Wer das analog nicht beherrscht, der bekommt es auch digital auf dem Rechner nicht überzeugend hin, haben sie immer gesagt.«

»Und, haben sie recht behalten?«

»Absolut. Wenn man bei jedem Fehler erst alles wieder mühsam aufdröseln muss und immer kleiner werdende Fitzelchen zusammenzukleben versucht, ohne dass es hinterher knackst oder rumpelt, dann bekommt man ganz schnell ein Feeling für die Abstände und den richtigen Rhythmus.«

»Kannst du das noch mal abspielen?«, fragte Nicolas.

»Klar. Jetzt müssen wir es nur noch pitchen«, murmelte Julien, und noch bevor Nicolas es sich erklären lassen konnte, startete Julien eine Effektgerätesoftware auf dem Nachbarbildschirm. Er markierte die Anfangspassage eines Takes, veränderte einige Parameter an dem virtuellen Effektgerät, um so die Worte in die Länge zu ziehen beziehungsweise zu verkürzen und Tonhöhenunterschiede zweier Wörter anzugleichen. Schon nach wenigen Versuchen klang der Übergang zwischen zwei ursprünglich völlig unterschiedlichen Textpassagen ganz natürlich und wie an einem Stück gesprochen.

Nicolas hatte sich bei der Auswahl der Texte auf den Sinn der Wörter beschränkt. Da es aber Sätze waren, die Tom auf unterschiedliche Fragen und Themen hin gesprochen hatte, war die Textmelodie im direkten Vergleich sehr unterschiedlich. Julien hatte sie nun einen nach dem anderen fast spielerisch untereinander angeglichen.

»So wie du hier trickst, braucht ein Musiker heutzutage wohl nur noch in die Kamera zu lächeln und dabei halbwegs überzeugend auf seinem Instrument herumzufuhrwerken, und ihr Tonfuzzis gleicht dann hinterher die ganzen Fehler aus, oder wie?«

»Theoretisch ja, aber meist sind es nur kleine Fehler, und die bügelt man dann kommentarlos aus. Hier an der Schule üben wir noch mit Amateurbands. Später, im richtigen Studio, wenn da ein Profimusiker einmal einen Fehler macht, dann spielst du ihm das kurz vor, und er weiß sofort, was er anders machen muss. Dann spielst du die letzten dreißig, vierzig Sekunden vor dem Fehler ab, er steigt mit seinem Instrument ein, und kurz bevor du an die fehlerhafte Stelle kommst, schaltest du seine Spur scharf, also von Wiedergabe auf Aufnahme um, und nach dem Fehler gehst du wieder raus. *Et voilà*, der Fehler ist überspielt.«

»So einfach geht das?«

»Bei Profis, ja. Sagst du aber einem von den Amateuren, dass er sich verspielt hat, dann fühlt er sich sofort in seiner Musikerehre gekränkt, und das große Diskutieren geht los. Glaub mir, da bist du zehnmal schneller, wenn du einen schiefen Ton klammheimlich mit technischen Tricks hinbiegst.«

Nicolas war von dem Endergebnis mehr als beeindruckt. Trotz der Nachbearbeitung erkannte er immer noch Toms typisch brasilianischen Akzent und dessen Sprachmelodie wieder.

Als er Julien erklärte, auf welche Weise er diese Aufnahme verwenden wollte, bearbeitete dieser die gesamte Audiodatei noch einmal abschließend mit einem Kompressor und einem Summenequalizer. Jetzt sollte seiner Meinung nach niemand mehr einen Zweifel an der Authentizität der Stimme hegen.

Julien brannte Nicolas eine CD und zog zusätzlich eine Sicherheitskopie der Audiodatei auf Nicolas' Handy.

Nicolas verstand nun auch, warum Tonaufnahmen vor Gericht nicht als Beweismittel zugelassen waren. Mit diesen technischen Möglichkeiten konnte man eine ursprünglich harmlose Unterhaltung aus ihrem Kontext reißen, daraus glatt ein Geständnis oder eine schwere Anschuldigung basteln und dem Urheber sprichwörtlich in den Mund legen.

Als sie das kleine Postproduktionstudio verließen, stand Victor vor der Tür. »Kaffee?«

»Macht nur, wir sind hier ja fertig. Ich für meinen Teil muss jetzt wieder zurück in meinen Workshop«, wollte sich Julien verabschieden.

Victor aber schüttelte den Kopf. »Nein. Ich meinte damit eigentlich Sie und mich.«

»Tut mir leid, vielleicht ein andermal. Ich habe wirklich zu tun«, versuchte Julien abzuwiegeln.

»Sie verstehen mich nicht. Es ist ja nicht, weil ich mich allein langweilen würde. Es geht darum, Ihnen ein Alibi zu verschaffen, wenn Sie so wollen.«

Julien sah ihn verdutzt an, also fuhr Victor fort: »Sehen Sie, wir wollen mit dem, was ihr beide da gerade fabriziert habt, die Entführer aus der Reserve locken. Dazu ist es natürlich wichtig, dass die vorher nicht gewarnt werden.«

Julien machte empört den Mund auf, aber Victor hob nur beschwichtigend die Hände.

»Nicht dass ich Ihnen unterstellen würde, dass Sie irgendwas mit Toms Entführung zu tun hätten – das ist wirklich nur reine Routine –, aber Sie sind der einzige Außenstehende, der davon weiß, und solange Sie unter meiner Aufsicht stehen, kann ich, wenn unser Trick scheitern sollte, guten Gewissens bestätigen, dass es nicht Ihre Schuld war.«

»Ich verstehe nicht …«

»Wir könnten uns jetzt natürlich ein paar Stunden lang den Hintern im Kommissariat breit sitzen, oder aber wir gehen ganz gemütlich in das Bistro nebenan, und sobald mich Nicolas anruft und grünes Licht gibt, gehen Sie wieder in Ihren Workshop. Hört sich doch nach einem guten Plan an, oder?«

Victor erwähnte das Kommissariat bewusst, um bei Julien den Eindruck zu erwecken, es handle sich hierbei um eine offizielle Maßnahme und dass ihm gar keine andere Wahl blieb, als Victors Bitte zu folgen. Um Legros einzuweihen, hatten sie in Wirklichkeit aber gar keine Zeit gehabt, weil Nicolas bereits um sechzehn Uhr wieder bei Fournier antanzen sollte. Außerdem hatte Victor einen Hintergedanken, von dem Legros nichts zu wissen brauchte.

Also hatten sie beschlossen, dass Nicolas zunächst allein mit

Julien den Teil im Studio erledigen sollte, damit sie ungestört arbeiten konnten. Erst danach wollte Victor Julien für den Rest des Nachmittags aus dem Verkehr ziehen. Das hatte den Vorteil, dass Julien nicht – absichtlich oder zufällig – ihre Falle verriet und die Entführer gewarnt waren, und gleichzeitig konnte er auch bei Julien auf den Busch klopfen und herausfinden, inwieweit er in die Agency und die sich dort häufenden Unregelmäßigkeiten involviert war.

Er musste dabei äußerst behutsam vorgehen, denn wenn Julien wirklich nur ein einfacher Kurier war, dann durfte Victor auf keinen Fall zu viel verraten und dabei riskieren, Julien vielleicht erst dadurch auf falsche Gedanken zu bringen. Wenn er ihn als Verdächtigen ausschließen konnte, musste er aber auch verhindern, dass Michel aufgrund einer unbedachten Äußerung Juliens von Victors Nachforschungen erfuhr. Denn sollte Michel auch nur ahnen, dass die Chefetage Verdacht geschöpft hatte, würden eventuell laufende Aktivitäten sofort auf Eis gelegt und alle Spuren gründlich beseitigt werden.

Wenn Julien hingegen tatsächlich eine lukrative Eigeninitiative entwickelt hatte und das Netz zu seinen Gunsten ausnutzte, dann musste Victor versuchen, so viel wie möglich darüber in Erfahrung zu bringen. Er musste wissen, welche Kontakte betroffen waren, ob noch andere Mitarbeiter mit drinsteckten und vor allem, ob Gefahr bestand, dass das ursprüngliche Netz auffliegen könnte, wenn Julien aus dem Verkehr gezogen würde. Dass er seine Antworten bekommen würde, davon war Victor überzeugt. Er würde erst mal eine scheinbar harmlose Konversation mit Julien führen. Wenn es nötig werden sollte, konnte er Julien immer noch an einen ruhigeren Ort bringen, wo sie dann ungestört sein würden. Aber das musste er Nicolas schließlich nicht auf die Nase binden.

»Na, dann wünsche ich euch viel Spaß«, verabschiedete sich Nicolas von den beiden. »Ich muss jetzt los, Nathalie treffen und ihr die CD geben. Danach kümmere ich mich wieder um meine Kundin.«

39

Da wegen der vorgerückten Mittagszeit alle Restaurants der Umgebung immer noch gut besucht waren, hatte Victor schließlich eine kleine Bar in einer Seitenstraße der Tontechnikerschule ausgewählt, in der nur eine Handvoll Stammgäste bei einem Kaffee saßen. Dort konnte er ungestört mit Julien reden, ohne dass neugierige Ohren am Nachbartisch etwas von ihrem heiklen Thema mitbekämen. Wenn es im Laufe des Nachmittags wider Erwarten doch noch voll werden würde, könnten sie immer noch einen kleinen Spaziergang durch die weitläufige Anlage des Fährhafens machen, der keine zweihundert Meter von der Bar entfernt lag.

Victor stellte Julien viele Fragen rund um seine Ausbildung und seine späteren beruflichen Ziele. Damit wollte er ihn von der aktuellen Situation ablenken und gleichzeitig mehr darüber erfahren, wie Julien zu dem Job bei Michel gekommen war. Wie erhofft, blühte Julien bei dem Gespräch über seine Leidenschaft förmlich auf, erzählte begeistert von der praxisbezogenen Arbeit im Rahmen seiner Ausbildung und vergaß einen Moment lang sogar, dass Victor ihn sozusagen vom Unterricht zwangsbeurlaubt hatte.

Victor wertete das als gutes Zeichen. Denn wenn Julien das Netz für eigene Zwecke ausnutzen würde, wäre er wohl eher einsilbig und bei seinen Antworten wesentlich vorsichtiger. So aber machte er tatsächlich den Eindruck, als wäre sein Engagement, wie behauptet, wirklich nur der harmlose Nebenjob eines Studenten und über einen Aushang am Schwarzen Brett zustande gekommen.

An dieser Version gab es nur einen Schönheitsfehler: Da Julien die auf den ersten Blick so harmlos erscheinenden Gegenstände nicht nur zu Toms Lager bringen sollte, sondern seine Hauptaufgabe darin bestand, sie anschließend auch unauffällig im Equipment zu verstecken, musste ihm klar sein, dass es sich dabei nicht nur um Musik-CDs und Software für die Effektgeräte handeln konnte. Wenn er gar einmal ein Bauteil so im Equipment verbauen sollte, dass es als Teil der Anlage durchging, ohne es aber anschließend auf seine Funktionstüchtigkeit hin zu überprüfen, dann konnte das nur bedeuten, dass hier etwas nicht ganz koscher war. Und mit Sicherheit hatte ihm Michel auch ausdrücklich untersagt, mit Tom darüber zu sprechen. Spätestens hier wurde die Geschichte vom harmlosen Nebenjob also schlichtweg unglaubwürdig.

Victor nahm sich vor, auch noch herauszubekommen, ob Michel das lediglich durch eine motivierende Bezahlung ausglich oder ob er Julien vielleicht sogar mit etwas unter Druck setzte. Zunächst wartete er aber auf eine Gelegenheit in ihrem Geplauder, Julien mit einer unerwarteten Frage aus dem Konzept zu bringen, ihn in eine Sackgasse zu manövrieren, aus der als einzig möglicher Ausweg nur noch die Wahrheit, im idealen Fall sogar ein Geständnis blieb.

»... da hat man uns vorher unsere Handys abgenommen«, erzählte Julien gerade begeistert von seinen Erlebnissen als Praktikant in einem professionellen Studio. »Und hinterher wurden unsere Taschen kontrolliert, damit nur ja keiner heimlich einen Mitschnitt macht, um ihn anschließend meistbietend an die Medien zu verkaufen, bevor die CD offiziell auf den Markt kommt. Es gibt da nämlich einige illegale Musikportale, die durch so eine Vorabveröffentlichung eines Superstars ihre Klicks in astronomische Höhen treiben möchten und dafür auch mal ein nettes Sümmchen springen lassen.«

Victor war es ganz recht, dass Julien sich so in sein Steckenpferd hineinsteigerte. Das machte ihn offen und vielleicht, so hoffte er, auch ein bisschen unvorsichtig. Also ging er auf das Thema ein, um Julien bei der Stange zu halten.

»Kann ich mir gut vorstellen«, hielt Victor das Gespräch am Laufen. »Ich habe gehört, dass U2 hier immer wieder mal Musikvideos drehen. Wenn man da noch vor der offiziellen Veröffentlichung einen heimlichen Mitschnitt macht, kann man bestimmt gut Kohle scheffeln.«

»Aber hallo!«, meinte Julien aufgeregt.

Victor hatte das Gefühl, dass er nur allzu leicht für solch krumme Touren zu begeistern wäre. »Aber selbst wenn die Band jetzt nicht so berühmt wäre«, fuhr Victor fort, »es gibt ja auch noch die Plagiatsgefahr. Ein Bekannter von mir ist Musiker, der seine Songs selbst schreibt. Bevor er sie an verschiedene Labels schickt, zieht er immer erst eine Kopie und schickt die dann per Einschreiben an sich selbst.«

»Warum das denn?«

»Er hat Angst, dass eine Plattenfirma seinen Song klaut und ihn von einem der bei ihr unter Vertrag stehenden Künstler aufnehmen und publizieren lässt. Wenn das passieren sollte, könnte er dann mit seinem Einschreiben, das er natürlich ungeöffnet aufgehoben hat, beweisen, dass er diesen Song schon vor langer Zeit eingespielt hat – lange bevor die CD des Plagiatskünstlers auf den Markt kam. Ob das allerdings vor Gericht reicht, kann ich nicht beurteilen.«

»Die Idee ist gut, das muss ich mir merken, denn gegeben hat es das schon«, stimmte Julien zu. »Eine von diesen Castingshows im Fernsehen hat das einmal mit dem Song einer noch unbekannten Sängerin gemacht. Die hatte den Song kurz vorher bei einem Verlag eingeschickt, der zum gleichen Konzern gehörte wie der Fernsehsender.«

»Solche Mediengiganten gibt's ja heute immer öfter«, kommentierte Victor Juliens Geschichte.

Aber der redete mittlerweile ohne Punkt und Komma weiter. »Die haben ihr Gott weiß was versprochen, die Rechte für ein Butterbrot erworben, aber den Song dann nicht mit ihr, sondern mit der Girlgroup der Castingshow produziert. Der hat sich verkauft wie warme Brötchen, weil sie im Finale der Show den Song schon samt Video vorgestellt haben. Und da die Gewinner solcher Castingshows einen nicht zu knappen Anteil ihrer Einnahmen an den Sender abgeben müssen – viel mehr als bei einem normalen Künstlervertrag –, hat der dann richtig Kohle damit gemacht.«

Julien war jetzt voll und ganz in seinem Element. Es war offensichtlich: Das Musikgeschäft war seine Welt. Victor fragte sich, wie weit Julien gehen würde oder bereits gegangen war, um seinen Traum zu leben. Was war er bereit zu tun, um ihn zu finanzieren?

40

Nathalie rangierte ihren Wagen rückwärts auf den Gehweg vor einer Hofeinfahrt. Von hier aus hatte sie eine freie Sicht auf das Gebäude, war aber weit genug davon weg, um keinen Verdacht zu erregen. Ein zufälliger Passant würde sie einfach für jemanden halten, der im Wagen auf eine Freundin oder Kollegin wartete.

Sie rief Nicolas an. »Du kannst kommen. Ich bin in Stellung.«

»Ja, ich seh dich.«

Nathalie hörte über das Handy, wie er den Motor startete.

»Ich habe mein Handy jetzt auf dem Beifahrersitz liegen. Kannst du mich gut hören?«

»Einwandfrei.«

»Okay, dann sage ich jetzt der Senatorin Bescheid, dass ich auf sie warte. Dann hilft nur noch Daumen drücken, dass sie drauf anspringt«, sagte Nicolas und legte dann auf.

Nathalie beobachtete kurze Zeit später, wie Fournier in Nicolas' Van einstieg und sich der Wagen daraufhin in Bewegung setzte.

Sie überzeugte sich noch mal davon, dass ihre Rufnummernunterdrückung auch wirklich aktiviert war, und wartete, bis der Van aus ihrem Blickfeld verschwunden war. Dann wählte sie.

Fournier meldete sich mit einem knappen und herrischen »Ja, bitte«, und Nathalie drückte an ihrem Autoradio die Taste, um die CD zu starten. Die Lautstärke der Stereoanlage hatte sie zuvor so eingestellt, dass Toms Stimme gut verständlich übertragen wurde und sich so anhörte, als wäre er selbst am Telefon.

Nicolas beobachtete die Senatorin, als ihr Telefon klingelte. Er sah, wie sie kurz auf das Display schaute, das aber lediglich einen anonymen Anrufer ankündigte. Sichtlich verärgert nahm sie den Anruf entgegen, indem sie die Freisprechfunktion aktivierte. Einen kurzen Moment herrschte Stille, und dann hörte Nicolas über seine Abhöranlage Toms Stimme.

Toms Ansage war kurz, nach den zwei Sätzen wurde die Verbindung sofort wieder abgebrochen, ohne Fournier die Möglichkeit zu geben, darauf zu reagieren.

Fournier starrte wie hypnotisiert auf ihr verstummtes Handy, während sich Nicolas' Mobiltelefon auf dem Beifahrersitz durch Vibrationsalarm bemerkbar machte. Unauffällig drückte er auf »Gespräch annehmen« und raunte testhalber: »Okay?«, worauf Nathalie ein ebenso kurzes »Okay« wisperte.

Als sich Fournier von ihrem Schock erholt hatte, ließ sie die Trennscheibe zwischen ihnen herunter und sagte hörbar erregt: »Fahren Sie mich umgehend zu meinem Schwiegersohn nach Coaraze.«

Die Trennscheibe glitt wieder nach oben, und Nicolas sah im Innenspiegel, wie Fournier hektisch ein paar Tasten ihres Telefons drückte. Kurz darauf hörte er bereits das Freizeichen. Er hoffte, dass sie weiterhin die Freisprechfunktion benutzen würde. Er würde zu gern auch den Gesprächspartner hören.

Der Angerufene hatte wohl die Nummer abgespeichert, denn er meldete sich mit den Worten: »Bonjour Madame, was kann ich für Sie tun?«

Sie blaffte ihn jedoch sofort wütend an: »Was ist da oben bei Ihnen los? Was ist mit unserem Gast passiert?«

»Was soll mit ihm sein? Ich verstehe Sie nicht.«

»Er hat mich gerade angerufen – das ist mit ihm los!«

»Madame, ich kann Ihnen versichern, er hat kein Telefon zur Verfügung.«

»Dann sehen Sie gefälligst nach. Jetzt sofort, ich warte!«

Eine unverständlich brummelnde Männerstimme war zu hören, und nach nicht mal einer Minute kam der Mann zurück zum Telefon und vermeldete: »Ich weiß wirklich nicht, wovon Sie reden. Er sitzt immer noch genau da, wo er sein soll: nämlich in seiner Zelle. Sind Sie sicher, dass er es war?«

»Er meinte, er sei raus und das werde nun teuer für uns. Wer, außer ihm, sollte das Ihrer Meinung nach wohl sonst gewesen sein? Dann sagte er noch: ›Heute Abend, bei Ihnen.‹ Ich bin jetzt gerade auf dem Weg zu Ihnen. Passen Sie in der Zwischenzeit gut auf ihn auf. Nicht dass er noch mal jemanden anruft.«

»Madame, ich versichere Ihnen nochmals: Er kann niemanden anrufen. Da hat Sie jemand aufs Glatteis geführt. Wenn Sie hierherkommen, locken Sie eventuell noch jemanden auf unsere Fährte. Meine Leute bewachen ihn rund um die Uhr. Warten wir lieber ab, was als Nächstes passiert. Wenn dieser Anrufer gesagt hat ›Heute Abend, bei Ihnen‹, dann fahren Sie jetzt am besten zu sich nach Hause und warten, wer dort auftaucht. Offensichtlich will die Person nur Geld. Haben Sie welches zu Hause?«

»Natürlich habe ich Bargeld zu Hause. Falls Sie es schon vergessen haben: Morgen soll ich meine Entführer bezahlen«, antwortete sie giftig.

»Sehen Sie, wahrscheinlich ist das gar nicht unser Freund hier gewesen, sondern einer von denen.«

Das Argument schien Fournier zu überzeugen, denn sie lenkte ein. »Na gut, womöglich haben Sie recht. Aber dann kommen Sie wenigstens zu mir. Ich habe keine Lust, mit diesen Individuen allein in meinem Haus zu sein.«

»Madame, Sie haben nichts zu befürchten. Wenn Sie das Geld haben, bekommen die Entführer ja das, was sie wollten. Wenn ich da als Fremder auftauche, wittern die sofort eine Falle.«

»Wir telefonieren heute Abend. Wenn es vorbei ist«, meinte Fournier trotzig und brach das Gespräch ab.

Sie ließ erneut die Scheibe runter und befahl Nicolas, sie nun doch zu sich nach Hause zu chauffieren. Danach brauche sie ihn für heute nicht mehr.

Als die Trennscheibe wieder oben war und sich die Senatorin zurück in ihren Sitz fallen ließ, murmelte Nicolas unauffällig: »Mitbekommen?«

»Ja«, kam es leise von Nathalie zurück, und er sah am Display, dass sie die Verbindung beendete. Sie würde jetzt, wie vereinbart, Victor informieren, sich mit ihm treffen und darauf warten, dass Nicolas Fournier abgeliefert hatte und sich wieder bei ihnen melden konnte.

Nicolas ließ das Gespräch Revue passieren. Die Aufnahme mit den zusammengestückelten Wörtern war tatsächlich so überzeugend, dass erst gar nicht der Verdacht einer Manipulation aufkommen konnte.

Sie hatten ursprünglich geplant, den Anruf auch mit anderen

Beteiligten zu wiederholen, aber da Fournier bereits ein Volltreffer war und die erwünschte Reaktion auf den gefakten Anruf prompt erfolgte, war dies nun nicht mehr notwendig, zumal sie Durand bereits selbst alle Details erzählt hatte.

Nicolas konnte es noch gar nicht fassen: Tom war offensichtlich beim Schwiegersohn der Alten eingesperrt – wahrlich eine nette Sippschaft, diese Familie.

Das hieß, dass er gestern seelenruhig auf Durands Parkplatz gewartet hatte, ohne zu ahnen, dass sein Kumpel Tom nur wenige Meter entfernt von ihm gefangen gehalten wurde. Nicolas hoffte, dass Tom noch unversehrt war und jetzt nicht gefoltert wurde.

Der Weg zum Haus der Senatorin kam ihm wie eine Ewigkeit vor, und er brannte darauf, dieses Miststück endlich abzuladen und dann Tom zu Hilfe zu eilen. Er wusste, dass es nichts bringen würde, jetzt und hier Zeter und Mordio zu schreien und dadurch Fournier zu verraten, dass alles aufgeflogen war. Dann müsste er sie nämlich nicht nur festhalten und daran hindern, ihren Schwiegersohn zu warnen, er müsste auch Legros erklären, woher seine Informationen stammten. Das illegale Abhören machte eine Strafverfolgung der Senatorin so gut wie unmöglich und würde ihm darüber hinaus eine Anklage wegen Freiheitsberaubung, Nötigung und wer weiß, was sonst noch alles, einbringen. Also zwang er sich dazu, noch ein paar Minuten stillzuhalten.

41

Als Victors Handy in seiner Hosentasche zu vibrieren begann, entschuldigte er sich, um kurz zur Toilette zu gehen. Natürlich verschwand er nicht auf dem WC, sondern versteckte sich nur hinter der Garderobe, um den Anruf zu beantworten, während er gleichzeitig Julien im Auge behielt, damit der nicht die Chance zur Flucht oder zu einem Anruf nutzte. Aber Julien blieb einfach sitzen und nippte gedankenverloren an seiner Cola. Offensichtlich hatte er tatsächlich nichts mit den Entführern zu tun.

Nachdem Nathalie Victor auf den neuesten Stand gebracht hatte, bat er sie, ihn hier in der Bar abzuholen, was ihm noch eine knappe Viertelstunde Zeit ließ, um Julien weitere Fragen zu stellen.

Da er nun davon überzeugt war, dass Julien kein Risiko für ihre Operation darstellte, beschloss Victor, ihn wieder in seine Schule zurückkehren zu lassen, sobald Nathalie auftauchte.

»Ich habe gerade einen Anruf bekommen: Unser Trick hat funktioniert«, beruhigte er Julien, als er wieder an den Tisch zurückkehrte. »Tom wird also hoffentlich bald wieder bei uns sein. Commissaire Legros wird mit Ihnen Kontakt aufnehmen und mit Sicherheit noch ein paar abschließende Fragen haben. Bis dahin muss ich Sie bitten, absolutes Stillschweigen zu bewahren. Das ist wichtig, wenn Sie nicht wollen, dass man Ihnen Behinderung der polizeilichen Ermittlungen vorwirft.«

Julien beeilte sich wortreich, Victor seine uneingeschränkte Kooperationsbereitschaft zu versichern.

»Was allerdings Tom betrifft und wie er Ihre Rolle beurteilt, kann ich natürlich nicht sagen«, versuchte Victor ihn aus der Reserve zu locken.

»Also wissen Sie Bescheid«, sagte Julien kleinlaut.

»Vom ersten Tag an, seit ich mit dem Fall zu tun habe«, bluffte Victor. »Wie lange geht das denn schon, und wie weit stecken Sie mit drin?«

»Bei Michel bin ich jetzt ein gutes halbes Jahr. Ein Freund, der mir ab und zu ein paar Jobs beim Bühnenaufbau vermittelt hat, wusste, dass ich gern die Schule hier absolvieren wollte, aber die Studiengebühren nicht finanzieren konnte.« Julien atmete tief ein und fuhr stockend fort: »Da hat er mir eines Tages Michel vorgestellt. Michel bot mir den Nebenjob meines Kumpels an, die Betreuung von Toms Equipment, denn der war mittlerweile mit seiner Ausbildung fertig und würde dann drüben in Italien arbeiten. Er sollte für Michels Agentur Events in den Badeorten an der Adria betreuen. Als ich kurz darauf mein Studium begonnen hatte, rief mich Michel eines Tages zu sich ins Büro und bat mich, einige CDs unauffällig im Equipment unterzubringen.«

»Und das kam Ihnen nicht komisch vor?«, wollte Victor wissen.

»Mein Kumpel drüben in Italien bräuchte die ganz dringend, und da er ohnehin für diesen Auftritt in Rimini verantwortlich war, sei das der einfachste und sicherste Weg. Ich habe mich zwar gefragt, warum Tom das nicht wissen durfte, aber mir war auch klar, dass Neugier hier vermutlich meine Studienfinanzierung gefährden würde. Und mal ehrlich, was soll an einer CD schon gefährlich sein? Ich sollte ja nicht irgendwelche Tütchen mit weißem Pulver oder Waffen in den Boxen verstecken.«

Victor fragte sich, ob Julien wirklich so naiv war oder sich diese Rechtfertigung eher als Ausrede für sich selbst zurechtgebogen hatte.

Auf alle Fälle war jetzt klar, dass Michel Nebengeschäfte am Laufen hatte, denn die Agency hatte bereits einen Kontaktmann in Italien. Victor hatte schon ein paarmal mit ihm zusammengearbeitet. Und dessen Aufgabe wäre es dann auch, solche CDs zur Airbase in Aviano zu bringen. Wenn Michel also einen zweiten Mann, Juliens Kumpel, installierte, dann mit Sicherheit für Aufgaben, von denen der eigentliche Agency-Kontaktmann nichts mitbekommen sollte.

»Wie lange läuft denn Ihr Studiengang noch?«

»In zwei Monaten mache ich meine Prüfung zum ›Assistant Audio Engineer‹, und dann geht es auf Jobsuche.«

»Hören Sie: Ich bin nur hier, weil wir Tom finden wollen, und nicht, um mich um die Mauscheleien irgendeines Konzertveranstalters zu kümmern«, machte Victor ihm weis. Er war sicher, dass Julien keine Ahnung hatte, dass Victor seinerzeit selbst die Agentur erfunden und ins Leben gerufen hatte.

»Laut Ihrem Chef hat er bis zum Ende der Hochsaison ohnehin keine Aufträge für Tom, somit auch vorerst nichts zu ›verstecken‹. Es gibt also keinen Grund, die Pferde scheu zu machen. Wenn Sie dann im Herbst Ihre Prüfung absolviert haben, erwarte ich von Ihnen, dass Sie bei Michel kündigen. Und ich sorge dafür, dass Tom sein Equipment in Zukunft wieder selbst pflegt.«

Julien nickte zunächst nur beschämt.

»Wenn ich Sie also in Ruhe Ihr Studium beenden lasse, und das auch noch bei voller Bezahlung seitens Michel, und darüber hinaus auch Tom nichts von Ihrem ›Zusatzservice‹ erzähle, dann erwarte ich im Gegenzug volle Kooperation von Ihnen. Niemand erfährt von unserem heutigen Gespräch. Wenn Michel plötzlich doch etwas für Sie hat, spielen Sie mit, informieren mich aber umgehend. Und im Herbst verabschieden Sie sich still und leise. Habe ich Ihr Wort?«

Julien sah ihn dankbar an. »Sie können sich hundertprozentig auf mich verlassen. Ehrenwort.«

»Okay. Dann will ich Ihnen mal glauben. Aber wenn Sie mich enttäuschen sollten, müssen Sie auch mit den polizeilichen und juristischen Konsequenzen leben.«

Julien nickte heftig.

»Gut, dann gehen Sie jetzt in Ihren Kurs zurück. Vielleicht melde ich mich die nächsten Tage noch einmal bei Ihnen, um ein paar Details zu klären.«

»Sagen Sie mir gleich Bescheid, wenn Tom wieder da ist?«, bat Julien noch zum Abschied.

»War das nicht gerade Julien, der da weggegangen ist?«, fragte Nathalie, als sie in die Bar kam.

»Ich habe ihn wieder in seinen Kurs geschickt. Er hat bald Prüfung«, bestätigte Victor.

»Ist das nicht ein bisschen riskant? Nicht dass er unseren Plan auffliegen lässt.«

»Nein. Ich bin jetzt sicher, dass er mit den Entführern nicht das Geringste zu tun hat und … sagen wir mal so: Ich habe ihm ein Angebot gemacht, dass er nicht ablehnen konnte«, meinte Victor mit einem breiten Grinsen.

Auf Nathalies fragenden Blick fügte er erklärend hinzu: »Er hält mich wohl immer noch für ein Mitglied der Polizei, oder zumindest so was Ähnliches, und hat auch begriffen, dass er in große Schwierigkeiten gerät, wenn wegen einer Indiskretion seinerseits irgendwas hier schiefgehen sollte. Außerdem will er nicht das Leben von Tom in Gefahr bringen.«

»Hoffentlich irren Sie sich nicht.«

»Tu ich nicht. Ich habe ihm einen Weg aufgezeigt, wie er sein Studium unbehelligt abschließen und dann aus dem Deal mit Michel aussteigen kann, ohne dass es für ihn ein Nachspiel haben wird. Wenn er jetzt was falsch macht, dann hieße das, er fliegt zwei Meter vor der Ziellinie auf die Fresse und wandert dann direkt in den Knast – der hält dicht.«

»Okay. Sie haben da gewiss mehr Erfahrung als ich.«

Victor sah sie leicht verunsichert an und sagte dann: »Wir könnten uns eigentlich ruhig duzen, oder?«

Nathalie schien einen Moment zu zögern, willigte dann aber doch ein. »Gern.«

Sichtlich zufrieden wandte Victor sich wieder der Geschichte mit Julien zu. »Übrigens weiß ich jetzt auch, dass Julien nichts mit den Unregelmäßigkeiten in der Agency zu tun hat. Michel ist derjenige, der hier was am Laufen hat, aber darum werde ich mich später kümmern, wenn Tom wieder sicher zu Hause ist. Hast du eine Ahnung, wann Nicolas sich freimachen kann?«, wollte er wissen.

»Er hat mich vor fünf Minuten angerufen und gesagt, dass er die Senatorin gerade abgeliefert hat. Ich habe ihm den Namen der Bar hier gegeben und denke, dass er gleich da sein wird. Also, wie sieht der Schlachtplan aus? Und wo ist überhaupt der Kommissar?«

»Tja, den konnten wir bisher nicht einweihen. Du hast ja selbst mitbekommen, wie er reagiert hat, als ich ihm vorschlug, die Fournier bei der Entlassung aus dem Krankenhaus zu beschatten.«

»Ihm sind schließlich die Hände durch seine Dienstvorschriften gebunden«, sagte Nathalie verständnisvoll.

»Eben! Wenn er von deinem getürkten Anruf bei der Fournier erfahren würde und dann noch, dass Nicolas ihr heimlich ein Mikro untergejubelt hat, dann würde er wahrscheinlich erst mal *uns* wegsperren.«

»Aber ihr könnt doch als Privatleute nicht einfach bei Durand reinschneien und sein Haus auf den Kopf stellen?«

»Natürlich nicht. Sobald Nicolas da ist, werde ich Franck anrufen und ihn ganz offiziell darüber informieren, dass der aktuelle Chauffeur der Senatorin – zufälligerweise mein Sohn Nicolas, aber das tut ja für den späteren offiziellen Bericht nichts zur Sache – nicht umhinkonnte, mit anzuhören, wie sie mit ihrem Schwiegersohn in spe über die Gefangenhaltung einer Person diskutierte. Punktum.«

»Du meinst, das reicht ihm wirklich aus?«, meinte Nathalie zweifelnd.

»Das ist alles, was Franck für seinen Bericht wissen muss, und er ist schlau genug, bei dünnem Eis nicht auch noch darauf rumzuhüpfen. Anschließend werden wir gemeinsam mit Franck nach Coaraze fahren und Durand zur Rede stellen.«

»Okay, du kennst Franck schließlich besser als ich.«

»Gut, dann warten wir jetzt nur noch auf Nicolas, denn schließlich kennt er den Weg und kann uns schnellstmöglich dort hinbringen.«

42

Legros brachte sein Auto mit knirschenden Reifen auf dem Schotter des Fahrbahnrands zum Stehen. Hinter ihm hielt ein Streifenwagen.

»Ich habe zwei Kollegen vom Gendarmerieposten in L'Escarène mitgebracht. Falls jemand versucht zu fliehen oder wir jemanden abführen müssen«, begrüßte er Nicolas, Victor und Nathalie, die wie vereinbart am Ortseingang von Coaraze auf ihn gewartet hatten. »Den betreffenden Olivenhain kennen sie allerdings nicht. Ist es noch weit?«

»Einen knappen Kilometer nach dem Ortsausgang. Ist aber auch wirklich nicht leicht zu finden, weil die am Eingang nicht einmal ein Schild aufgestellt haben. Am besten, Sie fahren mir alle einfach hinterher.«

»Okay, aber die Kollegen sollten erst mal unauffällig außerhalb des Grundstücks warten«, meinte Legros, während er sich zu den Gendarmen umdrehte, »wir fahren wie zufällige Besucher bis direkt vors Haus. Ich möchte niemanden aufscheuchen, weil plötzlich ein offizielles Polizeifahrzeug vorfährt. Wenn ich Sie brauche, rufe ich Sie per Walkie-Talkie. Bleiben Sie im Wagen sitzen und halten Sie sich bereit. Sollte jemand versuchen, das Gelände per Auto zu verlassen, blockieren Sie die Ausfahrt mit Ihrem Wagen.«

»À vos ordres, commissaire!«, kam die militärisch zackige Befehlsbestätigung.

»Im Nachbarort gibt es einen Landarzt«, wandte sich Legros wieder an Nicolas, »er hat mir vorhin telefonisch zugesichert, dass er bei Bedarf in wenigen Minuten vor Ort sein könne. Nur für den Fall, dass Tom verletzt wurde. Also, wenn sonst keiner mehr Fragen hat? Gut, dann los!«

Durand hatte ihre Ankunft offenbar schon mitbekommen, denn sie waren noch nicht einmal ganz bei der Tür angelangt, als er ihnen bereits öffnete und sie ins Haus bat. Dass er noch nicht einmal nach dem Grund ihres Besuchs fragte, zeigte, dass er mit ihnen gerechnet hatte.

»Monsieur Durand«, eröffnete Legros ganz formell ihren Besuch, ohne näher auf die Anwesenheit von Victor, Nicolas und Nathalie einzugehen, »wir haben ernst zu nehmende Hinweise darauf, dass sich ein gewisser Antônio Ortiz auf Ihrem Anwesen aufhält.«

»Kommen Sie mit«, antwortete Durand emotionslos und führte sie zu einer Tür mit der Aufschrift »Privé«. Der gesamte rechte Teil der großzügigen Bastide beherbergte offensichtlich Durands Wohnbereich.

In einem Vorraum, der so groß war wie Nicolas' gesamtes Wohnzimmer, befanden sich mehrere Türen. Durand öffnete eine zu ihrer Rechten und gab damit den Blick in das Esszimmer frei. Auf einem wuchtigen Holztisch in der Mitte des Raums standen neben einer kleinen Pastetenterrine eine Platte mit Schinken und Salami, ein Glas mit Cornichons, den in Frankreich so beliebten Miniaturgürkchen, sowie eine Karaffe mit Rotwein. Davor saß ein entspannt wirkender Tom, der sie mit vollen Backen kauend ansah.

»Deinem Arzt kannst du wohl Entwarnung geben«, meinte Victor nur trocken zu Legros.

43

Nachdem alle erst einmal aufgeregt durcheinandergeredet hatten, forderte Legros eine Erklärung von Durand, und der lieferte sie prompt. In der aalglatten und anbiedernden Art, die einige Politiker auszeichnete, präsentierte er selbstbewusst seine über alle Zweifel erhabene Version.

»Monsieur Ortiz hatte sich beworben, beim nächstjährigen *Carnaval* in Nizza mit seiner Band auf einem der Umzugswagen zu spielen. Wie Sie vielleicht wissen, lautet das kommende Motto ›Die fünf Kontinente‹, und Herr Ortiz wollte Südamerika gern musikalisch repräsentieren.«

Er blickte zu Tom und schenkte ihm ein Lächeln. »Leider hat ihm die aktuelle Stadtverwaltung eine Absage erteilt. Ich halte das für eine bedauerliche Fehlentscheidung, und da ich selbst für den Bürgermeisterposten kandidieren werde, habe ich ihm angeboten, ihn im Falle meines Wahlsiegs mit ins Boot zu holen.«

Durand stellte sich hinter Tom, legte seine Hände auf dessen Schultern und fuhr fort: »Ein Mann mit seiner Erfahrung kann für unsere zahlreichen Veranstaltungen das ganze Jahr über wertvolle Beiträge leisten. Die wollte ich mir schon frühzeitig sichern, und wir haben zusammen bereits einige gute Ideen für unser zukünftiges Konzept ausgearbeitet.«

Legros sah skeptisch zwischen Durand und Tom hin und her. Dass Politiker meistens nur viel heiße Luft produzierten, war er ja gewohnt. Aber das, was Durand hier auftischte, war an Glaubwürdigkeit mehr als dürftig.

Tom schien die Angelegenheit ebenfalls peinlich zu sein, denn er wagte es nicht, einem von ihnen in die Augen zu sehen.

Durand fuhr unbeirrt fort: »Ich habe eben erst erfahren, dass Sie anscheinend auf der Suche nach Monsieur Ortiz sind. Wir wollten Sie eigentlich gerade anrufen und uns entschuldigen, wenn wir im Eifer unseres Geschäfts die Zeit ganz vergessen haben und dadurch ein falscher Eindruck entstanden sein sollte.«

Diese Taktik war nicht neu. Versierte Politiker schafften es immer wieder, selbst unglaubwürdigste Thesen mit derart unerschütterlichem Selbstbewusstsein und geradezu inbrünstiger Überzeugung vorzutragen, dass erst gar niemand auf den Gedanken käme, sie der Lüge zu bezichtigen. Schließlich hatte jeder das Recht auf seine eigene Meinung, wie abwegig sie auch sein mochte.

Wenn Tom nicht zum Gegenbeweis bereit war, so dämmerte es Legros, würde Durand vielleicht sogar damit durchkommen.

»Ich habe da eine ganz andere Theorie«, widersprach Legros trotzdem. »Uns liegen Hinweise vor, dass Monsieur Ortiz gewaltsam verschleppt wurde. Da dies zeitgleich mit der Entführung Ihrer Schwiegermutter erfolgte –«

»Sie ist nicht meine Schwiegermutter«, unterbrach Durand ihn gereizt, »und ob ich ihre Tochter tatsächlich heiraten werde oder nicht, ist eine ganz private Angelegenheit.«

»Verstehe. Das geht uns ja eigentlich auch nichts an«, beschwichtigte Legros ihn. »Also wenn es Ihnen lieber ist: die Entführung der Senatorin. Tatsache ist aber doch, dass die Kooperation mit Madame Fournier offenbar wichtiger Bestandteil Ihrer Wahlkampfstrategie sein wird, und da ist es doch naheliegend, dass Sie sich um deren Wohl, oder besser gesagt um deren Wohlgefallen, bemühen, nicht wahr?«

»Ihre persönliche Strategieanalyse in allen Ehren, Monsieur le Commissaire, aber wenn die als Indiz in der Beweisführung eines Falls dienen soll, wo faktisch überhaupt gar kein Fall existiert, dann jagen Sie hier nur Gespenster. Sollte ich wirklich noch Wählerstimmen für die Stichwahl benötigen, so bin ich diesbezüglich tatsächlich bereits eine Allianz eingegangen, aber die hat absolut nichts mit der Senatorin zu tun.«

Auf Legros' fragenden Blick antwortete er: »Die Details tun jetzt nichts zur Sache, aber ich kann Ihnen versichern, dass die Departements-Vorsitzende der Grünen, Agnès Chibaut, bestätigen kann, dass unsere Zusammenarbeit bereits beschlossene Sache ist. Ihre Theorie vom Buhlen um die Gunst der Senatorin ist somit haltlos.«

»Da haben Sie Ihr Fähnchen aber ganz schnell nach einem neuen Wind ausgerichtet«, provozierte Legros ihn.

»Wenn Sie es absolut so abwertend ausdrücken möchten, dann kann ich Sie natürlich nicht daran hindern. Ich für meinen Teil lasse mich jedoch nicht auf Deals hinter verschlossenen Türen ein. Natürlich suche ich mir die bestmögliche Option, um meine Ziele zu erreichen, aber dazu stehe ich dann auch öffentlich.«

»Aber anscheinend erst, wenn Sie gezwungen werden, es bekannt zu geben«, entfuhr es Nicolas.

Durand hatte die spitze Bemerkung natürlich gehört, überging sie aber kommentarlos. »Nur so kann jeder Wähler für sich selbst entscheiden, ob er diesen Weg dann mit mir geht oder nicht. Was hingegen die Methoden und die Integrität der lieben Frau Senatorin betrifft, so kann ich Ihnen verraten, dass ihre Karriere gar nicht ganz so ruhmreich und strahlend ist, wie sie es gern darzustellen pflegt.«

»Wenn Sie meinen, dass Sie das entlastet – ich bin ganz Ohr«, sagte Legros interessiert.

Als hätte Durand nur auf diese Gelegenheit gewartet, gab er sein Insiderwissen bereitwillig preis: »Bei ihrem Sprung zur Senatorin hatte zunächst der Zufall seine Hände im Spiel. Sie hatte ihren Amtsvorgänger nämlich mehrmals zusammen mit einem großen Bauunternehmer gesehen, und zwar in einem augenscheinlich sehr intensiven Gespräch unter vier Augen und außerhalb der Büroräumlichkeiten. Aus den Unterlagen, in denen jeder Senator bei Amtsantritt seine beruflichen und finanziellen Verhältnisse offenlegen muss, ging aber keinerlei berufliche Verbindung zwischen den beiden hervor.«

Durand machte eine kurze Pause. Vielleicht damit sich seine Zuhörer schon einmal selbst ihre Schlussfolgerung zurechtlegen konnten.

»Der diskrete Charakter dieser Treffen kam ihr natürlich ohnehin schon verdächtig vor, und als kurz darauf der Bauunternehmer im Heimatbezirk des Senators plötzlich den Zuschlag für ein Großprojekt bekam, bei dem er in allerletzter Sekunde sein Angebot für die Ausschreibung einreichte – nachdem die der Mitbewerber bereits alle vorlagen –, genügte ein anonymer Hinweis, und die Maschinerie einer Untersuchungskommission setzte sich in Bewegung.«

»Ein Klassiker«, grummelte Victor mit sarkastischem Unterton, wobei nicht klar war, ob er die politische Schieberei meinte oder dass ein Vorgesetzter mittels eines anonymen Hinweises aus den eigenen Reihen eliminiert wurde.

»Als die dabei herausfanden, dass der Senator ein alter Schulfreund und regelmäßiger Tennispartner des betreffenden Unternehmers war, kam schnell eins zum anderen, und schon bald konnte man die ersten Aussagen weiterer involvierter Personen protokollieren. Aufhebung der Immunität und Amtsenthebung waren dann nur noch eine Formalität, und die frischgebackene Senatorin konnte ihr Adressbüchlein um viele Kontakte auf nationaler Ebene erweitern.«

Durand lächelte zufrieden. Es schien ihm geradezu Vergnügen zu bereiten, das Image von Fournier zu demontieren.

»Okay. Sie hat also die Untersuchung ausgelöst und den Senatorenposten abgestaubt. Wollen Sie uns damit einen diskreten Hinweis geben, dass Madame Fournier gern die Fäden im Hintergrund zieht und auch hier Initiatorin unserer kleinen Geschichte ist?« Legros ließ Durand aber gar keine Zeit für eine Antwort, sondern fuhr unbeirrt fort: »Aber wie erklären Sie dann, dass sich Monsieur Ortiz, der offiziell immerhin als vermisst gemeldet wurde, auf Ihrem Grund und Boden befindet – von Ihrer fadenscheinigen Arbeitsbesprechung mal abgesehen?«

Victor mischte sich mit beschwichtigendem Unterton ein. »Lass den Mann doch einfach mal erzählen, Franck.«

Durand zögerte einen Moment und deutete dann einladend auf Stühle, die um den Tisch herum standen. »Vielleicht haben wir auf dem falschen Fuß angefangen«, lenkte er ein, wobei nicht ersichtlich war, ob er es ehrlich meinte oder er lediglich die Taktik wechselte. »Sie gehen ja offenbar immer noch davon aus, dass ich hier im Auftrag der Senatorin handle, um in Zukunft von ihrer Dankbarkeit zu profitieren. Ich kann Ihnen aber aus leidvoller Erfahrung versichern, dass von dieser Seite keinerlei Dankbarkeit zu erwarten ist. Außerdem habe ich ja sowieso ganz andere Optionen gewählt und bin somit in keiner Weise auf Madame Fourniers Dankbarkeit angewiesen. Allerdings bin ich nicht so dumm, mich mit ihr anzulegen.«

Nicolas beobachtete die Runde interessiert. Durand schien zwar ein paar der Leichen in Fourniers Keller zu kennen, hütete sich aber, sich mit ihr auf eine offene Konfrontation einzulassen. Von Durands Seite war offensichtlich keine Hilfe zu erwarten.

Nicolas wandte seine Aufmerksamkeit Tom zu, der scheinbar unbeteiligt neben Durand saß. Tom war nämlich ein miserabler Lügner, und sein Verhalten während Durands Diskurs sprach Bände: Er hatte den Kopf gesenkt, ließ keinen Blickkontakt zu, und wenn er sich schon bewegen musste, dann so langsam und unauffällig, als wollte er partout vermeiden, dass man von ihm Notiz nahm. Nicht dass noch jemand auf die Idee kam, ihm eine Frage zu stellen.

Tom wusste also etwas, aber das würde er niemals vor versammelter Mannschaft zugeben.

44

Da kein juristisch verwertbarer Hinweis auf eine Entführung vorlag und Tom sich offenbar bester Gesundheit erfreute, blieb Legros nichts anderes übrig, als unverrichteter Dinge wieder abzuziehen. Es war nicht zu übersehen, dass er stocksauer war, aber da aus Tom kein Wort herauszubekommen war, hatte er im Moment nichts gegen Durand in der Hand.

Victor setzte sich vorn zu Nicolas in den Van, während Tom und Nathalie es sich in der luxuriösen Fahrgastkabine gemütlich machten. Auf dem Weg zurück nach Nizza bestand Tom darauf, als Erstes Gabriela anzurufen, und Nathalie nahm zufrieden zur Kenntnis, dass es ein sehr zärtliches Telefonat war. Offenbar hatte Tom also ganz und gar nicht vor, mit ihr Schluss zu machen.

Nicolas hatte bereits die Trennscheibe heruntergelassen und wartete nun ungeduldig auf das Ende des Telefonats, um Tom mit seinen Fragen zu bombardieren.

Endlich legte Tom auf.

»Also, jetzt erzähl schon. Was ist wirklich passiert? Durands Geschichte war ja offensichtlich eine sehr märchenhafte Variante.«

»Wie man's nimmt. Er hat mir tatsächlich einen Posten in seiner zukünftigen Mannschaft in Aussicht gestellt.«

»Falls es je dazu kommen sollte, schließlich muss er erst mal gewählt werden. Ein kleines, aber nicht unwesentliches Detail«, warf Victor mit unverhohlener Skepsis ein.

»Ja, schon klar, ich habe da auch so meine Zweifel, auch wenn er selbst ziemlich überzeugt davon ist.«

»Und warum lässt du dich dann auf den Kuhhandel ein?«, wollte Nathalie wissen. »Denn anders kann man das ja wohl nicht bezeichnen.«

»Aus zwei Gründen, und die hat er mir sehr ausführlich dargelegt. Natürlich bin ich entführt worden. Ihr könnt euch ja denken, dass ich da nicht so einfach hingefahren bin und dann eine Woche oder so – was haben wir heute eigentlich für einen Tag?«

»Dienstag.«

Tom rechnete kurz nach. *»Puta merda!«*, entfuhr es ihm ungewollt. »Okay, die Kurzversion: So wie er es mir geschildert hat, hatten zwei seiner Leute die Aufgabe, den Nizzaer Bürgermeister zu überwachen und alles, was um ihn herum passiert. Dabei beobachteten sie, wie einer der Angestellten aus dem Rathaus kam und eine CD an einen Bekannten von mir namens Julien weitergegeben hat.«

Nicolas und Victor sahen einander kurz an, ließen Tom aber erst mal weitersprechen.

»Die waren so in ihrem Überwachungswahn drin, da haben sie natürlich sofort geglaubt, auf der CD seien brisante Geheimnisse der Stadtverwaltung oder so was Ähnliches drauf.«

»Was war denn drauf?«, wollte Nicolas wissen.

»Es war lediglich eine Demo-CD mit Aufnahmen unserer Auftritte. Die haben sie uns zurückgegeben, weil sie kein Interesse hatten – so wie es Durand ja ganz richtig erzählt hatte. Julien ist schließlich kein Spion oder so – er ist schlicht und ergreifend mein Tontechniker. Das müsst ihr euch mal vorstellen!«

Victor sah Nicolas durchdringend an und gab ihm zu verstehen, den Mund zu halten.

45

Nicolas steuerte den Van konzentriert über die schmale, kurvige Straße nach Nizza hinunter und ließ sich die Geschichte mit Julien noch mal durch den Kopf gehen. Victor hatte ihm auf der Fahrt nach Coaraze von seinem kleinen Verhör erzählt. Nicolas hoffte, dass Victor sich nicht in Juliens Rolle geirrt hatte.

»Und wie kamen sie dann schließlich auf dich?«

»Indem sie Julien ganz einfach beschattet haben. Julien hat sich nämlich anschließend mit mir in einem Café getroffen, direkt neben seiner Schule, weil er hinterher einen Kurs hatte. Da ich jetzt die CD hatte, haben die beiden Typen sich dann an meine Fersen geheftet und mich bis zu mir nach Hause verfolgt.«

Victor verdrehte genervt die Augen und sah Nicolas mit einem Blick an, der nur bedeuten konnte: Na, was predige ich die ganze Zeit! Hätte Nicolas jemals an Victors Maxime gezweifelt, dass es keinen Kontakt zwischen den einzelnen Mitgliedern seines Netzes geben dürfte, wäre das der endgültige Beweis gewesen.

Tom bekam davon aber nichts mit und sprach weiter: »Als ich dann kurz darauf noch mal weggegangen bin, haben sie die Gelegenheit genutzt und meine Bude auf den Kopf gestellt. Schätze, sie haben die CD gesucht.«

Nicolas nickte. »Sie haben alle deine CDs mitgenommen.«

»*Porra!* Die will ich aber wiederhaben.«

Daran, dass Tom jetzt schon zum zweiten Mal in seiner Muttersprache fluchte, war zu erkennen, dass ihn die vergangene Woche stark mitgenommen hatte. Das war sonst nämlich absolut nicht seine Art.

»Wie dem auch sei. Anscheinend bin ich zu früh zurückgekommen, und da haben sie mich kurzerhand betäubt und mitgenommen. Ich bin jedenfalls erst in einem alten Kellergewölbe wieder zu mir gekommen.«

»Und das willst du dir einfach so gefallen lassen?«, meinte Nathalie verblüfft. »Nur für einen eventuellen Job in ferner Zukunft?«

»Wisst ihr, ganz am Anfang habe ich ja an eine Verwechslung geglaubt. Wer sollte von mir schon was wollen, habe ich mir immer wieder gesagt. Ich habe drauf gehofft, bald mit jemandem sprechen zu können und dass sich alles als Irrtum herausstellt. Und plötzlich lassen die mich wieder frei. Einfach so!«

»Und da hast du mich dann angerufen?«

»Genau. Leider hat sich die Situation währenddessen entscheidend verändert. Während ich mit dir telefonierte, kamen sie zurück, und kaum hatte ich aufgelegt, hat mir jemand einen Sack über den Kopf gezogen, mich in einen Transporter gezogen und weggebracht.«

»Bloody bastards«, murmelte Victor.

»Mir war sofort klar, das müssen dieselben sein. Und da habe ich natürlich Panik bekommen. Ich wusste zwar immer noch nicht, wieso sie mich entführten, aber die Theorie mit der Verwechslung war damit hinfällig. Niemand entführt jemanden zweimal irrtümlich.«

»Und die ganze Zeit über hat dir kein Mensch erklärt, um was es geht?«, fragte Nicolas fassungslos.

Tom schüttelte den Kopf. »Nach dieser zweiten Entführung ging zunächst alles so weiter wie bisher. Aber nach drei oder vier Tagen kamen sie plötzlich und machten mir Druck. Erst haben sie mir gedroht, ich solle mich raushalten, denn ich könnte dabei sowieso nichts ausrichten.«

»Bei was denn?«, fragte Nathalie.«

»Ich habe nicht den leisesten Schimmer, wahrscheinlich dachten sie, ich wüsste schon, von was sie sprechen.«

»Und du hattest keine Möglichkeit zu fragen?« Nicolas konnte es kaum glauben.

»Da sie offensichtlich keine Antworten von mir erwarteten, sondern mich nur einschüchtern wollten, habe ich erst mal meine Klappe gehalten.«

»Schon, aber das wäre doch die Möglichkeit gewesen, zumindest den Grund zu erfahren«, sagte Nicolas.

»Ich wusste nicht mal, ob die mich hören konnten. Das Ganze lief nämlich über einen Lautsprecher. Im gleichen Atemzug sagten sie mir aber auch, dass ich bald rauskäme. Dann wiederholten sie immer wieder: Solange ich draußen meinen Mund halten würde, hätte ich nichts mehr zu befürchten, aber dass sie mich beim geringsten falschen Wort wieder schnappen würden. Ich hätte ja gesehen, wie leicht das wäre.«

»Wenn sie dich gleich zweimal so mir nichts, dir nichts entführen konnten, ist die Drohung schon ziemlich eindrucksvoll«, meinte Nicolas.

»So hab ich das auch gesehen. Deshalb habe ich mir gesagt, dass es wohl besser wäre, einfach die Klappe zu halten. Hätte ich jetzt angefangen rumzudiskutieren, hätten sie mich vielleicht für einen unverbesserlichen Querulanten gehalten, der sofort zu den Bullen rennt, sobald er wieder frei ist.«

»Und dann haben sie dich einfach freigelassen?«

»Nicht sofort, aber ab dem Zeitpunkt wurde plötzlich alles besser. Warmes Essen und es gab sogar ein Kissen und eine Decke. Heute Morgen holten sie mich dann ab, verbanden mir die Augen und verfrachteten mich in ein Auto. Aber die Fahrt dauerte gerade mal eine oder zwei Minuten. Sie setzten mich vor Durands Haus ab, der kurz darauf ankam und mir die Augenbinde abnahm.«

»Würde mich nicht wundern, wenn sie dich bloß einmal kurz ums Haus gefahren hätten, nur um dich zu verwirren«, spekulierte Nicolas. »Wie hat Durand dann reagiert?«

»Er hat mich in sein Haus geführt. Ich wusste nicht, was ich sagen sollte. Im ersten Moment war er einfach jemand, der mich vor seinem Haus gefunden hatte. Also wollte ich mich erst mal an mein ›Schweigegelübde‹ halten und Durand bitten, mir ein Taxi zu rufen. Aber es wurde gleich klar, dass er eingeweiht war.«

»Wie das denn?«, wollte Nathalie wissen.

»Er hat sich nämlich gleich mal für alles entschuldigt. Das fand ich schon ganz schön schräg, so nach einer Woche Kerker. Das ist in so einem Moment ja so ziemlich das Letzte, was man erwartet. Als er mir dann erzählt hat, wie es zur Entführung kam, hat er mir auch gleich erklärt, dass er mit so kriminellen Geschichten natürlich nichts zu tun haben wollte. Die Entführung war nie vorgesehen, und seine beiden Schergen hatten das in einer Art

Kurzschlussreaktion selbst beschlossen. Er sei schließlich nur Politiker und kein Gangster.«

Nicolas wackelte mit dem Kopf und meinte süffisant: »Das eine schließt das andere nicht zwangsläufig aus.«

»Und was sollte das mit der zweiten Entführung?«, fragte Nathalie.

»Durand hat mir das haarklein geschildert, und ich hatte den Eindruck, dass ihm sein Verhalten im Nachhinein sehr peinlich war. Er hatte nämlich jemandem die Überwachungsfotos gezeigt, auf denen man die CD-Übergabe sieht. Derjenige hat ihm daraufhin befohlen, dass er mich zurückholt, um herauszufinden, was es mit der CD auf sich hat. Was er dann auch angeordnet hat, obwohl er dabei ein mehr als mulmiges Gefühl hatte.«

»Derjenige ist eine ›Sie‹, wie wir inzwischen wissen«, erklärte Nathalie, »nämlich die Senatorin, von der er vorhin erzählt hatte. Legros hat also recht gehabt: Durand stand unter der Fuchtel der Alten.«

»Also ich glaube, ich würde an deiner Stelle ausrasten und Blutrache schwören«, meinte Nathalie, immer noch verblüfft, dass Tom das Ganze scheinbar so cool hinnahm.

»Vielleicht sieht es jetzt so aus, als würde ich das Ganze locker wegstecken. Aber ich kann dir sagen, dass ich im ersten Moment fuchsteufelswild war. Wenn du entführt wirst und dir keinen Reim darauf machen kannst, warum, und dann in einem Kellerloch eingesperrt wirst, da kriegst du eine Scheiß-Angst. Ich habe mir alles Mögliche ausgemalt, aber dass sie mich am Schluss einfach so unverletzt gehen lassen, daran habe ich nicht auch nur eine Sekunde geglaubt.«

»Eben! Du kannst ihnen das alles doch jetzt nicht durchgehen lassen, nur weil sie dir nichts Schlimmeres angetan und sich dann artig entschuldigt haben«, meinte Nathalie aufgebracht.

»Ihnen? Der Einzige, dem ich tatsächlich begegnet bin, war der Sandwichman. Ein x-beliebiger Typ, Marke Leibwächter – ein Mann, wie es sie in dem Milieu wahrscheinlich zu Hunderten gibt.«

»Du hast nie jemand anderen gesehen?«, hakte Victor nach.

»Nein. Selbst als sie mich mit ihren Drohungen in die Mangel nahmen – das mit dem Lautsprecher –, da habe ich nur eine künstlich verzerrte Stimme gehört. Das kann sonst wer gewesen sein. Und wer mich schließlich vor Durands Haus abgesetzt hat, weiß ich genau betrachtet eigentlich auch nicht, weil mir der Sandwichman wie gesagt die Augen verbunden hatte, aber ob er dann auch gefahren ist, kann ich natürlich nicht sagen.«

»Das ist wirklich etwas dünn«, gab Victor ihm recht.

»Durand selbst habe ich zum ersten Mal gesehen, als er mich vor seinem Haus gefunden und mir die Augenbinde abgenommen hat, wie es wohl jeder Unbeteiligte in dieser Situation tun würde. Dann hat er mich in sein Haus eingeladen und verköstigt. Das ist auch nicht strafbar, weil ich ja freiwillig mitgegangen bin und jederzeit wieder hätte gehen können. Glaubt mir: Durand hat mir diese offizielle Version sehr überzeugend erklärt.«

»Sofern man auch an den Weihnachtsmann glaubt«, kommentierte Nicolas Toms oder besser gesagt Durands Märchen.

»Überlegt doch mal: Selbst wenn jemand bereit wäre, einem kleinen Musiker mehr zu glauben als einem bekannten Politiker, hätte ich nicht den geringsten Beweis für meine Anschuldigungen. Er hat mir klargemacht, dass er, was die zweite Entführung angeht, weder ein Geständnis ablegen noch den eigentlichen Auftraggeber belasten würde.«

»Und als Politiker ist er es ja gewohnt zu lügen, ohne mit der Wimper zu zucken«, sagte Nicolas trocken.

»Und dann steht Aussage gegen Aussage. Das sei eine von den Situationen, wo es nur viel Streit und gegenseitige Anschuldigungen geben würde, im Endeffekt aber nichts dabei rauskommt. Durand hat sich natürlich gleichzeitig auch tausendmal entschuldigt. Für das bedauerliche Missverständnis und das voreilige Handeln seiner Mitarbeiter, wie er es nannte.«

»Der macht es sich ja leicht«, schnaubte Nathalie.

»Na ja, ehrlich gesagt hat er, abgesehen von dem vielleicht sogar ernst gemeinten Jobangebot, sein Bedauern auch noch dadurch ausgedrückt.« Tom zog ein zusammengefaltetes Kuvert aus seiner Hosentasche und öffnete es kurz.

Nathalie sog hörbar Luft ein. »Okay, ich schätze, dafür müsstest du viele gut besuchte Konzerte geben.«

Tom lächelte matt. »Um eines klarzustellen: Ich erzähle euch all das nur, weil ihr meine Freunde seid und weil ich ohne euch wahrscheinlich immer noch in meinem Kellerloch sitzen würde. Aber eurem Kommissar gegenüber werde ich standhaft bei der offiziellen Version bleiben.«

»Das ist schon okay, Tom«, meinte Victor. »Da muss ich Durand leider recht geben, wir haben nichts Hieb- und Stichfestes in der Hand. Kein ernst zu nehmender Hinweis darauf, dass du tatsächlich entführt wurdest, außer Nicolas' Aussage, nachdem er von dir angerufen wurde. Aber das kann man auch als Missverständnis oder Fehlinterpretation hinstellen.«

»Aber wenn wir den Keller finden und dort dann mit Sicherheit auch Spuren von Toms Anwesenheit nachweisen können …«, meinte Nathalie.

»Er könnte sich immer noch darauf hinausreden, dass jemand die Räume ohne sein Wissen benutzt hat. *In dubio pro reo*, wie es immer so schön heißt. Und wie Tom schon sagte: Die Chance, den einzigen Mann zu finden, den er tatsächlich zu Gesicht bekommen hat – ist gleich null …«

»Ich habe ihn immer nur ein paar Sekunden lang gesehen, und dabei wurde ich auch noch von einer Taschenlampe geblendet«, verteidigte sich Tom augenblicklich.

Victor machte nur eine Grimasse. »Also wäre nicht einmal diese Identifizierung sicher. Und Durand selbst hat unmissverständlich dargelegt, dass er sich unter keinen Umständen mit der Senatorin anlegen wird. Zumal er sie auch gar nicht belasten könnte, ohne selbst seine Mittäterschaft einzugestehen. Also können wir sie sowieso nicht damit in Verbindung bringen.«

»Gut, jetzt wissen wir zwar, wie es zu Toms Entführung gekommen ist, wir kennen sogar die Verantwortlichen«, rekapitulierte Nicolas, »aber nichts davon würde für eine Verurteilung reichen.«

»Der einzige Vorteil der jetzigen Situation ist: Entweder man glaubt, dass Tom tatsächlich entführt wurde, oder man bevorzugt Durands Märchen, mit dem er Tom aber auch gleichzeitig ein Alibi verschafft. In beiden Versionen kann er aller Wahrscheinlichkeit nach nicht an Fourniers Entführung beteiligt gewesen sein«, überlegte Nathalie.

»Was? Wieso sollte ich denn was damit zu tun haben?«, meinte Tom erschrocken.

»Für Legros, der schließlich alles in Betracht ziehen muss, bestand unter anderem auch die Möglichkeit, dass du von der Senatorin mal gelinkt wurdest und dich dafür rächen wolltest. Und das hätte dann schnell zu der Entführungsgeschichte eskalieren können.«

»So ein Unsinn! Ich kenne die ja gar nicht.«

»Das weißt *du*, für Legros gab es aber erst mal nur die Tatsache, dass die Fournier entführt und gefoltert wurde. Du hingegen warst eigentlich nur verschwunden«, sagte Nathalie.

»Na hör mal«, beschwerte sich Tom.

Victor warf ein: »Es gab keinen handfesten Hinweis für deine Entführung, nur eine vage Zeugenaussage, dass zwei Typen in deiner Straße ein großes Bündel in einen Lieferwagen luden. Jetzt wissen wir, dass du vermutlich dieses Bündel warst, aber bis vor Kurzem hätte das auch eine zufällige und ganz normale Lieferung gewesen sein können. Also: sie entführt und du spurlos verschwunden – beides am selben Tag. Da blieb Legros gar nichts anderes übrig, als auch diesen – durchaus plausiblen – Zusammenhang in Betracht zu ziehen.«

»Okay, jetzt wissen die ja, dass Tom es nicht war«, beendete Nicolas die Diskussion und warf einen Blick in den Rückspiegel zu Tom und Nathalie. »Mir geistert die ganze Zeit noch was im Kopf herum: Legros sagte doch, dass die Fournier gerade dabei ist, einen Vollstreckungstitel gegen den untergetauchten Ladenmieter zu erwirken?«

»Na ja, bei ihrem Charakter wundert es mich nicht, dass sie aus ihm auch noch den letzten Tropfen herauspressen will«, meinte Nathalie angewidert.

»Legros sagt aber auch, dass diese Mietgeschichte mittlerweile schon ein Jahr her ist. Warum beantragt sie den Vollstreckungstitel erst jetzt?«

»Keine Ahnung. Vielleicht verfällt so ein Anspruch irgendwann, wenn man ihn nicht gerichtlich geltend macht. Aber ich sehe nicht, worauf du hinauswillst«, meinte Nathalie.

»Oder«, fuhr Nicolas unbeirrt fort, »sie hat erst jetzt herausgefunden, wo sich ihr Ex-Mieter zurzeit aufhält. Also beantragt sie den Titel sofort, um ihn dann gleich vollstrecken zu lassen.«

»Aber Legros lässt ihn ja auch suchen, bisher ohne Erfolg«, sagte Nathalie.

»Legros sucht ihn erst seit ein paar Tagen, sie aber hatte dafür mittlerweile ein Jahr Zeit gehabt, und mit ihren Beziehungen kostet es sie nur ein paar Telefonate, um inoffiziell Auskünfte einzuholen. Sie braucht beispielsweise nur jemanden bei der Krankenkasse zu kennen, der ihr einen Gefallen schuldet. Irgendwann geht jeder mal zum Arzt. So könnte sie wissen, in welcher Stadt er gerade ist und wo er wohnt.«

»Aber wenn sie gerichtlich gegen ihn vorgeht und dessen Adresse somit bereits aktenkundig ist, dann hätte Legros die doch auch schon«, widersprach Nathalie.

»Denk doch mal daran, was du selbst gesagt hast, als es um die verschwundene Post ihrer Mieter ging. Du hast ihr unterstellt, dass sie Einschreibebenachrichtigungen verschwinden ließ, damit die Mieter keinen Einspruch einlegen konnten. Sie könnte doch auch die Adresse des Schuldners erst mal für sich behalten.«

»Was würde das denn bringen?«, fragte Nathalie.

»Wenn sie jetzt einen Titel gegen einen Schuldner mit unbekanntem Aufenthaltsort beantragt, dann wird der in Abwesenheit nach der vorliegenden Sachlage verurteilt. Da der nicht anwesend ist, kann er sich logischerweise auch nicht verteidigen. Und – was noch viel wichtiger ist – sie riskiert nicht, dass ihre unlauteren Geschäftsmethoden vor aller Welt ausgebreitet werden. Solche Verhandlungen sind schließlich öffentlich, und es kann immer sein, dass ein Klatschreporter herumlungert.«

»Und kaum hat sie den Titel, erfährt sie ›zufällig‹ den Aufenthaltsort und beauftragt still und leise den Gerichtsvollzieher mit der Eintreibung der Schuld«, führte Nathalie Nicolas' Gedankengang zu Ende.

»Das würde ihr zwar ähnlich sehen, aber Legros sagte ja, dass sie gerade erst dabei ist, den Antrag zu stellen. Die Verhandlung fand also noch gar nicht statt. Also kann er deiner Theorie nach noch gar nichts davon wissen und hätte demzufolge auch noch keine Racheaktion starten können, oder?«

»Richtig. Aber welcher Anwalt würde den Titel für Fournier vor Gericht beantragen?«

»Ihre Tochter! Durands Verlobte.«

»Bingo! Und die erzählt ihrem Herzallerliebsten mit Sicherheit brühwarm, dass Mutter endlich den flüchtigen Mieter ausfindig gemacht hat und ihre Kanzlei nun die erforderlichen Schritte einleiten wird. Auf den Trick mit der Verurteilung in Abwesenheit ist sie bestimmt mächtig stolz.«

»Also braucht Durand nur einen heimlichen Blick in ihre Akten zu werfen, und er hat die Adresse«, folgerte Nathalie.

Nicolas nickte. *»Voilà!«*

»Jetzt kann er die Entführung inszenieren und es dann irgendwie dem Ladenmieter als Racheaktion in die Schuhe schieben.«

»Hmm, aber glaubst du wirklich, dass Durand so eine Entführung durchziehen würde, noch dazu eine mit diesem brutalen und blutigen Ausgang?«, fragte Nicolas.

»Nein, nicht wirklich. Aber er könnte den Ladenmieter kontaktiert haben. Erinnere dich daran, was Legros über die Drohung der Entführer erzählt hat: Die Fournier solle sich in Zukunft ›zweimal überlegen, ob sie jemandem einen Scheiß-Anwalt auf den Hals hetzt‹, und dann auch noch die Drohungen bezüglich ihrer Tochter, die hier die ausführende Anwältin ist. Das deutet doch stark auf einen wütenden Mieter hin.«

»Schön und gut, aber da sind doch viele Wenn und Aber mit drin. Kennt der Mieter überhaupt Leute aus dem Milieu? Er ist schließlich nur ein über den Tisch gezogener Ladenbetreiber und kein Kleinkrimineller mit entsprechenden Kontakten«, meinte Victor.

»Keine Probleme, für die es keine Lösung gäbe«, sagte Nicolas.

»Leute, ich hab grad ein anderes Problem, ich brauch ein Klo«, sagte Tom.

»Ein Kaffee wär auch nicht schlecht. Ich bin schließlich schon den ganzen Tag unterwegs«, stimmte Nicolas Tom zu.

46

Nicolas hatte im nächsten Ort an einer Tankstelle angehalten, die auch über ein angeschlossenes Bistro verfügte. Gedrängt saßen sie nun an einem der kleinen Resopaltische.

Tom rührte gerade Zucker in seinen Café au Lait und kam auf das Gespräch von vorhin zurück. »Ich kenne ja die Geschichte über die Entführung dieser Senatorin nur zum Teil und verstehe ehrlich gesagt gerade nur Bahnhof. Aber vielleicht kann mich zumindest mal jemand über Sie aufklären?« Er wandte sich an Victor. »Sie sind der Vater von Nicolas. Aber was haben Sie eigentlich mit der ganzen Sache zu tun? Sind Sie bei der Polizei? Sie sind ja offensichtlich kein Franzose, also geht das doch eigentlich gar nicht.«

Victor zögerte kurz. »Nein, bei der Polizei bin ich nicht, und meine Rolle bei der ganzen Geschichte ist ein bisschen kompliziert. Ich möchte Ihnen das gern ein anderes Mal und in aller Ruhe erklären. Ich kenne Sie übrigens schon länger, sagen wir mal: vom Sehen her – wir hatten noch keine Gelegenheit für einen persönlichen Kontakt.«

Victor suchte dabei Nicolas' Blick. »Für den Moment versuche ich sowohl dem Commissaire, den ich schon ein paar Jahre kenne, als auch Nicolas mit meiner Erfahrung bei der Aufklärung Ihrer Entführung zu helfen.«

Tom blieb skeptisch, akzeptierte aber anscheinend, dass er für den Moment nicht mehr erfahren würde.

»Also Victor, wie hätte das deiner Meinung nach ablaufen können?«, brachte Nicolas das Gespräch wieder auf ihr Problem zurück.

»Ich glaube auch nicht recht daran, dass Durand das alles selbst durchgezogen hat, vor allem mit dieser Brutalität. Ich denke sogar vielmehr, dass er der Alten ursprünglich nur einen kleinen Denkzettel verpassen wollte. Die Geschichte mit dem Mieter könnte da eine willkommene Tarnung gewesen sein.«

»Klar, ein paar Tausender lockermachen, um ein paar Jungs

zu engagieren, die der Alten mal so richtig Angst einjagen, das ist für ihn nicht das Problem«, stimmte Nicolas ihm zu.

»Aber wie findet er die, eurer Meinung nach? In solchen Kreisen verkehrt er ja schließlich nicht«, widersprach Nathalie.

»Nichts einfacher als das. Er sitzt ja sozusagen an der Quelle: über seine eigenen Securityleute. Schließlich sind das in der Regel keine Jungs aus gutbürgerlichem Haus mit einem Abschluss in Philosophie oder Astrophysik in der Tasche.«

»Wohl kaum«, sagte Nathalie.

»Die kommen vielmehr aus einem der Sozialbauviertel und mussten sich dort während ihrer gesamten Jugend auf der Straße bewähren, und nachdem sie dann die Schule ein für alle Mal ad acta gelegt hatten, blieb ihnen lediglich die Wahl, sich entweder für eine kriminelle Karriere zu entscheiden oder sich auf die Suche nach einem regulären Job zu machen, in dem sie ihre Fähigkeiten verwerten können: Muskeln und Streetfight.«

»Und damit landen sie dann fast zwangsläufig im Securitybereich«, meinte Nicolas

»Ja. Aber ihre alten Kontakte aus dem Viertel haben sie natürlich nach wie vor.« Victor war jetzt in seinem Element und kam dabei richtig in Fahrt. »Nächster Punkt, das Vorschieben des Strohmanns: An Durands Stelle hätte ich den säumigen Mieter telefonisch kontaktiert – Tom sagte ja schon, dass der seine Stimme auch bei dem Verhör elektronisch verändert hatte.«

»Ist ja wirklich nicht schwer so was, und es würde mich nicht wundern, wenn es dafür sogar schon eine App gäbe«, sagte Nicolas.

Victor fuhr fort: »Dabei erzählt er ihm, dass die Senatorin weiß, wo er jetzt wohnt, und bald einen Vollstreckungstitel beantragen will. Er erfindet eine glaubwürdige Geschichte, beispielsweise er sei selbst ein ›Geschädigter dieser alten Schlampe‹ und man könne ihr doch gemeinsam eine Lektion erteilen, damit sie Ruhe gibt.«

»Die Racheaktion könnte er doch genauso gut allein durchziehen, wird sich der andere aber dann fragen?«, zweifelte Nathalie an der Argumentation.

»Er erklärt ganz einfach, dass er selbst aus dem Viertel käme und man ihn deshalb sofort wiedererkennen würde. Also schlägt er vor, geeignete Typen auszuwählen und für alle Kosten aufzukommen. Der andere müsse lediglich den Jungs ein paar Fotos der Senatorin und natürlich die Kohle zustecken. Um alles Weitere würden sich dann die Jungs kümmern.«

»Wenn er den anderen geschickt anstachelt, springt der vielleicht darauf an«, stimmte Nicolas zu. »Der Mann bekommt seine Rache, ohne auch nur einen Cent dafür zu investieren, und gleichzeitig verhindert er damit neue finanzielle Forderungen seiner ehemaligen Vermieterin. Für Durand dürfte es nicht sonderlich schwierig gewesen sein, ihn dazu zu überreden.«

»Das wäre dann nur noch eine Frage der Organisation«, entwickelte Victor seine Theorie routiniert zu Ende. »Er bittet den anderen, nach Nizza zu kommen, reserviert ihm ein Zimmer in einer unauffälligen Pension und deponiert an der Rezeption einen Umschlag mit ein paar Fotos, einer kleinen Liste mit Stichpunkten für die Message, die die Jungs rüberbringen sollen, und natürlich mit der Kohle drin.«

»Der andere wickelt wie vereinbart den Kontakt ab und fährt wieder nach Hause. Wenn er schlau ist, besorgt er sich dort vorsichtshalber auch gleich ein Alibi für die Dauer der Entführung. Hört sich überzeugend an. Könnte tatsächlich so abgelaufen sein«, sagte Nicolas.

»Und Durand bleibt bei der Geschichte absolut anonym und unsichtbar«, zog Nathalie Bilanz. »Wenn wider Erwarten doch was schiefgeht und die angeheuerten Jungs wirklich gefasst werden sollten, dann könnten sie höchstens einen Mann beschreiben, der absolut nichts mit Durand gemein hat.«

Und Nicolas fügte hinzu: »Dass die Entführung aus dem Ruder läuft und die Fournier dabei verletzt wurde, hatte er bestimmt nicht geplant.«

»Sagen wir mal so«, mutmaßte Victor, »er hat billigend in Kauf genommen, dass die Jungs erkennen, wen sie da am Haken haben und dass da weit mehr als nur das kleine Honorar zu holen ist. Ich würde mal sagen, es war ihm schlichtweg egal. Dass die ihr dafür aber gleich die Finger abschneiden, damit hat er wohl nie und nimmer gerechnet. Das liegt außerhalb seiner Vorstellungskraft.«

»Sie haben ihr die Finger abgeschnitten?«, rief Tom entsetzt.
»Einfach so«, bestätigte Nicolas.
»Mir hat man das ja auch angedroht, und ich habe auch echt Panik bekommen. Aber mir haben sie zumindest gesagt, wie ich das verhindern könnte. Dass das jemand tatsächlich macht, ist schon krass«, schauderte es Tom.
»Dass bei beiden Entführungen diese Geschichte mit den Fingern vorkommt, halte ich aber für Zufall«, spekulierte Nathalie. »Zumal es bei der Fournier kaltblütig durchgezogen wurde und bei dir glücklicherweise nur bei der Androhung blieb. Eine tatsächliche Verbindung zwischen den Entführungen sehe ich deshalb eher nicht.«
»Nicht auf den ersten Blick. Da hast du vollkommen recht, Nathalie. Und dass beide Entführungen am selben Tag stattfanden, das war in der Tat auch Zufall. Schließlich wollte Durand der Senatorin nur einen Denkzettel verpassen. Ob das heute, morgen oder in einer Woche passieren würde, war ihm egal. Er behauptet, dass Toms Entführung eine Kurzschlussreaktion seiner Leute gewesen ist. Er habe sie niemals dahin gehend instruiert.«
Nathalie nickte zustimmend.
»Tja, hat er auch nicht – zumindest nicht verbal. Aber dadurch, dass er seine Securityleute gebeten hatte, geeignete Jungs für die Entführung der Senatorin auszusuchen, haben die, als Tom sie bei der Durchsuchung seines Apartments überraschte, Durands Einverständnis für eine Entführung Toms automatisch vorausgesetzt. Wenn er es für die Senatorin genehmigt, würde das wohl auch bei Tom okay sein.«
»Ist nachvollziehbar«, überlegte Nathalie laut, »schließlich war das für Durands Leute auch ziemliches Neuland. Bei ihrem sonstigen Tagesgeschäft geht es ja um andere Dinge.«
»Auf jeden Fall war der Moment, als die Tür aufging und Tom hereinspazierte, für sie eine absolute Stresssituation, in der sie blitzschnell handeln mussten«, sagte Victor. »Sie wussten nicht, welche der zig CDs die richtige war. Da kam ihnen Tom gerade recht. Also nahmen sie alles kurzerhand mit.«
»Dann war meine Entführung nur eine Verkettung unglücklicher Umstände?«, fragte Tom ungläubig.

Victor nickte heftig. »*You got it!* Ein klassischer Fall von ›zur falschen Zeit am falschen Ort‹.«

Nicolas spürte förmlich, wie erleichtert Victor war, dass die Entführung nicht dadurch verursacht worden war, dass er Tom für seine Zwecke eingespannt hatte.

»Sie waren also lediglich ein nicht eingeplanter Statist in einer Politintrige, der im falschen Moment durchs Bild lief«, schloss Victor seine Version des Tathergangs ab. »Durand hat zwar indirekt zu Ihrer Entführung beigetragen, aber er hatte sie weder gewollt noch geplant. Und als seine Leute Sie plötzlich unangemeldet in sein Haus schleppten, da ging ihm dann doch die Düse. Deshalb hat er schlussendlich auch Ihre Freilassung angeordnet, ohne überhaupt je mit irgendwem Kontakt aufgenommen zu haben.«

»Du willst ihn jetzt aber nicht auch noch heiligsprechen, oder?«, bremste Nicolas Victors Plädoyer für Durand.

»Nein, ganz und gar nicht, ich wollte nur erklären, warum ich auf Toms Seite bin, wenn er sagt, dass er Durand nicht anzeigen will. Nicht nur, dass Tom keine Beweise gegen Durand hat, die einzig wirkliche Schuldige ist doch im Endeffekt die Senatorin.«

»Mitgefangen, mitgehangen«, entfuhr es Nathalie. Man konnte ihr ansehen, dass es ihr gegen den Strich gehen würde, sollte Durand hier ungestraft davonkommen.

»Die Fournier geht über Leichen, um ihre Ziele zu erreichen. Sie hat nicht mal gewusst, ob sich auf der CD überhaupt wichtige Informationen befinden. Trotzdem ordnet sie kaltblütig an, dass Durand sich Tom noch mal vorknöpfen soll. Sie wollte ein gnadenloses Verhör, um an Informationen zu kommen. Aber bitte schön in ihrer Abwesenheit, damit Madame ja nicht riskierte, irgendwann damit in Verbindung gebracht zu werden«, sagte Victor laut.

»Na ja, ganz so unschuldig ist Durand aber trotzdem nicht«, widersprach Nathalie. »Durand hätte sich auch einfach weigern können, weiterhin den Lakaien in Fourniers Inszenierung zu spielen.«

»Auf seine Art hat er das ja irgendwie auch, denn zumindest hat er Tom geschont. Statt ihn brutal zu verhören oder ihm sogar was anzutun, hat er sich damit begnügt, lediglich einen Haufen Drohungen auszustoßen, und so komisch es sich auch anhört: Das geschah nur zu Toms Bestem.«

»Ja, ich fand es auch sehr komisch«, kommentierte Tom den letzten Satz sarkastisch.

»Ich glaube, ich verstehe, worauf Victor hinauswill«, sagte Nicolas. »Durand hat dir glaubhaft versichert, dass du es bereuen würdest, wenn du den Mund aufmachst, andererseits aber nichts zu befürchten hättest, wenn du die Klappe hältst.«

»So in der Art«, meinte Tom, der wieder blass wurde.

»Um dich zu beruhigen, hat er dir im gleichen Atemzug schon in Aussicht gestellt, dass du bald wieder gehen darfst. Er hat sich nicht einmal getraut zu fragen, was auf dieser CD eigentlich drauf war.«

»Warum eigentlich nicht?«, wollte Nathalie wissen.

Victor antwortete: »Wahrscheinlich hat er befürchtet, dass dieser Zusammenhang später vielleicht zu ihm als Auftraggeber führen könnte. Dieses schlappe Verhör, oder besser gesagt dieser unbeholfene Monolog Durands, ist meines Erachtens ein Beweis dafür, dass er zu diesem Zeitpunkt bereits selbst nicht mehr an eine Zukunft mit Fournier als Wahlkampfpartnerin geglaubt und nur noch nach einem guten Ausweg aus dieser Situation gesucht hat.«

»Warum so spät?«, fragte Nicolas.

»Fourniers skrupellose Forderungen in Sachen Tom waren für ihn der berühmte letzte Tropfen, der das Fass endgültig zum Überlaufen brachte. Durand beschloss, sein Ding ohne die Senatorin durchzuziehen, weil ihm deren Methoden eindeutig zu weit gingen. Er musste jetzt nur noch gute Miene zum bösen Spiel machen, um Zeit zu gewinnen und seine neue Strategie mit anderen Partnern umzusetzen.«

Nathalie meldete dennoch Bedenken an. »Du bist also ganz klar dafür, die Angelegenheit mit Durand auf sich beruhen zu lassen.«

»Am Ende geht die Sache für alle Beteiligten doch gut aus«, meinte Victor achselzuckend.

Tom sah mit versteinertem Gesicht aus dem Fenster und sagte:

»Ich habe euch meinen Standpunkt gleich zu Beginn klargemacht: Ich bleibe bei der offiziellen Version.«

»Da ist dann aber trotzdem noch ein Problem, Victor: Dein Freund Franck war ja sichtlich sauer, als er vorhin ohne eine Verhaftung wieder abziehen musste. Er ist ja nicht naiv und hat natürlich sofort gecheckt, dass die Geschichte erstunken und erlogen ist. Wie willst du ihn denn von weiteren Ermittlungen abhalten?«, wollte Nicolas wissen.

»Solange Tom standhaft bei seiner Version bleibt, wird sich Franck die Zähne ausbeißen. Ich fahre morgen früh zu ihm ins Kommissariat und rede mit ihm«, sagte Victor nüchtern.

47

Legros starrte missmutig aus dem Fenster seines Büros, hinunter auf den Boulevard mit dem allmorgendlichen Berufsverkehr. Es wurmte ihn, dass Durand es offensichtlich geschafft hatte, Toms Schweigen zu erkaufen. Anders konnte er sich dessen unkooperatives Verhalten der Polizei gegenüber nämlich nicht erklären.

Tom war zwar wieder in Freiheit, unverletzt und aller Wahrscheinlichkeit nach also großzügig entschädigt, aber Legros ging es natürlich gegen den Strich, dass Leute mit Geld glaubten, sich alles erlauben zu können und weder gesellschaftliche Regeln noch geltende Gesetze beachten zu müssen.

Noch während er sich in seine Wut über die Arroganz dieser selbst ernannten Elite hineinsteigerte, klopfte es, und gleich darauf steckte Victor seinen Kopf durch die Tür.

»Bin ich zu spät dran für einen Kaffee? … Oh, oh, da scheint aber jemand einen moralischen Hangover zu haben.«

»Komm ruhig rein, Victor. Der Morgen ist eh schon versaut.«

»*Hey man, take it easy.* Diesmal warst du der Baum, nächstes Mal bist du wieder der Hund. Hätte schlimmer kommen können. Tom erfreut sich schließlich bester Gesundheit.«

»Ja, und Durand geht zum Tagesgeschäft über, als ob nichts gewesen wäre. Nach dem derzeitigen Kenntnisstand, den ich so auch in meinen Bericht schreiben muss, kann ich jetzt schon Wort für Wort die Reaktion meines Vorgesetzten voraussagen: ›Bei allem Respekt für Ihr Bauchgefühl, Legros, solange keine absolut zwingenden Beweise gegen diese Version auftauchen und alle Beteiligten augenscheinlich damit voll und ganz konform gehen, gibt es keinen Grund, an den Worten eines honorigen Bürgers der Stadt zu zweifeln.‹ Glaub mir, Victor: Der schließt die Akte, noch bevor auch nur ein Lichtstrahl auf meine persönliche Beurteilung der Situation gefallen ist.«

»Okay, aber solange niemand Anschuldigungen erhebt, gibt es streng genommen nicht mal einen richtigen Fall.«

Legros grunzte nur unzufrieden.

»Kopf hoch. Du hast noch einen ganzen Berg anderer Fälle. Und einer davon ist die Entführung der Senatorin.«

»Da sie selbst keinerlei Bereitschaft zur Zusammenarbeit zeigt und mich bei meinen Ermittlungen durch ihr Schweigen regelmäßig im Regen stehen lässt, kann die mich mal kreuzweise. Das läuft auf Dienst nach Vorschrift hinaus, ich lasse einfach der Routine ihren Lauf. Ich denke, der verschollene Mieter ist da eine sichere Bank. Den finden wir früher oder später, und der Rest ist nur eine Frage der Zeit.«

»Eher früher als später, wage ich jetzt mal zu behaupten«, erklärte Victor geheimnisvoll. »Würde mich aber nicht wundern, wenn sich auch das schlussendlich als eine Sackgasse erweisen würde.«

»Wenn es dein Plan war, mich aufzuheitern, solltest du vielleicht noch mal dein Konzept überarbeiten«, erwiderte Legros, sah Victor dabei aber prüfend an. »Willst du mich jetzt gerade nur auf die Folter spannen, oder hat du einfach beschlossen, mir – wie üblich – wichtige Infos vorerst zu verschweigen?«

»Sagen wir mal so: Ich will dich nicht mit Theorien belasten, die man ohnehin nie wird beweisen können. Aber kommen wir doch, nur der Vollständigkeit halber, noch einmal kurz auf Tom zurück. Egal, ob Tom tatsächlich entführt wurde oder ob er die ganze Zeit über mit Durand an dem zukünftigen Eventkalender für deine schöne Stadt getüftelt hat – er kann nicht an der Entführung der Senatorin beteiligt gewesen sein, weil er in beiden Fällen ein Alibi für die fragliche Zeit hatte. Sind wir uns so weit einig?«

Legros nickte.

»Schön. Also hat Tom keine Straftat begangen, und es gibt keinen Grund, ihm weiter nachzustellen. Was seine eigene Rolle betrifft, wurde er entweder überhaupt nicht entführt, oder aber es gab wohl irgendeinen unvorhergesehenen Zwischenfall, ein unfreiwilliges Intermezzo, nenne es, wie du willst, aber die Betroffenen haben das dann unter sich privat ausgemacht.«

»Du meinst also, wenn das für die beiden okay ist, sollte es für mich erst recht okay sein?«, fragte Legros.

»Ja, mach deinen Frieden damit, sonst handelst du dir mit der Sache höchstens noch ein Magengeschwür ein.«

Legros hatte zwar immer noch schwer an den Umständen zu kauen, musste aber insgeheim zugeben, dass Victor im Prinzip recht hatte.

48

»Und? Schon was Neues von Legros?«, wollte Nicolas wissen.

»Guten Morgen, Victor«, schob Nathalie schnell nach, »ein Minimum an Höflichkeit – dafür sollte immer Zeit sein«, tadelte sie Nicolas.

»Ja, natürlich. Entschuldige, Victor. Kaffee?«

»Nein danke, ich hatte gerade einen bei Franck.«

»Also warst du schon bei ihm, super. Erzähl.«

Victor rückte seinen Stuhl in den Schatten, da bereits jetzt um zehn Uhr zu spüren war, dass ein heißer Tag bevorstand. Gerade als Victor anfing zu erzählen, bimmelte das Glöckchen am Eingang, und Tom kam durch das Tor.

»Salut Tom. Ein Musiker, der schon vor Mittag aufrecht steht. Was ist passiert?«, frotzelte Nicolas.

»Hab meine *querida* zur Arbeit begleitet, und jetzt muss ich irgendwie den langen Tag rumkriegen.«

»Du wirkst ja wie ausgewechselt«, sagte Nathalie verblüfft. »Du hast die Strapazen der letzten Woche erstaunlich schnell weggesteckt.«

Tom wurde ernst. »Genau diese letzten Tage haben mir die Augen geöffnet. Ich habe bisher einfach so vor mich hin gelebt. Bloß keine Verpflichtungen eingehen. Mit dem Ergebnis, dass sich im Endeffekt kein Mensch um mich schert. Ihr seid die Einzigen, die wirklich etwas unternommen haben, als ich in der Bredouille steckte.«

»Da tust du Gabriela aber unrecht«, protestierte Nathalie sofort.

Tom schüttelte den Kopf. »Gabriela habe ich in meinem Unabhängigkeitswahn so auf Abstand gehalten, dass sie allein gar nicht gewusst hätte, wo sie ansetzen sollte. Und das war unfair von mir.« Tom machte eine Pause und verkündete dann feierlich: »Deshalb habe ich Gabriela heute Nacht gefragt, ob wir uns zusammen eine gemeinsame Wohnung suchen wollen.«

»Hey, das sind ja tolle Neuigkeiten«, freute sich Nathalie. »Wisst ihr schon, in welche Gegend ihr ziehen wollt?«

»Stopp, Chérie«, bremste Nicolas Nathalies Neugier. »Und du, Tom, pass auf deine Kreditkarte auf, sonst ziehen die beiden Mädels gleich los und kurbeln mal kurz die Konjunktur im Möbelgewerbe an.«

Nachdem jeder mit selbst gemachter Zitronenlimonade versorgt war, begann Victor von seiner Unterredung mit Legros zu erzählen.

»... kurzum, Franck hat sich, wenn auch schweren Herzens, damit abgefunden, dass die Affäre Tom/Durand erledigt ist. Abgesehen davon will auch sein Chef nichts mehr davon hören. Allerdings mehr aus politischen als aus kriminalistischen Gründen.«

»Und zum Thema Fournier?«

»Da ist Franck vor allem sauer, dass die immer noch mauert. Offensichtlich weiß er nichts von der Lösegeldforderung. Ich für meinen Teil habe ihm gestern, als ich ihm von dem *zufällig* mitangehörten Telefonat von Fournier mit Durand erzählte, nur den Teil mit der Gefangenhaltung einer Person geschildert«, erklärte Victor mit einem Seitenblick auf Tom. »Von der Lösegeldforderung und dem bevorstehenden Treffen mit den Erpressern habe ich nichts erwähnt. Ist ja schließlich nicht unser Problem.«

Nicolas sah ihn vorwurfsvoll an. Victor zuckte die Schultern. »Legros hat mir gesagt, dass er jetzt in aller Seelenruhe abwartet, bis sie was Neues über den verschwundenen Ladenmieter herausfinden, denn wenn die Alte ihrerseits nicht mit Infos über mögliche Verdächtige rausrückt, dann wird er sich auch kein Bein ausreißen.«

»Das kann nur heißen, dass sie ihm lediglich von den Drohungen erzählt hat, aber kein Sterbenswörtchen über eine finanzielle Erpressung verloren hat«, sagte Nicolas.

»Genau. Denn wenn er wüsste, dass ein Treffen mit den Entführern bevorsteht, dann wäre er mit Sicherheit schon mit einem Bus voll Zivilbullen zu ihr unterwegs und würde ihr ganzes Viertel rund um die Uhr überwachen.«

»Stellt sich die Frage, ob sie schweigt, weil sie Angst vor der Bestrafung hat, falls die Erpresser von der Polizei Wind bekommen, oder ob sie so kaltschnäuzig ist zu glauben, dass sie mit denen auch allein fertigwird«, rätselte Nicolas.

»Wenn unsere Theorie stimmt«, fuhr Victor fort, »dass die Jungs erst bei der Entführung festgestellt haben, wer ihnen da ins Netz gegangen ist, dann waren sie logischerweise nicht darauf vorbereitet und haben erst mal eine Summe X gefordert, die ihnen machbar erschien. Und offensichtlich war das eine Summe, die die Alte relativ problemlos aufbringen konnte.«

»Stimmt, im Telefonat hat sie gesagt, dass sie das Geld bereits im Haus hat, um die Leute zu bezahlen. Das hört sich nicht nach einem Millionenbetrag an, sondern eher nach einer Summe, die sie – für ihre Verhältnisse – aus der Portokasse bezahlt. Gut möglich, dass es sich dabei sogar um Geld handelt, dessen Herkunft sie gar nicht erklären könnte«, sagte Nicolas.

»Wie dem auch sei, von dem Treffen erhofft sie sich, den Drahtziehern auf die Schliche zu kommen. Denn ihr wird klar sein, dass das Ganze garantiert nicht die alleinige Idee einer Gang aus einer Sozialbausiedlung war. Und sie weiß auch, dass die Angelegenheit durch die Zahlung der geforderten Summe mit Sicherheit nicht beendet wäre. Das Geld ist ihr ziemlich egal. Was sie will, ist, die Hintermänner zu finden und die dann fertigzumachen.«

»Und jetzt fragst du dich, wie wir uns verhalten sollen?«, hakte Nathalie nach. »Sagen wir nichts und bei der Geldübergabe geht was schief, sind wir unter Umständen mitschuldig. Erzählen wir aber Legros davon, rückt er sofort aus, schnappt sich die Jungs auf frischer Tat, aber vermutlich endet die Aktion in einer Sackgasse, da die ja, unserer Theorie nach, den wahren Hintermann gar nicht kennen.«

Victor schüttelte energisch den Kopf. »Die moralische Frage, ob wir mitschuldig wären, wenn der Alten was zustößt, interessiert mich ehrlich gesagt herzlich wenig. Wenn sie schon selbst ihren Mund nicht aufmacht, dann kann das erst recht nicht unser Problem sein. Sie ist alt genug, ihre eigenen Entscheidungen zu treffen und dafür dann im Ernstfall auch die Rechnung präsentiert zu bekommen. Aber wie du ganz richtig sagst: Wenn Legros die Jungs hochnimmt, verläuft die Spur damit im Sand.«

»Nicht unbedingt«, widersprach Nathalie. »Wenn wir Legros unsere Theorie vortragen, wird er sich Fourniers Tochter vorknöpfen und sich von ihr die Adresse des Ladenmieters beschaffen.«

»Die knickt wahrscheinlich schon ein, wenn Legros auch nur bei ihr klingelt. Dann holt er sich den Typen und macht eine Gegenüberstellung, bei der die Jungs ihn mit Sicherheit identifizieren werden. Der Ladenmieter erzählt, wie es dazu kam, und dann wiegen die Indizien schwer genug, um Durand damit in Verbindung zu bringen«, meinte Nicolas.

»Und dann?«, fragte Victor. »Selbst wenn Durand umfallen und die Senatorin beschuldigen würde, steht Aussage gegen Aussage. Das hat er selbst gesagt, und zwar weil er weiß, dass es keinen handfesten Beweis gibt. Genau aus diesem Grund hat er auch zu Tom gesagt, dass er niemals die wahren Drahtzieher anschwärzen wird. Wo soll Legros da ansetzen? Selbst wenn irgendein Beweis auftauchen würde, wären wir immer noch meilenweit von einer Anklage entfernt.«

»Die andere Frage ist auch, ob Legros wirklich Lust hat, die letzten Jahre bis zu seiner Pensionierung den Don Quijote zu geben. Wieder und wieder gegen Windmühlen anzurennen. Denn die Fournier wird sich mit allen ihr zur Verfügung stehenden Mitteln wehren und Gott und die Welt in Bewegung setzen, um Legros Knüppel zwischen die Beine zu werfen«, sagte Nicolas.

»Und wenn sie und ihre Tochter erst mal realisieren, dass Durand kein Schwiegersohn in spe mehr ist, sondern vielmehr ein zukünftiger Ex, dann werden sie beginnen, Durand zu diskreditieren, um seine Aussage als profane Rache hinzustellen, weil ihn die Fournier nicht genügend in seinem Wahlkampf unterstützt hat.«

»Willst du uns gerade schonend darauf vorbereiten, dass die Senatorin wieder einmal davonkommt, Victor? Dass sie Leute drangsalieren kann, wie es ihr in den Kram passt, ohne dafür gerichtlich belangt zu werden?«, fragte Nathalie.

»Wenn du die Frage so formulierst: Ja!«

»Wie meinst du das, ›wenn ich es so formuliere‹?«, fragte Nathalie irritiert.

»An eine Gerichtsverhandlung glaube ich ehrlich gesagt nicht.«

»Du willst jetzt aber nicht vorschlagen, dass wir uns auf das Niveau dieser Familie begeben und ihr ein paar finstere Gestalten auf den Hals hetzen?«, meinte Nathalie entsetzt.

»Ich glaube, ich weiß, worauf Victor hinauswill«, meinte Nicolas.

»Wenn du auch das Fußvolk erleuchten könntest«, warf Tom ein.

»Nun, wenn wir sie nicht mit legalen Waffen schlagen können, dann eben mit legitimen Mitteln, zumindest was sie darunter versteht. Also Methoden, die sie selbst gegen andere einsetzt.«

49

Zwei Wochen später

Nicolas kam vom Briefkasten oben an der Straße zurück und winkte Victor und Tom zu, die im Schatten des Erdbeerbaums in ein ernstes Gespräch vertieft waren, und bedeutete ihnen, herüberzukommen. Seit Victor Tom die ganze Geschichte über den toten Briefkasten erzählt hatte, verbrachten die beiden viel Zeit miteinander. Vor allem, seit Michel über Nacht von der Côte d'Azur abberufen worden war und die Agency Victor mit der kommissarischen Betreuung des Büros in Mandelieu beauftragt hatte, bis ein neuer Nachfolger eintreffen sollte. Victor hatte Tom als Entschädigung versprochen, ihm weiterhin Engagements zu vermitteln, natürlich ohne dass er dafür als Gegenleistung Kurierdienste übernehmen musste.

Als alle beieinandersaßen, hielt Nicolas theatralisch die Titelseite der Tageszeitung hoch.

»*Voilà*, David gegen Goliath, und das gleich als Aufmacher! David hat Wort gehalten«, rief Nicolas, »und Teile der Story auch an Kollegen weitergegeben, um eine möglichst große Streuwirkung zu erreichen. In seinem Text hier bezieht er sich unter anderem auf einen Artikel in ›Voici‹, der gestern rauskam.«

»Was bitte ist ›Voici‹?«, unterbrach Victor ihn.

»Nichts für Leute wie dich und mich. Das ist ein People-Magazin, das hauptsächlich über Skandale von Promis und Möchtegernpromis berichtet. Wer gerade mit wem, wie und wieso zusammen oder frisch getrennt ist. Vom Unterhaltungswert her meist sehr witzig wegen der respektlosen Wortspiele, von journalistischer Sorgfalt aber oft Lichtjahre entfernt.«

»Da hast du recht: Das ist wirklich nichts für mich.«

»Gerichtlich angeordnete Gegendarstellungen auf der Titelseite sind mittlerweile gang und gäbe und schon fast eine Werbestrategie geworden. Keiner gibt zu, dass er es kauft, und trotzdem haben die eine Auflagenstärke, von der viele seriöse Zeitschriften nicht mal zu träumen wagen. In Friseursalons und Wartezimmern findest du immer ein paar Exemplare.«

»Davon muss ich mir gleich eines besorgen und es Agnès zeigen«, meinte Nathalie aufgekratzt.

»Du scheinst ja mit der Departements-Vorsitzenden mittlerweile bestens befreundet zu sein«, merkte Victor erstaunt an.

»Vor allem, seit Gabriela und ich ihr in einem vertraulichem Gespräch unter Frauen die Augen über ihren neuen Verbündeten geöffnet haben. Aber jetzt spann uns nicht weiter auf die Folter. Lies endlich vor!«

»Okay, als Erstes eine fette Überschrift: ›Polizei noch immer auf der Jagd‹ – eigentlich wollte er es ›Les Poulets chassent toujours‹ übertiteln, aber das war seinem Chefredakteur dann doch zu unseriös, hat er mir gestern Abend am Telefon erzählt.«

»Ich habe ehrlich gesagt nie ganz verstanden, warum die Franzosen ihre Gendarmerie als Hühnchen bezeichnen«, rätselte Tom.

»Ganz einfach«, erklärte Nicolas breit grinsend, »als im 19. Jahrhundert das Pariser Polizeipräsidium abbrannte, haben sie nicht weit davon entfernt ein neues aufgebaut. Aber genau an diesem Platz wurde zuvor noch der größte Geflügelmarkt der Stadt abgehalten. Tja, und seitdem heißen sie ›Les Poulets‹.«

»Oh Gott, die Armen. Mit so einem Spitznamen haben die es echt nicht leicht«, lachte Tom.

»Also, weiter im Text. David bezieht sich hier, wie gesagt, auf einen Artikel in ›Voici‹, in dem sie marktschreierisch über die Entführung und Folter der Senatorin berichten und vor allem natürlich auch in aller Breite Fourniers Lügenstory mit den Supermarktkassen schildern. Und dass ihr der Ladenmieter dafür nun offensichtlich ›auf die Finger geklopft hat – sehr, sehr fest geklopft!‹.«

»Boah, ist das gemein«, schüttelte sich Nathalie. »Aber David hat das schlau eingefädelt. Indem er lediglich ein anderes Blatt zitiert, ist seine eigene Zeitung fein raus.«

»Genau, und er selbst untermauert den Bericht der Kollegen indirekt mit einigen Interviews von Fourniers Wohnungsmietern, um zu zeigen, dass es sich nicht um ein Hirngespinst oder einen einmaligen Ausrutscher handelt.«

»Klasse Schachzug«, sagte Victor anerkennend.

»Hier zum Beispiel: die Geschichte mit dem Strom und der nicht vorhandenen Erdung. Er zitiert auch den Elektriker, dass es sich dabei nicht um ein harmloses Versäumnis oder eine Frage des Komforts handle, sondern um eine tatsächliche Gefährdung von Menschenleben, vor allem, wenn wie in diesem Fall Kleinkinder im Haushalt lebten.«

»Womit er auf einen Schlag alle Eltern gegen Fournier aufbringt«, folgerte Nathalie.

»Und als weiteren Sargnagel lässt er einen Anwalt zu Wort kommen, der bestätigt, dass das eine eindeutige Missachtung geltender Normen darstellt. Normen seien aber nicht bloß gut gemeinte Empfehlungen, sondern nun mal Gesetz. Solch ein Verhalten sei in höchstem Maße unverständlich, wo doch ihre eigene Tochter Anwältin sei und sie auf diesen Umstand hätte aufmerksam machen müssen, als der Mieter dies schriftlich bemängelte – ein schlimmer Beratungsfehler, der kein gutes Licht auf die Kanzlei wirft. David stellt abschließend die Frage: ›Stehen die, die unsere Gesetze verabschieden, selbst darüber?‹«

»Womit er sie unterschwellig für ihren Posten als moralisch ungeeignet anprangert und ihre Amtsenthebung nahelegt«, fügte Victor an.

»Komm, lass uns David anrufen und ihm zu dem gelungenen Artikel gratulieren«, schlug Nathalie vor.

»… und ich danke euch für die Infos«, wiegelte David ab. »Ich verspreche euch, wir bleiben auf alle Fälle an ihr dran, und ich hoffe, dass wir die Leser mit solchen konkreten Beispielen endlich mal wachrütteln.«

»Schade ist nur, dass du die Geschichte mit den SCIs nicht verwerten konntest.«

»Ich hab es versucht, aber keiner der Bauern wollte reden. Die wurden ganz offensichtlich gut gebrieft. Aber als gewissenhafter Journalist habe ich mich natürlich auch in den umliegenden Dörfern umgehört, und stellt euch vor, ich bin fündig geworden.«

»Erzähl«, forderte ihn Nicolas auf.

»Vor einiger Zeit kam ein gut gekleideter Mann, offenbar ein Privatchauffeur, in eine kleine Dorfbar und wollte ein paar Flaschen Champagner zum Mitnehmen kaufen. Der Barmann hatte natürlich keinen vorrätig – seine Kunden seien schließlich die Bauern aus der Umgebung oder Arbeiter, die auf einen Pastis vorbeikämen –, aber er könne innerhalb einer Stunde eine Kiste besorgen, hat er dem Mann angeboten.«

»Eine ganze Kiste Champagner auf einen Schlag zu verkaufen, das ist für so eine Dorfbar wahrscheinlich wie Weihnachten«, meinte Nicolas grinsend.

»Darauf kannst du wetten. Der Barmann versprach deshalb, sie sogar kostenlos anzuliefern. Er staunte nicht schlecht, als er bei der angegebenen Adresse auf einen Bauern traf, den er natürlich kannte, und hat sich gefragt, warum der Champagner ordert und wem wohl die dicke Limousine und der schmucke Jaguar E-Type gehören, die vor dem Hof standen.«

»Und? Wer waren die Besucher?«, wollte Nathalie wissen.

»Der Mann hatte bar bezahlt und keine Rechnung verlangt, was dem Barbetreiber sicherlich mehr als recht war. Keine Rechnung, kein Name.«

»Sollte nicht schwer sein, den Besitzer eines so seltenen Oldtimers ausfindig zu machen. Bei der Limousine sehe ich allerdings schwarz«, meinte Victor.

»Nicht nötig. Den Fahrgast der Limousine hat der Barmann nämlich sofort wiedererkannt, als er den Schampus ins Haus trug. Ein Nizzaer Politiker, dessen Konterfei mindestens einmal pro Monat in der Presse auftaucht. Und was den Fahrer des Jaguars angeht: Da brauch ich nicht lange überlegen, der ist bekannt wie ein bunter Hund. Ein Immobilienmakler aus dem Luxusbereich. Ich schätze, der Schampus wurde zum Begießen einer gerade getroffenen Kaufvereinbarung benötigt.«

»Welcher Politiker war es denn?«, wollte Nicolas wissen.

»Darf ich dir nicht sagen, aber ich habe ihn angerufen und ihn ganz allgemein auf die Problematik der SCI-Geschichte angesprochen, natürlich ohne ihn direkt zu beschuldigen. Schließlich habe ich ja nichts Offizielles in der Hand, und außerdem ist das Geschäft nach derzeitigem Stand wahrscheinlich sogar legal.«

»Ist er zumindest nervös geworden?«

»Stellt ein Journalist Fragen zu dubiosen Machenschaften, haben Politiker *immer* Angst, dass ihr Name damit in Verbindung gebracht werden könnte. Ich habe aber durchblicken lassen, dass wir uns hier in erster Linie für eine ›bei dieser Transaktion federführende Person aus der höheren Politik‹ interessieren, weil es Anzeichen für Amtsmissbrauch gibt. In zweiter Linie aber natürlich auch für diejenigen, die mit dieser Person direkt in Verbindung stehen.«

»Was deiner Meinung nach die Betroffenen dazu veranlassen wird, eventuelle Beziehungen sofort abzubrechen?«, führte Nicolas den Gedankengang zu Ende.

»Die Drähte dürften anschließend geglüht haben, aber nicht die zur Senatorin, sondern die zwischen den restlichen Beteiligten. Um ganz sicherzugehen, habe ich anschließend noch den besagten Luxusimmobilienmakler angerufen. Wir kennen uns nämlich. Rate mal, woher.«

»Einer eurer wertvollsten Anzeigenkunden?«, mutmaßte Nicolas.

»Nein, von der Geschichte mit den Weingütern, da war er nämlich derjenige, der damals das Konzept überhaupt erst entwickelt hatte. Ich habe ihn bei meinem Anruf, so ganz unter guten Freunden, vorgewarnt, dass da jemand offensichtlich sein Konzept kopiert, mit dem Unterschied, dass hier wohl massive unlautere Manipulationen vorausgingen. Genaueres wüssten wir aber noch nicht, und ob er denn nicht zufällig eine Idee hätte, wer hier auf illegale Weise die Fäden zieht.«

»Lass mich raten: Er war schockiert, dass manche Leute vor gar nichts zurückschrecken nur um eines guten Geschäfts willen. Er persönlich kenne solche Leute aber selbstredend nicht und bedaure, nicht weiterhelfen zu können?«

»Du hast es auf den Punkt gebracht. Danach hatte er es ziemlich eilig, das Gespräch zu beenden. Er hatte wahrscheinlich selbst ein paar wichtige Anrufe zu erledigen.«

Nicolas konnte sich Davids Grinsen förmlich vorstellen.

Und Nathalie fügte genussvoll hinzu: »Ich stelle mir gerade die Senatorin vor, wie sie verzweifelt versucht, irgendjemanden telefonisch zu erreichen, aber alle gerade ›ganz zufällig‹ in irgendwelchen Besprechungen sind.«

»Und sie dann vergebens auf Rückrufe wartet, die wohl nie mehr kommen werden. Das werden einsame Tage werden«, vollendete Nicolas Nathalies Szenario mit gespieltem Mitgefühl.

»Das erinnert mich an eine Gedichtzeile von Martha Medeiros«, murmelte Tom. *»Persona non grata, expulsa do paraíso.«*

»Vertrieben aus dem Paradies, ja, das passt«, sagte Nicolas lachend.

Rezepte

Hier in Kurzform ein paar der im Buch erwähnten Rezepte. Die ausführliche Version, mit Detailfotos bebildert, finden Sie kostenlos auf meiner Internetseite http://robert-de-paca.com.

Socca – Nathalies Lieblingssnack

Obwohl man die Socca manchmal auch außerhalb Nizzas, sogar im benachbarten Ligurien, finden kann, ist sie doch ein so typisches Nizzaer Gericht, dass man oft den Spruch hört: *élevé à la socca* – mit der Socca großgezogen, wenn man jemanden als *vrai niçois/vraie niçoise*, als echte(n) Nizzaer(in) beschreiben möchte. Sie wird – kräftig gepfeffert und noch warm – zum Aperitif genossen und meist mit den Fingern gegessen. Dazu gibt es gut gekühlten Roséwein.
Traditionell wird sie in verzinnten Kupferpfannen in einem holzbefeuerten (Pizza-)Ofen gebacken. Für erste Gehversuche kann man sie aber auch im handelsüblichen Haushaltsbackofen mit Grillfunktion auf dem Backblech zubereiten – auch wenn sie dann natürlich nicht ganz an das Original herankommt. Wer süchtig wird, kann sich ja beim nächsten Nizza-Besuch oder im Internet seine original Soccaform besorgen.

Zutaten für ein Kuchenblech (30 x 40 cm) oder eine 40 cm-Soccaform:
80 g Kichererbsenmehl
1 EL Olivenöl
1 gestrichenen TL Salz
175 ml kaltes Wasser
etwas Olivenöl für die Backform

Zubereitung:
Mehl, Salz und Öl vermischen und dann das Wasser schluckweise mit einem Schneebesen unterrühren (damit verhindert man zu

starke Klumpenbildung). Der Teig soll eine flüssige Konsistenz bekommen (ungefähr wie die von Vollmilch).
Nochmals kräftig mit dem Schneebesen durchschlagen und durch ein Sieb gießen, damit letzte Klümpchen ausgesiebt werden.
Den Teig eine halbe Stunde oder länger ruhen lassen.
Den Ofen mindestens 30 Minuten lang auf Maximaltemperatur (Ober-/Unterhitze) vorheizen – meist schaffen Haushaltsöfen 275°C.
Einen dicken Olivenölfilm (ca. 1 mm) in das heiße Backblech gießen. Das Blech wieder in den Ofen auf die oberste Schiene geben. Wenn das Öl leicht zu rauchen beginnt, den Teig in einer ca. 2 mm dicken Schicht eingießen. Das sollte relativ zügig geschehen, damit sich das Blech nicht allzu sehr abkühlt. Die Profis machen das mit einer Schöpfkelle, bei der sie genau wissen, wie viele Kellen Teig sie pro Form benötigen. Also testen Sie das bei der ersten Zubereitung einfach mit Ihrem Teig und Ihrem Kuchenblech beziehungsweise Ihrer Soccaform.
Das Blech wieder in den Ofen geben, obere Schiene, aber so, dass man den Teig beobachten kann, ohne ständig die Ofentür öffnen und das Blech herausziehen zu müssen.
Nach ca. 2 Minuten auf die Grillfunktion umstellen.
Sollten sich große Blasen bilden, diese mit einem spitzen Küchenmesser zerstechen. Die Socca braucht insgesamt ca. 5–7 Minuten Backzeit. Sie soll goldgelb gebräunt sein und darf auch erste Brandspuren aufweisen. Der Idealzustand wäre: eine leicht knusprige Oberseite, das Innere und die Unterseite weich.
Anschließend die Socca in handliche, ca. 5 cm große Quadrate zerschneiden oder mit einem Spatel grob zerrupfen. Mit reichlich frisch gemahlenem Pfeffer würzen.
Sie wird mit den Fingern gegessen.

Feijoada

Sie gilt allgemein als *das* brasilianische Nationalgericht. Häufig wird sie als Arme-Leute-Essen beschrieben, da früher die Sklaven nur die »Abfallteile« des Schweins, also Füße, Ohren, Schwanz, Rippen und anderes, abbekamen und sich daraus diesen Eintopf kochten.
Es gibt aber in der Literatur Hinweise, dass die Feijoada damals bereits auch in gutbürgerlichen Restaurants angeboten wurde. Vermutlich wurde das Gericht von portugiesischen Seefahrern aus ihrer Heimat mitgebracht – weshalb es manchmal auch als »portugiesisches Cassoulet« bezeichnet wird. (Cassoulet ist in Frankreich eine Spezialität aus dem Languedoc, genauer gesagt der Gegend zwischen Toulouse und Carcassone: ein Eintopfgericht aus weißen Bohnen, Speck, gepökeltem Fleisch und Würsten.)
Wie so oft bei Nationalgerichten gibt es auch hier keine dogmatische Zutatenliste, sondern eher eine Grundstruktur.
Basis sind die schwarzen Bohnen. Diese werden mehrere Stunden oder am besten über Nacht in reichlich kaltem Wasser eingeweicht. In vielen Rezepten werden sie anschließend in diesem Einweichwasser auch gekocht. Untersuchungen haben allerdings ergeben, dass beim Wegschütten des Einweichwassers und dem Kochen der Bohnen in frischem Wasser zwar einige Inhaltsstoffe und etwas von der Farbe verloren gehen, es werden aber auch ausgeschwemmte schwer oder nicht verdauliche Stoffe eliminiert. Insgesamt überwiegen die Vorteile die Nachteile, wenn man das Einweichwasser wegschüttet und frisches Wasser zum Kochen benutzt.
Die original brasilianischen Würste, *linguiça de porco*, sind grobe Schweinewürste mit Paprikapulver. Man kann sie mittlerweile im Internet bestellen. Ansonsten kann man aber auch europäische Versionen von geräucherten Schweinswürsten, in Frankreich zum Beispiel die sogenannten *saucisse de Montbéliard*, verwenden.
Carne seca ist ein in Salz eingelegtes, luftgetrocknetes Rindfleisch, das man bei portugiesischen und brasilianischen Händlern häufig

vakuumverpackt kaufen kann. Es wird sowohl als ganzes Stück als auch in Form kleiner, dünner Streifen angeboten. Ideal ist es, ein ganzes Stück zu benutzen. Ersatzweise kann man einen würzigen geräucherten Schinken verwenden (keinen Schwarzwälder – dessen spezielles Aroma ist zu dominant).
Sonstiges Fleisch: Im Rezept wird Kassler verwendet, das jedoch beim Kochen schnell zerfällt – das ist aber lediglich eine optische Angelegenheit. Meist verwendet man Schweinerippchen (Spareribs).
Schweinefüße, -schwanz und -ohren köcheln mit, um ihren Geschmack abzugeben und die Soße sämiger zu machen, werden aber nicht mitverzehrt und vor dem Essen entfernt (in Frankreich findet man sie in Supermärkten in der Abteilung »*Abats*/Innereien«). Notfalls lässt man sie einfach weg.
Orangenscheiben werden traditionell beigelegt, da sie helfen sollen, das Fett besser zu verdauen. Manche kochen sie auch mit. Ich finde sie als erfrischende Beilage interessant.
Kohl: siehe Rezept
Molho de pimenta: eine scharfe Chilisoße als individuelle Würzbeilage
Farofa: eine Art Crumble aus Maniokmehl
Die Feijoada wird traditionell mit Reis serviert. Als Getränk passt Bier. Als Aperitif bietet sich natürlich das brasilianische Nationalgetränk, die Caipirinha, an. Rezept siehe weiter unten.

Nun aber zum Rezept. Aufgrund der längeren Zubereitungszeit wird Feijoada meist in etwas größeren Mengen zubereitet. Die nachfolgenden Mengen reichen für 8–10 Personen.

Zutaten Feijoada:
1 kg schwarze Bohnen (Trockengewicht)
3 Zwiebeln (300 g)
20 g Knoblauch
3 Lorbeerblätter
1–2 TL Cumin (Kreuzkümmel)
500 g Schweinerippchen (Spareribs)
450 g geräucherte Schweinewürste

250 g Kassler
150 g gesalzener Bauchspeck am Stück (keine dünnen Scheiben)
600 g Carne seca oder geräucherter Schinken
sofern verfügbar: je ein Schweinsfuß, -ohr sowie -schwänzchen

Zutaten Molho de pimenta (scharfe Würzsoße):
3 St. Vogelzungenpiment (getrocknet)
1 kleine Knoblauchzehe
1 Schalotte
1 Limette
1–2 EL Weißweinessig
1–2 EL Olivenöl

Zutaten Farofa:
100 g grobes Maniokmehl
2 EL gesalzene Butter

Beilagen:
Reis
1 Kopf Wirsing
Orangen (je nach Größe ca. ½–1 Orange pro Person)

Zubereitung:
Die Bohnen auf eventuelle Fremdkörper wie zum Beispiel Kieselsteine überprüfen, kurz waschen und dann in eine Schüssel geben und mit kaltem Wasser übergießen, sodass mindestens 5 cm Wasser über den Bohnen steht (die Bohnen quellen auf, und bei zu niedrigem Wasserstand wären sie dann nicht mehr von Wasser bedeckt).
Abdecken und ca. 12 Stunden, beispielsweise über Nacht, an einem kühlen Ort einweichen lassen.
Das Einweichwasser abgießen, die Bohnen nochmals kurz abbrausen und dann mit der dreifachen Menge an Wasser in einen Topf geben und 45 Minuten zugedeckt kochen (*kein* Salz ins Kochwasser geben, sonst werden die Bohnen nie weich).
Die Zwiebeln schälen, halbieren und in feine Ringe schneiden.
Den Knoblauch schälen und fein würfeln.

Zwiebeln und Knoblauch in Olivenöl glasig dünsten und dann Lorbeerblätter und Cumin zugeben. Topf beiseitestellen. Anschließend die Fleisch- und Wursteinlage wie nachfolgend beschrieben schneiden und in den Topf zu den Zwiebeln geben.
Schweinerippchen zerkleinern (ich schneide sie immer jeweils zwischen den Knochen durch).
Geräucherte Würste, Bauchspeck und Kassler in fingerdicke Würfel schneiden – oder am Stück mitkochen und hinterher zerteilen.
Carne seca (alternativ geräucherter Schinken) in ca. 2 cm große Würfel schneiden.
Schweinefuß, -schwanz und -ohr in eine Schüssel geben und mit kochendem Wasser übergießen. 1–2 Minuten stehen lassen, dann das Wasser abgießen und die abgetropften Stücke zu den Fleischstücken in den Topf geben.
Alles zu den Zwiebeln geben und mit den Bohnen (samt ihrem Kochwasser) mischen.
Die gesamte Flüssigkeit des Bohnenkochwassers ist eigentlich zu viel – Sie können einen guten Liter des Kochwassers abschöpfen und beiseitestellen, für den Fall, dass Sie hinterher noch etwas nachgießen müssen.
Feijoada soll keine Suppe werden, aber mit viel Kochwasser sind Sie auf der sicheren Seite, und Sie müssen nur gelegentlich umrühren, um zu vermeiden, dass die Bohnen am Topfboden anbrennen.
Wenn die Feijoada am Schluss gar ist, können Sie die Einlage mit einem Sieblöffel herausnehmen und sie in die Servierschüssel geben, anschließend nur so viel von der Soße dazugeben, wie Sie möchten (siehe auch Tipp am Ende des Rezepts).
Bringen Sie die Feijoada zum Kochen, reduzieren Sie anschließend die Hitze, sodass es nur noch sanft köchelt, und lassen Sie alles 1,5–2 Stunden zugedeckt simmern, wobei Sie ab und zu umrühren sollten, damit am Boden nichts anbrennt.
Am Schluss sollen die Bohnen so weich sein, dass man sie gerade so mit der Zunge am Gaumen zerdrücken kann, also nicht extra beißen muss. Das Fleisch soll ganz weich sein.
Nach einiger Zeit bildet sich an der Oberfläche ein grauer

Schaum, den man mit einem Schaumlöffel ganz leicht abschöpfen kann.
Während die Feijoada köchelt, kann man einen Wirsingkohl vorbereiten: äußerste Blätterschicht wegschneiden, den Kohl vierteln oder sechsteln und in siedendem Salzwasser 4–5 Minuten blanchieren. Mit dem Sieblöffel herausnehmen, in kaltem Wasser abschrecken und – wenn er abgekühlt ist – abtropfen lassen und beiseitegeben.
Kurz vor dem Servieren den Kohl in Streifen schneiden, eventuell wie einen Schwamm etwas ausdrücken, um Wasserrückstände zu entfernen, und dann kurz in heißem Olivenöl anbraten, bis er erste Röstspuren bekommt.
Als Beilage servieren.
Orangen von der Schale und der weißen Haut befreien und in Scheiben schneiden.
Schalotten und Knoblauch schälen und sehr fein würfeln. Zusammen mit Vogelzungenpiment in einem Mörser zerdrücken und verreiben, den Saft einer Limette und den Essig dazugeben und eventuell noch das Olivenöl einrühren (oft wird das Öl aber auch weggelassen).
Dies ergibt eine scharfe Soße, die nach Belieben über das Gericht geträufelt werden kann.
Maniokmehl unter ständigem Rühren in einer Pfanne erhitzen, und wenn es anfängt, etwas dunkler zu werden, sofort vom Feuer ziehen und die gesalzene Butter (oder normale Butter plus Salz) einrühren.
Dies ergibt feine bis mittlere Krümel, die über die Feijoada gestreut werden können.
Basmatireis so kochen, dass er zum Zeitpunkt des Servierens gar ist.
Die Soße soll sämig sein, also schon fast dickflüssig. Ist sie noch flüssig wie Wasser, können Sie 1–1,5 Liter davon in einen Topf geben und auf die Hälfte reduzieren (aufkochen lassen und unter häufigem Rühren ohne Deckel so lange kochen, bis die Hälfte verdampft ist – dadurch wird sie dicker und im Geschmack intensiver).
Ein weitverbreiteter Trick ist es, 1–2 Schöpflöffel Bohnen in

einen Rührbecher zu geben und mit dem Pürierstab zu Brei zu pürieren. Diesen Brei dann mit einem kleinen Teil von der dünnflüssigen Soße vermischen, bis eine sämige, dickflüssige Soße entsteht, die dann über die gegarten, abgetropften Fleischstücke gegeben wird.

Provenzalische Soße

Diese Soße passt hervorragend zu Fisch, zum Beispiel zu im Ofen gegarten Doradenfilets. Aber auch mit Hühnerbrustfiletstreifen schmeckt sie lecker.

Zutaten für 4 Personen:
je 1 rote und grüne Paprika
1 große Zwiebel
3 Schalotten
2 Knoblauchzehen
1 TL frische oder 1 gute Prise getrocknete Thymianblättchen
1 EL gehackte Sardellen (Anchovis) in Salz
ca. 20 grüne Oliven (entsteint)
50 ml Weißwein
1 Dose gehackte Tomaten (400 g)
Salz, Piment d'Espelette, Olivenöl

Zubereitung:
Die Paprika waschen, halbieren, entkernen. Stiele und weiße Trennwände entfernen. Anschließend mit der Außenseite nach oben auf einem geölten Backblech unter die rot glühende Grillschlange schieben, bis sie schwarz sind. Profiköche machen das Grillen und Schwärzen auch gern mal direkt über der Gasflamme des Herds. Ich bevorzuge die Ofenmethode.
In einen stabilen Plastikbeutel (Gefrierbeutel) gewickelt oder unter einer umgedrehten Schüssel abkühlen lassen und dann die verbrannte Haut abziehen.
Der Grund, warum manche Menschen keine Paprika vertragen, liegt übrigens an der unverdaulichen Haut. Mit diesem Häutungstrick hat man zum einen dieses Problem beseitigt, zum anderen kommt dadurch der aromatisch süßliche Charakter der Paprika gut zur Geltung.
Das Grillen kann man auch schon am Vortag erledigen. In diesem Fall gibt man die geschälten Paprika in ein Marmeladenglas oder eine Tupperschüssel, etwas Olivenöl darüber, und dann kommen sie verschlossen in den Kühlschrank. Das Olivenöl nimmt den

Geschmack der gegrillten Paprika an, deshalb gibt man dieses Öl natürlich zusammen mit den Paprika beim Kochen in die Soße.
Zwiebeln, Schalotten und Knoblauch schälen, halbieren und würfeln.
Zusammen mit dem Thymian in Olivenöl in einem Topf andünsten, und sobald sie glasig sind und erste Röstspuren aufweisen, Weißwein zugießen und die Oliven und die gehackten Sardellenfilets dazugeben. Zugedeckt bei mäßiger Hitze 3–4 Minuten schmoren lassen.
In Salz eingelegte Sardellenfilets werden oft vor der Verwendung gewaschen. In diesem Fall sollten sie *nicht* gewaschen werden, dann ist das Würzen mit normalem Salz nicht mehr notwendig.
Prüfen Sie, ob in den Sardellen noch das Rückgrat mit den Gräten enthalten ist. In diesem Fall ist es besser, es herauszuziehen. Allerdings wird die Soße am Schluss ohnehin gesiebt, also ist es nicht ganz so dramatisch, wenn Sie es drinlassen.
Jetzt die Paprikastücke und die gehackten Tomaten zugeben, gut verrühren und bei geschlossenem Deckel 10–15 Minuten, je nach Flüssigkeitsgehalt der Tomaten, köcheln lassen, bis es ein Mus ergibt.
Nimmt man 400 g Tomaten, wird es eher eine aromatische Tomatensoße. Mit nur 300 g kommen Oliven und vor allem die Sardellen besser zur Geltung – meine bevorzugte Variante.
Dieses Mus mit einem Pürierstab oder mit einem Blender gründlich pürieren.
Die Soße in ein Sieb geben und mit dem Rücken eines Suppenlöffels so lange am Siebboden herumrühren, bis die Soße durchgesiebt ist.
Dies macht man hauptsächlich, weil in den Sardellen oftmals noch harte Grätenreste vorhanden sind und das beim Essen sehr unangenehm ist.
Die Soße abschmecken (Salz und Piment) und bis zum Servieren warm halten.

Zitronenlimonade

Zutaten:
5 Zitronen
5 Limetten
500 ml Wasser
500 g Zucker

Dieses Rezept ergibt einen Sirup, der problemlos mehrere Tage im Kühlschrank aufbewahrt werden kann, da der hohe Zuckergehalt konservierend wirkt.
Mein bevorzugtes Verhältnis ist:
1 Teil gekühlter Sirup und 3–4 Teile kaltes Wasser. Je nach Vorliebe nehmen Sie Leitungswasser, stilles Wasser oder Sprudelwasser.
Grundprinzip bei der Sirupherstellung ist das Mengenverhältnis 1:1 von Saft und Wasser. Da die ausgepresste Saftmenge natürlich von der Größe und dem Saftgehalt der Zitrusfrüchte abhängt, sind die oben genannten Mengen nur ungefähre Richtwerte.

Zubereitung:
Die Zitrusfrüchte mit warmem Wasser gründlich abwaschen. Anschließend die Schale mit einem Sparschäler abschälen. Dabei sollte man nur das Gelbe der Zitronen beziehungsweise das Grüne der Limetten abschälen und so wenig wie möglich von der weißen Unterhaut – die ist nur bitter.
Die Schalen in einen kleinen Topf geben und so viel kaltes Wasser zugeben, dass sie frei schwimmen.
Das Wasser zum Kochen bringen und alles durch ein Sieb abgießen. Das Ganze wiederholen: Schalen wieder in den Topf, kaltes Wasser zugeben und wieder zum Kochen bringen. Abgießen und im Sieb abtropfen lassen.
Durch dieses doppelte Blanchieren gehen die in der Schale enthaltenen Bitterstoffe verloren (sie werden mit dem Kochwasser weggeschüttet).
Jetzt die Zitrusfrüchte in der Saftpresse gründlich auspressen

und dann abmessen, wie viele Milliliter Saft man erhalten hat; beiseitestellen. Zu gleichen Anteilen Wasser und Zucker in einen Topf geben.
Zu diesem Wasser-Zucker-Gemisch nun die blanchierten Schalen geben und das Ganze zum Kochen bringen.
Unter gelegentlichem Rühren 3–4 Minuten sprudelnd kochen lassen. Topf vom Herd ziehen und etwas abkühlen lassen. Meist gieße ich alles durch ein Sieb in eine Schüssel – da kühlt es schneller ab. Die Schalen kann man nun wegwerfen.
Sobald die Mischung nur noch lauwarm ist, den Zitrussaft durch ein Sieb zugießen, um eventuelle Zitronenkerne und auch das Fruchtfleisch zurückzuhalten.
Die Saft-Sirup-Mischung sorgfältig verrühren, in Flaschen abfüllen und mit einem Korken verschließen, damit der Sirup keine Kühlschrankgerüche annimmt.

Apropos Limonade: **Caipirinha**

Das ist in Brasilien die Limonade für Erwachsene. Ich weiß nicht, wie viele Caipirinhas ich in meiner Zeit als brasilianischer Barmann gemacht habe, aber der Gitarrist der dort spielenden Band sagte oft: »Ich kenne nur wenige Brasilianer, die so eine gute Caipi machen wie du.«
Das war zwar sicherlich etwas übertrieben, aber ich kenne auf alle Fälle einen Brasilianer, der sie genauso gut macht: Barba aus Recife – der hat es mir nämlich beigebracht. Barba, wo immer du jetzt auch bist: Saúde! (Prost!)
Wichtig ist natürlich ein guter Cachaça wie zum Beispiel »Pitú« oder ein »Nêga Fulô«.
Beim Zucker sollte man den braunen meiden, der löst sich nicht so gut auf. Wir haben damals für eine europäische Version gern auch Lime Juice (»Rose's Lime Juice«) verwendet, einen Sirup aus Zucker und Limettensaft. Wenn Sie den zu Hause haben sollten, probieren Sie es mal aus – dann natürlich trotzdem noch ein wenig Zucker in die Caipi geben.
Zum Limettenpressen habe ich einen original Holzstampfer

aus Rio, aber es geht natürlich jeder Barstößel – Hauptsache, man presst gründlich den Saft aus den Limetten (die man vorher selbstverständlich gut abgewaschen hat).
Crushed Ice verwendet man, weil es schneller schmilzt und dadurch, im Gegensatz zu Eiswürfeln, den Drink schneller kühlt und etwas verdünnt. Haben Sie keinen Eiscrusher zur Verfügung, wickeln Sie die Eiswürfel lose in ein Küchenhandtuch und zerschlagen sie mit Hilfe eines Fleischklopfers (aber nicht übertreiben, es sollen ca. 0,5–1 cm große Teile werden, kein feiner Eisstaub).
Ersetzen Sie den Cachaça durch Wodka, heißt das Ganze dann Caipirovska, mit Tequilla wird es Tex-Mex-Caipi, von der bekommen aber manche Menschen schnell mal Kopfweh. Bleiben Sie am besten beim Original.

Zutaten für 4 Gläser à 250 ml:
3 Limetten
4–8 EL weißer Zucker
Cachaça
Crushed Ice (von ca. 30 Eiswürfeln)

Zubereitung:
Limetten waschen und anschließend die Enden (vor allem den Stielansatz) entfernen, die restliche Schale bleibt aber dran. Limetten der Länge nach halbieren und eventuell den weißen Strang in der Mitte entfernen (schmeckt bitter). Die Hälften in ca. 1,5 cm große Würfel schneiden und gleichmäßig auf die Gläser verteilen.
Pro Glas je nach Geschmack 1–2 EL Zucker geben und dann mit einem Holzstampfer die Limettenwürfel zerdrücken. Der ausgequetschte Saft löst den Zucker auf. Die Schalen bleiben im Glas.
Die Gläser zu ¾ mit Crushed Ice befüllen und je nach gewünschter Stärke pro Glas 6–8 cl Cachaça über das Eis kippen. Meine persönliche Lieblingsmischung ist: 1 EL Zucker und 8 cl Cachaça.
Mit einem Barlöffel gut umrühren, sodass sich die Limetten-

stücke in dem Eis verteilen und vor allem der Zucker komplett aufgelöst wird. Mit Crushed Ice bis zum Glasrand auffüllen, Strohhalm reinstecken und sofort servieren.

Robert de Paca
IN DEN STRASSEN VON NIZZA
Broschur, 224 Seiten
ISBN 978-3-95451-282-9

»Eine amüsante Sommerlektüre, ob nun am Mittelmeer oder an der Ostsee.« ekz Bibliotheksservice